Vorwort

Die Gesellschaft befindet sich im stetigen Wandel, dieser wirkt sich auch auf die Arbeitswelt aus. Berufe und Tätigkeitsfelder, die durch das soziale Zusammenleben geprägt sind, werden nicht nur zahlreicher, sondern gewinnen zunehmend an Bedeutung. Für den Umgang mit Menschen und ihre Versorgung sind daher besondere Kenntnisse und Fähigkeiten erforderlich.

Das vorliegende Buch beinhaltet die Grundlagen von Versorgungsleistungen für Menschen im hauswirtschaftlichen Bereich. Im ersten Teil geht es vor allem um die Reinigung und Pflege von Materialien im Haushalt, ebenso deren Herkunft und deren Eigenschaften. Wichtige Aspekte und Begriffe zum Thema Unfallschutz und Hygiene werden dargelegt. Das Ende des ersten Teils beschreibt Grundlagen des Wohnens, die den Bedürfnissen verschiedener Personengruppen gerecht werden. Der zweite Teil des Buches umfasst das Thema „Ernährung". Dieser hat den aktuellen Wissensstand zu Ernährungsformen, zu der Ernährung verschiedener Personengruppen und zur Verarbeitung und Zubereitung von Lebensmitteln zum Inhalt.

Das Buch ist als Lehrbuch konzipiert. Neben dem Fachwissen enthält es Arbeitsaufgaben, die nicht nur der Kontrolle und Übung des Gelernten dienen, sondern auch solche Aufgaben, die zum selbstständigen Handeln motivieren und zur Kommunikation anregen.

Das Buch wendet sich vor allem an Auszubildende in sozialen Berufen, deren Ausbildung auch hauswirtschaftliche Kenntnisse und Fähigkeiten für Versorgungsleistungen erfordert.

Die Autorinnen

Inhaltsverzeichnis

Vorwort 3

Teil 1: Haushaltsführung

1 Hygiene 8

1.1	Hygiene im Haushalt....................................	8
1.2	Hygiene im Umgang mit Lebensmitteln	10
1.3	Hygiene durch richtige Lagerung von Lebensmitteln ...	12
1.4	Hygiene im Umgang mit Wäsche	15

2 Unfallverhütung 16

2.1	Unfälle im Haushalt....................................	16
2.2	Vermeidung von Unfällen im Haushalt	17
2.3	Erste Hilfe bei Unfällen im Haushalt...................	25

3 Reinigung und Pflege von Räumen im Haushalt 30

3.1	Reinigungsarten	30
3.2	Reinigungsmethoden	31
3.3	Reinigungs-, Pflegemittel und Reinigungsgeräte	32
3.4	Reinigungsfaktoren	35

4 Werkstoffe im Haushalt und deren Reinigung............ 36

4.1	Metalle	36
4.1.1	Gusseisen und Stahl	36
4.1.2	Edelstahl	38
4.1.3	Aluminium...	39
4.1.4	Buntmetalle	40
4.1.5	Legierungen	41
4.1.6	Silber als Edelmetall...................................	41
4.2	Nichtmetalle	43
4.2.1	Glas..	43
4.2.2.	Keramik	45
4.2.3	Kunststoff	48
4.2.4	Holz..	49
4.2.5	Leder...	51
4.2.6	Borsten	53
4.2.7	Fußbodenbeläge	54

5	**Textilien im Haushalt**	60
5.1	Textile Rohstoffe	60
5.2	Pflege der Textilien im Haushalt	65
5.2.1	Sammeln, Sortieren und Vorbereiten der Schmutzwäsche	66
5.2.2	Waschen der Wäsche	69
5.2.3	Trocknen der Wäsche	74
5.2.4	Glätten der Wäsche	77
6	**Planung und Dokumentation in der Haushaltsführung**	80
6.1	Mathematische Grundlagen	80
6.1.1	Einheiten im Haushalt	80
6.1.2	Aufgabenbeispiele für die Arbeit mit dem Dreisatz	81
6.2	Die Führung des Haushaltsbuches	83
7	**Formen des Wohnens**	86
7.1	Anforderungen an die Funktionsbereiche einer Wohnung	86
7.2	Wohnungsgrundrisse lesen und zeichnen	89
7.3	Gestaltung von Wohnräumen	90
7.3.1	Gestaltung von Küchen (Haustechnischer Bereich)	90
7.3.2	Gestaltung eines Wohnraumes (Kommunikationsbereich)	92
7.3.3	Gestaltung eines Kinderzimmers (Individualbereich)	94
8	**Pflanzen im Haushalt**	96
8.1	Pflege von Zimmerpflanzen	96
8.2	Pflege von Schnittblumen	98
8.3	Gestaltung von Gestecken entsprechend der Jahreszeit	98

Teil 2: Ernährung

1	**Bedeutung der Ernährung – Was unseren Körper gesund hält**	102
1.1	Inhaltsstoffe der Nahrung	103
1.2	Entstehung, Aufgaben und Vorkommen der Nährstoffe	104
1.2.1	Kohlenhydrate	105
1.2.2	Fette	111
1.2.3	Eiweiße	114
1.2.4	Wasser	121
1.2.5	Vitamine und Mineralstoffe	123

1.3	Ernährungsmodelle und Ernährungsformen.	125
1.3.1	Ernährungsmodelle	125
1.3.2	Ernährungsformen.	127
1.4	Das richtige Maß.	128
1.4.1	Nährstoffbedarf und Ernährung von Kindern.	129
1.4.2	Nährstoffbedarf und Ernährung von Erwachsenen und Senioren.	133
1.4.3	Ernährung bei Stoffwechselerkrankungen	137
1.4.4	Ernährung bei Allergien.	140
1.4.5	Ernährung bei Übergewicht.	142
2	**Lebensmittelzubereitung – Man ist, was man isst**	**144**
2.1	Lebensmittel einkaufen.	144
2.1.1	Jahreszeitliche Angebote	147
2.1.2	Regionale Angebote	149
2.1.3	Verbraucherschutz.	149
2.2	Lebensmittel zubereiten	151
2.2.1	Lebensmittel roh zubereiten	151
2.2.2	Lebensmittel garen	153
2.2.3	Lebensmittel mit Kräutern und Gewürzen aufwerten	155
3	**Kinder für die Nahrungszubereitung begeistern**	**159**
3.1	Kinder erleben Essen.	159
3.2	Kinderleichte Rezepte	160
3.3	Das Auge isst mit	164
3.4	Besondere Anlässe.	167
3.4.1	Kindergeburtstag.	167
3.4.2	Internationaler Thementag	168
4	**Gemeinsam schmeckt es besser – Mahlzeiten genießen**	**170**
4.1	Tische eindecken.	170
4.2	Benehmen bei Tisch	173
4.3	Andere Länder, andere Sitten	175

Anhang: Nährwerttabelle ... 176
Sachwortverzeichnis. ... 187
Bildquellenverzeichnis ... 189

Teil 1: Haushaltsführung

1 Hygiene

2 Unfallverhütung

3 Reinigung und Pflege von Räumen im Haushalt

4 Werkstoffe im Haushalt und deren Reinigung

5 Textilien im Haushalt

6 Planung und Dokumentation in der Haushaltsführung

7 Formen des Wohnens

8 Pflanzen im Haushalt

1 Hygiene

Das Wort „Hygiene" leitet sich von der griechischen Göttin der Gesundheit „Hygieía" ab und bedeutet „gesund". Im Alltag wird Hygiene gern mit dem Begriff „Sauberkeit" gleichgesetzt. Sauberkeit umfasst aber nur einen kleinen Teil der Hygiene. So ist das Waschen der Hände auch nur eine von zahlreichen hygienischen Maßnahmen.

Definition
Hygiene ist die Lehre von der Verhütung und Bekämpfung von Krankheiten und der Erhaltung, Förderung und Festigung der Gesundheit.

Hygienemaßnahmen
Medizinische Hygienemaßnahmen sind Sterilisation, Desinfektion und Quarantäne. Auch im wirtschaftlichen Bereich sind Lebensmittel- und Wäschereihygiene gesetzlich geregelt. Individuelle Hygienemaßnahmen sind Haushalts-, Körper-, Mund-, Anal- und Sexualhygiene.

1.1 Hygiene im Haushalt

Um gesund zu bleiben, reicht die eigene Körperhygiene wie Duschen, Zähneputzen, Haar- und Nagelpflege nicht aus. Auch in den eigenen vier Wänden spielt das Thema „Hygiene" eine große Rolle. Mikroorganismen breiten sich schnell aus und können zu Krankheitserregern werden.

Beispiele für Erreger und deren Folgen

Erreger	Beispiel	Folgen
Bakterien	Salmonellen	Lebensmittelvergiftung
Viren	Grippevirus	Grippe
Pilze	Schimmelpilze	Allergien
Protozoen	Einzeller	Malaria

Hygiene

Mikroorganismen können auf dem **direkten Weg**, d.h. zwischen einem Gesunden und einem Kranken übertragen werden. Hier kann der Erreger direkt, beispielsweise durch Anhusten, übertragen werden. Auf **indirektem Weg** werden Erreger durch Zwischenträger übertragen, so z. B. über ein Eis, das mit Salmonellen besetzt ist.

Allgemeine Hygienegrundsätze im Haushalt

- Gründliches und regelmäßiges Händewaschen (nach dem Heimkommen, nach dem Toilettenbesuch, vor der Nahrungsmittelzubereitung, vor dem Essen)
- Stellen aufspüren, an denen sich Bakterien und Keime gut vermehren können (warme und feuchte Stellen im Haushalt) und Abhilfe schaffen
- Alle Räume wöchentlich reinigen, dabei dem Spül- und Waschbecken besondere Aufmerksamkeit schenken
- Putz- und Reinigungstücher regelmäßig bei 60 °C waschen
- Räume täglich lüften

Gegenstände — Tiere — Mensch — Insekten — Lebensmittel
Träger von Erregern

Für die Sicherung der Hygiene im Haushalt ist es allerdings ausreichend mit herkömmlichen Reinigungsmitteln zu arbeiten. Der Einsatz von Produkten mit bakterizider, antibakterieller und antimikrobieller Wirkung wird abgelehnt. Wissenschaftliche Untersuchungen weisen auch auf einen Zusammenhang zwischen übertriebener Hygiene und dem Auftreten von Allergien hin. Durch verringerten Kontakt mit Keimen, besonders im Kleinkindalter, reagiert das Immunsystem bereits auf harmlose Stoffe übersteigert.

Sachgemäße Arbeitsgestaltung

Hygiene umfasst alle Maßnahmen zur Gesunderhaltung des Menschen. So beinhaltet sie auch im weiteren Sinne eine sachgemäße Arbeitsgestaltung, z. B.

- die Einhaltung von Arbeitsabläufen
  - Beachtung von Greifräumen (innerer und äußerer Greifraum)
  - Körperhaltung bei Arbeiten (Stehen, Sitzen, Bücken)
  - rationelle Arbeiten
- die Einhaltung von Unfallschutzmaßnahmen

HACCP-System

Das HACCP-System ist ein Kontrollsystem mit dem Ziel, einen optimalen Standard in der Hygiene zu erreichen. Dies geschieht durch eine lückenlose Dokumentation aller Vorgänge.

H = Hazard
A = Analysis
C = Critical
C = Control
P = Points
(deutsch: Gefahrenanalyse und kritische Kontrollpunkte)

> **A   Aufgabe**
> *Tauschen Sie Ihre Gedanken zu den zwei Bildern aus.*

Durch das HACCP und die Hygieneverordnung werden nicht nur der Umgang mit Lebensmitteln geregelt, sondern auch andere hauswirtschaftliche Tätigkeiten, die ein Gesundheitsrisiko bergen. Hierbei geht es um die Reinigung von Wäsche, z.B. Küchenwäsche, Arbeitskleidung für die Küche oder Krankenwäsche. Auch die Reinigung bestimmter Räume erfordert eine Kontrolle durch das HACCP. So gibt es Regeln, in welchem Turnus beispielsweise Toiletten und Bäder zu reinigen sind.

1.2 Hygiene im Umgang mit Lebensmitteln

Verbindlich für den Umgang mit Lebensmitteln ist seit 2006 die Lebensmittelhygieneverordnung der Europäischen Union (LMHV). Diese Verordnung beinhaltet auch die Anwendung des HACCP. Damit ist die Rückverfolgung der Lebensmittel zum Erzeuger gewährleistet. So kann beispielsweise nachvollzogen werden, wo ein Tier geboren, aufgezogen, geschlachtet und verarbeitet wurde. Grundlage für die Durchsetzung der Lebensmittelhygieneverordnung ist die Einhaltung der Betriebshygiene, der Personalhygiene und der Lebensmittelhygiene.

Betriebshygiene
Betriebshygiene umfasst alle Maßnahmen, um Arbeitsräume und Arbeitsmittel sauber (hygienisch) zu halten. Dazu gehören u.a.:

- Trennung von reinen und unreinen Bereichen, z.B. getrennte Arbeitsplätze für Gemüse und Geflügel

- Ordnungsgemäße Abfallentsorgung (Mülltrennung, regelmäßige Entleerung der Müllbehälter, Säuberung der Müllbehälter)

- Kühlschränke und Kühlräume nicht überfüllen, verdorbene Lebensmittel rechtzeitig aussortieren

- Kühlschränke wöchentlich mit Essigwasser auswischen, so können Bakterien oder Keime beseitigt werden (günstig ist im privaten Haushalt der Zeitpunkt vor dem Wochenendeinkauf)

- Arbeitsflächen nach der Arbeit mit heißer Seifenlauge gründlich abwischen, dabei sollten auch Wasch- und Spülbecken sowie Lichtschalter, Türgriffe und Schubladen nicht vergessen werden

Hygiene

- Verwendung sauberer Küchentücher, d.h. Spül-, Geschirr- und Küchenhandtücher alle ein bis zwei Tage wechseln und bei 60 °C waschen
- Verwendung verschiedener Putztücher für verschiedene Einsatzbereiche im Haushalt (Spültücher, Bodentücher, Tücher für den WC-Bereich)
- Benutztes Geschirr und Töpfe nicht lange stehen lassen, sofort spülen und mit klarem Wasser nachspülen, damit auch Keime aus dem Spülwasser nicht auf dem Geschirr verbleiben
- Feuchte Räume (Küche/Bad) regelmäßig lüften, so kann Schimmelbildung verhindert werden
- Bei Schimmelbefall sofort Maßnahmen ergreifen, denn Schimmelsporen können Ursache für Husten, Kopfschmerzen oder Allergien sein und zu ernsthaften Erkrankungen führen

Personalhygiene

Personalhygiene umfasst alle Maßnahmen zur Reinhaltung (Hygiene) des Menschen und seiner Kleidung. Dazu gehören:

- Tragen von sauberer und möglichst kochfester Arbeitskleidung
- Waschen und Desinfizieren der Hände vor dem Kontakt mit Lebensmitteln und nach jedem Toilettengang
- Zusammenbinden langer Haare und Tragen einer Kochmütze oder eines Kopftuchs während der Nahrungszubereitung
- Saubere, unlackierte Fingernägel
- Regelmäßige ärztliche Untersuchungen

Merksatz
Mangelnde Personalhygiene führt zur Verunreinigung von Lebensmitteln und zur Verbreitung von Krankheiten.

Lebensmittelhygiene

Lebensmittelhygiene umfasst alle Maßnahmen zum sachgemäßen und sauberen Umgang mit Lebensmitteln. Dazu gehören:

- Lebensmittel sachgemäß lagern (leicht verderbliche Lebensmittel immer kühl lagern)
- Geflügel sachgemäß zubereiten (vollständig auftauen lassen, Auftauflüssigkeit wegschütten, gut durchgaren)
- Einmal aufgetaute Lebensmittel nicht wieder einfrieren (nach dem Garen ist ein erneutes Einfrieren möglich)
- Lebensmittel vor Insekten und tierischen Schädlingen schützen
- Hackfleisch muss am Tag des Einkaufs verarbeitet werden, Kerntemperatur beim Braten sind 80 °C (Hackfleischverordnung beachten)
- Gegarte Speisen und Geschirrinnenflächen nicht mit der Hand anfassen
- Rohe Lebensmittel immer von gegarten trennen
- Lebensmittel richtig abschmecken (z. B. mit zwei Löffeln oder Untertasse)
- Gegarte Zutaten vor der Weiterverarbeitung zwischenkühlen

Lebensmittel immer kühl und richtig verpackt lagern

Verdorbene Lebensmittel sind nicht für den Verzehr geeignet

Merksatz
Jede Person, die mit Lebensmitteln umgeht, trägt ein hohes Maß an Verantwortung für das Wohlergehen der Menschen. Schon kleine Nachlässigkeiten können zum Verderb von Lebensmitteln führen. Lebensmittelvergiftungen können die Folge sein. Besondere Vorsicht gilt bei der Versorgung von Kindern, Kranken und Senioren.

1.3 Hygiene durch richtige Lagerung von Lebensmitteln

Zum hygienischen Umgang mit Lebensmitteln gehört die sachgemäße Lagerung. Diese ist abhängig von der Art der Lebensmittel und den entsprechenden Lagerbedingungen. Die nachfolgende Übersicht zeigt Möglichkeiten der Lagerung von Lebensmitteln im Haushalt.

Lagermöglichkeiten	Lagerbedingungen	Beispiele für Lebensmittel
Wo?	Wie?	Was?
Küchenschrank	trocken, dunkel (Zimmertemperatur)	Mehl, Salz, Zucker, Gewürze, Kaffee, Tee, Nudeln, Reis
Kühlschrank	kühl (2 °C bis 8 °C)	Milch und Milchprodukte, Fleisch, Wurst, Eier, Gemüse, Getränke
Gefrierschrank	frostig (– 6 °C bis –18 °C)	Tiefkühlerzeugnisse
Keller	kühl und dunkel (ca. 10 °C bis 12 °C)	Kartoffeln, Gemüse, Konserven, Getränke
Speisekammer	kühl und dunkel	Konserven, Essig, Öl, Zwiebeln

Im Kühlschrank oder im Gefriergerät bleiben Lebensmittel durch Kälte haltbarer. Eine weitere Möglichkeit des Haltbarmachens ist das Konservieren. Dies geschieht durch Hitze. Übliche Methoden des Konservierens sind das Pasteurisieren, Sterilisieren, Einkochen und Ultrahocherhitzen.

Hygiene

Im Haushalt werden für gewöhnlich nur Obst und Gemüse eingekocht. Dabei werden die Lebensmittel auf 100 °C erhitzt. Bei dieser Temperatur können Mikroorganismen überleben. Aus diesem Grund müssen beispielsweise Bohnen nach zwei Tagen wiederholt eingekocht werden. Wichtigste Voraussetzung ist auch bei allen Lagermöglichkeiten und Konservierungsverfahren Sauberkeit im Sinne der Hygiene.

Lagerung im Kühlschrank

Die richtige Kühltemperatur im Kühlschrank beträgt 2 °C bis 8 °C. Die verschiedenen Bereiche im Kühlschrank sind dabei unterschiedlich temperiert. So herrschen in der Nähe des Verdampfers, an der Rückwand und auf der Glasplatte niedrigere Temperaturen als im Obst- und Gemüsefach oder in den Türfächern. Da Lebensmittel unterschiedliche Kühltemperaturen benötigen, gibt es für jedes Produkt einen geeigneten Platz:

- Leichter verderbliche Lebensmittel (Fleisch, Wurst, Fisch) lagern an der kältesten Stelle im Kühlschrank, auf der Glasplatte, da kalte Luft absinkt.
- Lebensmittel wie pasteurisierte Milch und Milchprodukte lagern darüber.
- Käse und zubereitete Speisen stehen auf der obersten Abstellfläche.
- Butter, Eier oder Getränke lagern in der Tür, da hier die Temperatur höher ist.
- Obst und Gemüse gehören in das Gemüsefach. Ausnahme bildet das kälteempfindliche und unreife Obst und Gemüse.

Informationen
Was gehört nicht in den Kühlschrank?
- *Kälteempfindliches Obst wie Mangos, Papayas, Ananas und Bananen*
- *Zitrusfrüchte wie Orangen, Zitronen und Limetten*
- *Stark wasserhaltiges Gemüse wie Gurken und Tomaten*
- *Brot, Speiseöle und geschlossene Konserven*

Des Weiteren bietet der Handel auch **Kühlschränke mit dynamischer Kühlung** an, hier herrscht überall die gleiche Temperatur, denn die kalte Luft wird durch einen Ventilator gleichmäßig im Innenraum verteilt. Eine neue Generation von Kühlgeräten sind die **Mehrzonengeräte**. Sie verfügen über folgende Zonen:

Zonen	Temperatur	Geeignete Lebensmittel
Kaltlagerzone	0 °C 50 % Luftfeuchtigkeit	leicht verderbliche Lebensmittel
Feuchtefach	0 °C 90 % Luftfeuchtigkeit	gutes Klima für Salat, Obst und Gemüse
Klassische Kühlzone	5 °C bis 8 °C	Butter, Fleisch, Käse, Milch
Kellerzone	8 °C bis 14 °C	Getränke, kälteempfindliches Obst und Gemüse, Kartoffeln
Vier-Sterne-Kältefach	– 18 °C	Einfrieren und Lagern von Tiefkühlkost

Nutzung und Pflege des Kühlschranks

Durch die richtige Nutzung und Pflege des Kühlschranks kann man Energie sparen und vermeidet eine unnötige Neuanschaffung. Deshalb sollte man Folgendes beachten:

- Speisen abgekühlt und gut verschlossen in den Kühlschrank stellen (Kühlschrankdosen nutzen)
- Gerät nur kurz öffnen (Eindringen von warmer Luft und Feuchtigkeit verhindern)
- Nur Lebensmittel im Kühlschrank aufbewahren, die wirklich gekühlt werden müssen (keine verschlossenen Konserven, Honig, unreifes Obst, Bananen, Rotwein usw.)
- Kühlschranktemperatur an die eingelagerten Lebensmittel anpassen (Kontrolle durch ein Kühlschrankthermometer)
- Je nach Reifbildung abtauen (Geräte mit Abtauautomatik regelmäßig säubern)
- Kühlschrank mit warmem Wasser und mildem Reinigungsmittel auswischen (Geschirrspülmittel verwenden)
- Bei unerwünschter Geruchsbildung mit Essig auswischen
- Innenraum des Kühlschranks gut trockenreiben
- Bei Neuanschaffung das Energielabel beachten

Der Energieverbrauch wird durch Energieeffizienzklassen gekennzeichnet. Dabei gilt seit 2011 verpflichtend das neue, überarbeitete EU-Label für Kühl- und Gefriergeräte, Geschirrspülmaschinen und Waschmaschinen. Es reicht von A+++/Dunkelgrün (für die höchste Effizienzklasse) bis D/Rot (für die niedrigste Effizienzklasse).

Eine Pflicht zur Umetikettierung besteht grundsätzlich nicht. Die im Handel bereits vorhandenen Geräte müssen nachträglich nicht mit dem neuen Energielabel ausgestattet werden.

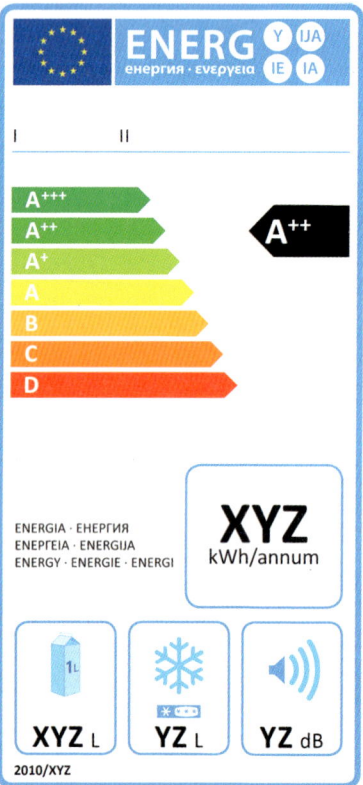

Verpackung

Die geeignete Verpackung (z. B. Kunststoffdosen und -beutel) schützt vor Verderb. Lebensmittel sollten demnach gut verpackt im Kühlschrank aufbewahrt und bei der Verpackung auf die Eignung für Lebensmittel geachtet werden.

Die Verpackung schützt zwar nicht vor dem Verderb durch Mikroorganismen (Bakterien, Hefen und Schimmel), aber verhindert das Austrocknen, die Geruchsübertragung und die Farb-, Aroma- und Geschmacksveränderungen der Lebensmittel sowie das gegenseitige Übertragen von Keimen.

EU-Zeichen („lebensmittelgeeignet")

1.4 Hygiene im Umgang mit Wäsche

Textilien, die in hygienisch anspruchsvollen Bereichen eingesetzt werden (Lebensmittelindustrie, Medizin, Pharma- und Kosmetikindustrie oder der Gastronomie) unterliegen einer adäquaten Reinheit und müssen mikrobiologische Qualität aufweisen. Entsprechend müssen auch die Anforderungen an die Aufbereitung der Textilien sein. Unter Aufbereitung wird dabei das Waschen, das Trocknen und Glätten der Wäsche verstanden. Aber auch der Wäschereibetrieb und das Personal der Wäscherei unterliegen hygienischen Maßnahmen (z. B. Handdesinfektion), die in speziellen Hygieneplänen festgelegt werden.

Zur Einhaltung einer definierten mikrobiologischen Qualität führen Wäschereien verstärkt das RABC-System (Risikoanalyse und Biokontaminationskontrollsystem) ein. Dieses Kontrollsystem ähnelt dem HACCP-Konzept (vgl. S. 10).

Auch im Privathaushalt sollte dem Umgang mit Wäsche besondere Aufmerksamkeit geschenkt werden, da Schmutzwäsche ein Herd für Mikroorganismen ist. So müssen auch hier bestimmte Grundregeln eingehalten werden. Diese sind z. B.

- Trennung von Schmutz ... und Sauberwäsche
- Kurze Lagerzeiten von Schmutzwäsche
- Schmutzwäsche luftig, trocken und kühl lagern
- Hygienischer Umgang mit Geräten (Waschmaschine, Trockner)
- Richtiges Lüften von Wasch- und Trockenräumen
- Tragen von hygienischer Arbeitskleidung

Aufgaben
1. Definieren Sie den Begriff „Hygiene".
2. Nennen Sie Beispiele für Mikroorganismen und entsprechende Folgen.
3. Tauschen Sie sich zu den Begriffen „Lebensmittelhygiene", „Personalhygiene" und „Betriebshygiene" aus.
4. Wie lagern Sie Lebensmittel im Kühlschrank richtig und welche Lebensmittel gehören nicht in den Kühlschrank? Begründen Sie Ihre Antwort.

2 Unfallverhütung

2.1 Unfälle im Haushalt

Die Unfallgefahren im Straßenverkehr sind jedem bewusst. Die meisten Unfälle passieren jedoch im Haushalt. Am häufigsten ereignen sich Unfälle im Wohnzimmer. Aber auch die Treppe und die Küche sind nicht ungefährlich.

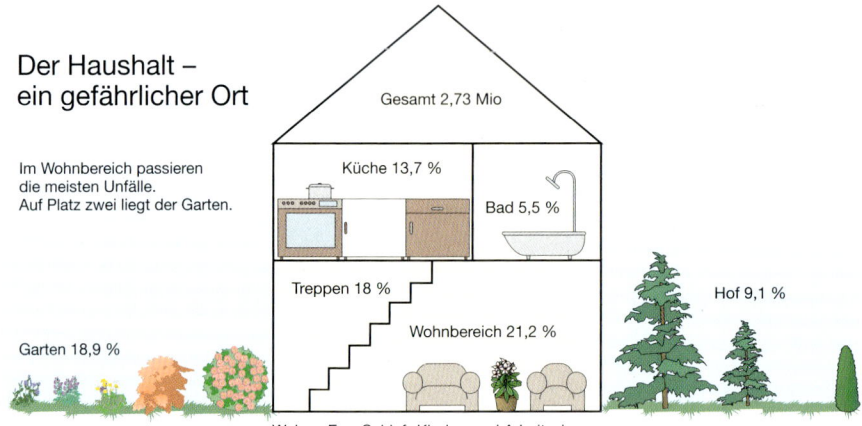

Der Haushalt – ein gefährlicher Ort

Im Wohnbereich passieren die meisten Unfälle.
Auf Platz zwei liegt der Garten.

Gesamt 2,73 Mio
Küche 13,7 %
Bad 5,5 %
Treppen 18 %
Wohnbereich 21,2 %
Hof 9,1 %
Garten 18,9 %

Wohn-, Ess, Schlaf- Kinder- und Arbeitszimmer

A *Aufgabe*
Sprechen Sie mit einem Mitschüler über die nachfolgenden Bilder und tragen Sie Ihre Gedanken vor der Klasse vor.

Bild 1   Bild 2   Bild 3   Bild 4

Bild 5   Bild 6   Bild 7   Bild 8

2.2 Vermeidung von Unfällen im Haushalt

Allgemeine Hinweise zur Unfallvermeidung im Haushalt

Wohnbereich	• Vermeidung von Kabelsalat: Kabelkanäle oder Kabelschlaufen verwenden, Kabel auf Beschädigung kontrollieren • Teppiche mit Antirutschstreifen verwenden • Kennzeichnung von großen Glasflächen, Kinder erkennen diese oft nicht • Kinderschutzstecker in Steckdosen verwenden • Angemessenen Abstand zwischen Heizstellen und Möbeln beachten
Kinder- und Schlafbereich	• Keine dicken und schweren Kissen im Kinderbett, die Bettdecke sollte leicht sein, Babys sind am sichersten im Schlafsack • Kleinkinder, die noch alles in den Mund stecken, sollten nicht mit kleinteiligem Spielzeug spielen, Knöpfe oder Puppenaugen sollten entfernt werden • Nur Spielsachen mit dem CE-Zeichen verwenden • Auf ausreichend Beleuchtung im Schlafzimmer achten, kein zu grelles Licht wählen • Medikamente verschlossen, kühl und trocken aufbewahren
Sanitärbereich	• Badezimmerteppiche nur mit rutschfester Unterlage verwenden • Rutschgefahr in Dusche und Wanne beseitigen • Verwendung von Thermostaten zur Temperaturbegrenzung bei warmem Wasser • Bei der Verwendung von Gasdurchlauferhitzern für ausreichend Belüftung sorgen • Elektrische Geräte (Föhn, Rasierer, Radio) nie angeschlossen in der Nähe der Badewanne oder des Waschbeckens liegen lassen
Küchenbereich	• Gute Beleuchtung von Arbeitsflächen und Herd • Möglichst hintere Herdplatten nutzen • Bedienteile am Herd möglichst sichern • Schneidewerkzeuge sicher verwahren • Topflappen sollten griffbereit sein

Viele Unfälle entstehen durch den unsachgemäßen Umgang mit Arbeitsmitteln und Arbeitsgeräten oder durch eine falsche Arbeitsweise. Sicherheits- und Gefahrenzeichen werden nicht erkannt oder beachtet. So kann es zu Stürzen kommen, die zu Prellungen, Knochenbrüchen oder z. B. zu Nasenbluten führen. Auch Schnittverletzungen, Verbrennungen und Verbrühungen, Vergiftungen und Verätzungen sowie Gefahren des Erstickens können die Folge sein. Durch folgende Maßnahmen können solcherlei Unfälle vermieden werden:

Vermeidung von Stürzen

- Herabgefallenes aufheben oder aufkehren (z. B. Zwiebelschalen)
- Verschüttetes Wasser oder auch Lebensmittel sofort aufnehmen und trocken nachwischen
- Für Fettspritzer warmes Wasser benutzen

- Arbeitskleidung entsprechend der Tätigkeit tragen
- Besonders auf rutschfestes Schuhwerk achten
- Keine Gegenstände in den Laufbereich stellen und auf herunterhängende Kabel achten
- Sicherheitsleiter verwenden. Anforderungen an eine Sicherheitsleiter sind:
  - GS-Zeichen
  - Haltegriff
  - Abstellfläche
  - mindestens drei Stufen

Sicherheitsleiter

Vermeidung von Schnittwunden

- Lange Haare zusammenbinden oder eine Kopfbedeckung tragen sowie Schmuck ablegen (Personalhygiene)
- Finger beim Schneiden schützen durch:
  - Restehalter, z. B. am Gemüsehobel (Küchenmaschine, Allesschneider, Fleischwolf)
  - **Krallengriff** beim Schneiden mit dem Messer (Finger werden geschützt)
  - **Tunnelgriff** beim Schneiden mit dem Messer (Finger werden geschützt)

Restehalter

Krallengriff *Tunnelgriff*

- Schneidewerkzeuge nie in das Spülwasser legen
- Fallende Schneidewerkzeuge nie auffangen
- Beschädigtes Glas oder Porzellan aussortieren

A *Aufgabe*
Finden Sie zu den vorgeschlagenen Maßnahmen zur Vermeidung von Stürzen und Schnittwunden Begründungen und stellen Sie diese in der Klasse vor.

Unfallverhütung

Vermeidung von Verbrennungen und Verbrühungen

Definition
Verbrennungen entstehen durch das Berühren von heißen Flächen, durch heißes Fett oder auch durch übermäßiges Sonnenbaden.

Definition
Verbrühungen entstehen durch heißen Dampf oder heiße Flüssigkeiten.

Zur Vermeidung von Verbrennungen und Verbrühungen ist im Haushalt auf Folgendes zu achten:

- Heiße Flüssigkeiten vorsichtig und vom Körper weg abgießen; dabei kann eine Abgießhilfe benutzt werden
- Kein flüssiges, heißes Fett transportieren oder auf dem Boden abstellen

Abgießhilfe

- Brennendes Fett durch Sauerstoffentzug löschen
- Fleisch, Geflügel oder Fisch nur gut abgetupft in heißes Fett geben
- Heißes Kochgeschirr nur mit Topflappen anfassen
- Standort des Feuerlöschers kennen und nach Bedienungsanweisung handeln

Feuerlöscher dienen zur wirksamen Bekämpfung von Entstehungsbränden. Jeder Feuerlöscher ist ohne besondere Kenntnis zu bedienen. Es genügt, die aufgedruckte Bedienungsanweisung zu befolgen. Dabei sind auf dem Feuerlöscher, je nach enthaltenem Löschmittel, die verschiedenen Brandklassen angegeben, für die er geeignet ist.

Definition
Brände werden nach dem brennenden Stoff in Brandklassen untergliedert.

- *A: feste Stoffe (Holz, Kohle, Papier, Textilien)*
- *B: flüssige Stoffe (Äther, Benzin, Lacke, Öle, Fette)*
- *C: gasförmige Stoffe (Methan, Propan, Stadtgas)*
- *D: Metalle (Aluminium, Magnesium, Natrium)*
- *F: Speiseöle/Fette (pflanzliche oder tierische Öle und Fette in Frittier- und Fettbackgeräten)*

A Aufgabe
Informieren Sie sich über Arten der Löschmittel im Feuerlöscher.

Vermeidung von Vergiftung und Verätzung
Das Grundprinzip zur Vermeidung von Vergiftung und Verätzung ist die Einhaltung der Hygieneverordnung. Hinzu kommt Folgendes:

- Putzmittel und Haushaltschemikalien in Originalbehältern mit Etikett aufbewahren
- Putzmittel und Haushaltschemikalien getrennt von Lebensmitteln lagern
- Zu Putzmitteln und Haushaltschemikalien sollten Kinder keinen Zugang haben
- Dosiervorschriften und Warnzeichen beachten

Sicherheits- und Gefahrenkennzeichen

Verbotszeichen
Verbotszeichen untersagen bestimmte Handlungen und verbieten bestimmte Gegenstände, um Gefahren zu vermeiden und Risiken zu verhindern. Die Symbole sind in einem roten durchgestrichenen Kreis.

Beispiele

Rauchen verboten

Feuer, offenes Licht und Rauchen verboten

Kein Trinkwasser

Mobilfunk verboten

Essen und Trinken verboten

Warnzeichen

Warnzeichen weisen durch ihre Symbolik auf Gefahrensituationen und Gesundheitsrisiken hin. Sie befinden sich auf einem gelben Dreieck mit schwarzem Rand.

Beispiele

Warnung vor giftigen Stoffen

Warnung vor feuergefährlichen Stoffen

Warnung vor brandfördernden Mitteln

Warnung vor explosionsgefährlichen Stoffen

Warnung vor ätzenden Stoffen

Gefahrensymbole

Reinigungs- und Pflegemittel unterliegen der Gefahrenkennzeichnung. Das europäische Parlament verabschiedete eine neue Verordnung zur Einstufung, Kennzeichnung und Verpackung chemischer Produkte. Seit 2012 sind die neuen Warnkennzeichen für gefährliche chemische Stoffe und Produkte (Gemische) für alle Chemikalien Pflicht.[1] Schwarze Symbole liegen in einem orangefarbenen Viereck.

---

[1] Bis 2015 dürfen für Gemische noch die alten Kennzeichnungen genutzt werden, um mit Rücksicht auf die Hersteller eine Übergangszeit für die Umstellung der Produkte zu gewährleisten. Da auch Lagerbestände noch zwei weitere Jahre im Handel sein dürfen, können noch bis 2017 Packungen mit alten Kennzeichnungen verkauft werden.

Beispiele

Tödliche Vergiftung

Schwerer Gesundheitsschaden, bei Kindern möglicherweise mit Todesfolge

Zerstörung von Haut oder Augen

Gesundheitsgefährdung

Gefährlich für Tiere und die Umwelt

Entzündet sich schnell

Alte Kennzeichnung

Gebotszeichen

Gebotszeichen dienen der Unfallverhütung und schreiben bestimmtes Verhalten vor. Die Zeichen sind rund und mit blauer Farbe unterlegt.

Beispiele

Schutzhelm benutzen

Mundschutz tragen

Übergang benutzen

Schutzhandschuhe benutzen

Schutzschuhe tragen

Rettungszeichen

Rettungszeichen kennzeichnen Fluchtwege, Rettungseinrichtungen und Rettungsgeräte. Weiße Symbole liegen in einem grünen Viereck.

Beispiele

Erste Hilfe

Notruftelefon

Krankentrage

Arzt

Notausgang

Brandschutzzeichen

Brandschutzzeichen, weiße Symbole auf rotem Grund, kennzeichnen Gegenstände zur Brandbekämpfung.

Beispiele

Feuerlöscher

Brandmelder

Löschschlauch

Leiter

Unfallverhütung

2.3 Erste Hilfe bei Unfällen im Haushalt

Erste Hilfe
Erste Hilfe beinhaltet vorläufige, aber sehr wirkungsvolle Maßnahmen, mit denen die Zeit zur endgültigen Versorgung genutzt wird. Der Ersthelfer soll nicht heilen, sondern kompetent helfen. Dabei ist die Rettungskette einzuhalten.

Rettungskette

Für den Ersthelfer bedeutet das in erster Linie

- eine drohende oder bestehende Gefahr abzuwenden,
- den Zustand zu stabilisieren,
- eine Verschlimmerung zu verhindern und
- Komplikationen zu vermeiden.

Notruf
Notrufnummern sind in der gesamten Bundesrepublik gleich. Unter der Notrufnummer 110 erreicht man die Einsatzzentrale der Polizei. Diese leitet Notfallmeldungen sofort an den Rettungsdienst weiter. Unter der Notrufnummer 112 erreicht man die Feuerwehr. Diese ist oftmals auch die gesetzliche Trägerin des Rettungsdienstes oder übernimmt die Alarmierung und Koordination des Rettungsdienstes an Kommunale Rettungsdienste oder Hilfsorganisationen wie:

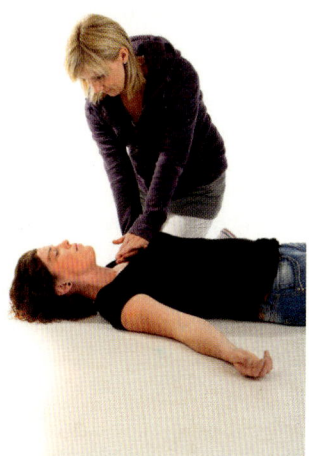

Ruhe bewahren!

- Arbeiter-Samariter-Bund (ASB)
- Deutsche Lebens-Rettungs-Gesellschaft (DLRG)
- Deutsches Rotes Kreuz (DRK)
- Bayerisches Rotes Kreuz (BRK)
- Johanniter-Unfall-Hilfe e. V. (Johanniter)
- Malteser Hilfsdienst e. V. (Malteser)

Durch exakte Notrufangaben kann der Rettungsdienst schnellstmöglich den Einsatzort erreichen. Wichtig ist zunächst, am Telefon Ruhe zu bewahren, langsam, laut und deutlich zu sprechen. Um klare Angaben zu machen, bieten die fünf W-Fragen eine gute Hilfe.

Fünf W-Fragen bei einem Notruf

		Mögliche Inhalte
1.	**Wo** ist es passiert?	möglichst exakte Ortsangabe wie Straße, Hausnummer, Etage
2.	**Was** ist passiert?	um welche Erkrankung handelt es sich, z. B. Verätzung, Verbrennung, Folgen einer Schlägerei

		Mögliche Inhalte
3.	**Wie viele** Verletzte oder Erkrankte gibt es?	Rettungskräfte können so einschätzen, wie viele Fahrzeuge ausrücken müssen.
4.	**Welche** Verletzungen liegen vor?	Anhand der Schilderung wird entschieden, welches Rettungsmittel zum Einsatz kommt.
5.	**Warten** auf Rückfragen!	Es könnte sein, dass nicht alle Angaben richtig verstanden wurden.

Erste-Hilfe-Maßnahmen

Schnittwunden
Eine kleine Schnittverletzung lässt man kurz bluten. Schmutz und Krankheitserreger werden auf diese Weise aus der Wunde herausgespült. Anschließend die Wunde gut desinfizieren und mit einem Schnellverband verbinden. Verletzungen am Finger sind mit einem Fingerling abzudecken (Hygienevorschriften beachten). Tiefe oder längere und stark blutende Wunden sollten dem Arzt vorgestellt werden.

Schürfwunden
Bei Schürfwunden ist die obere Hautschicht meist stark verschmutzt. Deshalb muss die Wunde gereinigt werden, indem sie mit lauwarmem Leitungswasser (Trinkwasser) ausgespült wird. Im Anschluss sollte die Wunde desinfiziert werden. Kleinere Schürfwunden können offen heilen, größere werden mit einem Wundverband oder sterilen Kompressen abgedeckt und sollten vom Arzt versorgt werden.

Merksatz
- *Bei der Versorgung offener Wunden sollten Einweghandschuhe getragen werden.*
- *Beim Verletzten sollte die Tetanus-Impfung überprüft werden.*

Nasenbluten
Der/die Betroffene sollte sich auf einen Stuhl setzen und den Kopf nach vorn neigen, damit das Blut abfließen kann. Dabei sollte es vermieden werden, das Blut hinunter zu schlucken, das das zu Brechreiz führen kann. Durch einen Kältereiz, beispielsweise mittels eines kalten Lappens, der in den Nacken gelegt wird, kann die Blutzufuhr gedrosselt werden.

Merksatz
Ein Arzt sollte bei Nasenbluten hinzugezogen werden, wenn
- *die Blutung länger als zehn Minuten anhält oder wenn es sehr stark blutet,*
- *Betroffene an Blutgerinnungsstörungen leiden oder gerinnungshemmende Medikamente einnehmen.*

Insektenstiche
Steckt der Stachel eines Insektes noch in der Haut, so wird er vorsichtig mit einer Pinzette herausgezogen. Die Stelle kann daraufhin mit einem Kältepack oder Eiswürfeln, die in ein Tuch gewickelt sind, gekühlt werden. Eis sollte dabei niemals auf die Haut gegeben werden, da es zu Erfrierungen kommen kann. Kühlende Gele oder Salben lindern den Juckreiz.

Unfallverhütung

Informationen
Insektenstiche im Mund und Rachen können lebensgefährlich sein. Durch Schwellungen kann die Atmung behindert werden. Hier sollte sofort der Rettungsdienst gerufen werden. Als erste Maßnahme helfen dem Betroffenen Eiswürfel zum Lutschen und kalte Umschläge um den Hals.
Auch bei allergischen Reaktionen auf das Insektengift sollte der Rettungsdienst gerufen werden. Auf allergische Reaktionen weisen Atemnot, Schwindel, Herzklopfen oder starke Schwellungen hin.

Schock
Unter Schock verstehen viele Menschen den seelischen Ausnahmezustand des Körpers nach einem traumatischen Erlebnis. Der Körper versucht sich auf die Versorgung der wichtigsten Organe zu konzentrieren, was schwerwiegende Folgen für den Organismus haben kann. Unbehandelt kann ein Schock tödlich enden, deshalb sollte unbedingt der Rettungsdienst gerufen werden. Symptome sind meist Blässe und kalter Schweißausbruch, schneller und schwer zu fühlender Puls. Manchmal zittern die Betroffenen, sind unruhig und ängstlich.

Merksatz
Bis der Arzt kommt, sollte
- *eine mögliche sichtbare Blutung gestillt werden,*
- *die Person beruhigt und angesprochen werden,*
- *die Person zugedeckt werden,*
- *die Person in Schocklage gebracht werden (Rückenlage, Oberkörper flach auf dem Boden, die Beine durch ein Kissen oder eine Deckenrolle erhöht).*

Merksatz
Schocklage nicht bei bewusstlosen Personen oder Personen mit Herzproblemen oder bei Verdacht auf eine akute Herzerkrankung anwenden.

Verbrennungen und Verbrühungen
Die wichtigste Regel heißt: mit fließendem Wasser sofort kühlen! Das lindert den Schmerz und kann den Gewebeschaden begrenzen. Experten empfehlen nicht länger als fünf Minuten zu kühlen, da sonst das Zusammenziehen der Gefäße die Blutversorgung der Haut zu stark beeinträchtigt.
Ärztliche Hilfe wird durch vier Faktoren bestimmt:
1. Grad der Schädigung

- Grad 1: Rötung (ähnlich wie bei einem Sonnenbrand), Selbstbehandlung reicht aus, wenn nicht mehr als zehn Prozent der Oberfläche betroffen sind.
- Grad 2: Blasenbildung; Färbt sich die Haut am Blasenrand weiß und fallen die Haare aus, sollte ein Arzt aufgesucht werden.

Merksatz
Blasen nicht aufstechen, da Infektionsgefahr besteht.

- Grad 3: Es treten weiße, trockene Hautfetzen auf.
- Grad 4: Die Haut ist schwarz und verkohlt.

Merksatz
Dringend den Arzt aufsuchen!

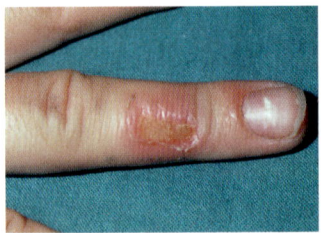
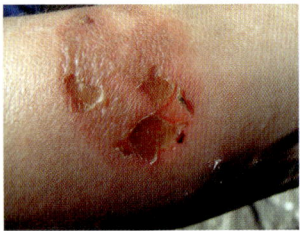
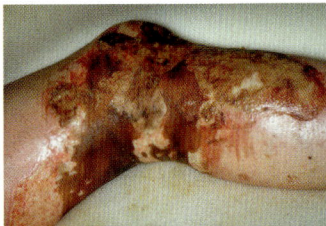

Verbrennung ersten Grades   Verbrennung zweiten Grades   Verbrennung dritten und vierten Grades

2. Ausmaß der Schädigung
3. Betroffene Körperregion
4. Alter des Verletzten

Besonders gefährdet bei Verbrennungen sind Babys und Kleinkinder, da bei ihnen der Flüssigkeitshaushalt stark durcheinander gerät und so Unterkühlungsgefahr besteht. Auch ältere Menschen sind durch Verbrennungen gefährdeter, da bei ihnen ein erhöhtes Infektionsrisiko vorhanden ist.

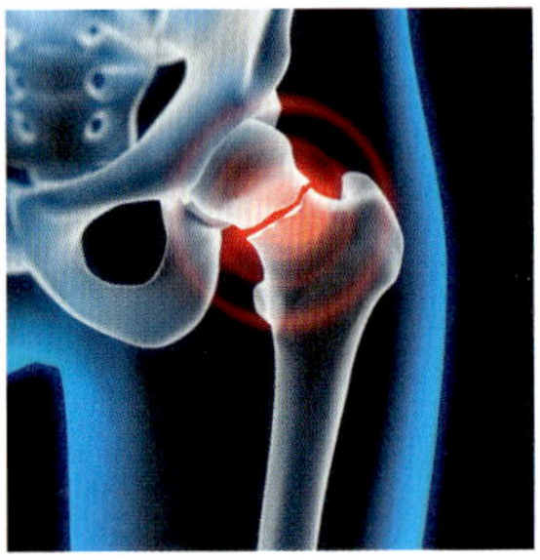

Knochenbrüche
Geschlossene Brüche können gekühlt werden, um eine Schwellung zu verhindern. Offene Brüche werden mit keimfreier Wundauflage bedeckt.

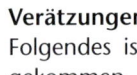
Merksatz
Bei Knochenbrüchen besteht Schockgefahr. Stellen Sie den Bruch in vorgefundener Lage ruhig.

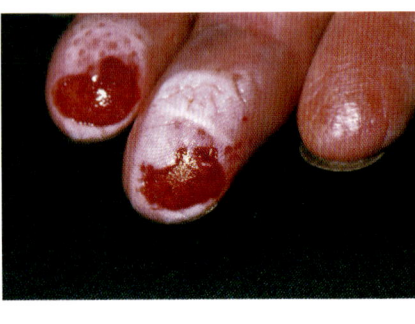

Verätzungen
Folgendes ist zu tun, wenn es zu Verätzungen gekommen ist, die durch Rötung betroffener Hautareale, Blasenbildung und starke Schmerzen zu erkennen sind:

- Notruf 112
- Betroffene Kleidungsstücke sofort entfernen
- Wunde mit klarem Wasser ausgiebig ausspülen
- Keimfreien Verband anlegen
- Bei verätzten Speisewegen sofort Wasser in kleinen Schlucken trinken, damit die Chemikalie verdünnt wird
- Betroffene sollen nicht erbrechen, da sich sonst die Verätzung wiederholt
- Verätztes Auge mit klarem Wasser spülen, dabei gesundes Auge schützen; Betroffener sollte dabei liegen

Unfallverhütung

- Helfer hält das betroffene Auge auf, während eine weitere Person Wasser auf das Auge vom inneren Augenwinkel nach außen gießt
- Beide Augen mit einem keimfreien Verband bedecken und schnellstmöglich für ärztliche Behandlung sorgen

Aufgaben

1. Erarbeiten Sie sich eine Übersicht zu Unfällen im Haushalt mit folgenden Schwerpunkten:

Vermeidung von Unfällen	Was kann passieren?	Erste Hilfe!
...	...	...

2. Ein Kind trinkt auf einem Gartenfest aus einem Becher Saft. Im Saft hat sich eine Wespe versteckt. Es kommt zu einem Insektenstich im Rachen. Was tun Sie?
3. Im Wohnhaus kommt es zu einem Brand auf dem Boden. Sie haben es rechtzeitig bemerkt und wollen diesen Entstehungsbrand mit dem Feuerlöscher bekämpfen.
   a) Worauf müssen Sie achten?
   b) Begründen Sie Ihre Aussage.

3 Reinigung und Pflege von Räumen im Haushalt

3.1 Reinigungsarten

Räume müssen regelmäßig gereinigt werden. Dabei sollte die Reinigung die Pflege mit einschließen.

Definition
Unter Reinigung wird die Beseitigung unerwünschter Substanzen verstanden, so z. B. das Entfernen eines Flecks auf der Tischplatte. Pflege ist das Auftragen gewünschter Substanzen auf die Oberfläche, so z. B. das Auftragen von Möbelpolitur. Moderne Reinigungsmittel beinhalten oft Reinigungs- und Pflegemittel (vgl. S. 32).

Es werden inhaltlich und zeitlich drei Reinigungsarten unterschieden.

Reinigungsarten	Erklärung und Inhalte	Zeitabstand
Sichtreinigung	Beseitigung direkt ins Auge fallender sichtbarer Verschmutzungen Das können sein: • Beseitigung von groben Verschmutzungen • Leeren von Papierkörben, Mülleimern und Aschenbechern • Aufräumen (Geschirr in den Geschirrspüler stellen, Betten machen, Zeitungen in den Zeitungsständer legen usw.) • Lüften der Räume	täglich
Unterhaltsreinigung	Reinigungsarbeiten, die sich in einem festen Zeitabstand wiederholen Das können sein: • Fußboden nass wischen oder saugen • Staub wischen (trocken oder nebelfeucht) • Sanitärobjekt nass reinigen • Grünpflanzen pflegen	ein- bis zweimal wöchentlich
	Die Unterhaltsreinigung schließt die Sichtreinigung ein.	

Reinigungsarten	Erklärung und Inhalte	Zeitabstand
Grundreinigung	Reinigungsarbeiten werden umfangreicher und gründlicher als bei der Unterhaltsreinigung durchgeführt. Sie schließt aber deren Tätigkeiten ein. Hinzu kommen Arbeiten wie: • gründliche Fensterreinigung unter Einbeziehung der Gardinenpflege sowie der Gardinenstangen und Rollos • gründliche Reinigung der Fußböden (Nassscheuern oder Shampoonieren) • Reinigung von Heizkörpern, Bildern, Lampen • gründliche Reinigung der Türen	zwei- bis dreimal im Jahr; auch als Frühjahrs- oder Herbstputz im Haushalt bekannt
	Die Grundreinigung schließt die Unterhaltsreinigung ein.	

3.2 Reinigungsmethoden

Die Anwendung entsprechender Reinigungsmethoden ist von vielen verschiedenen Faktoren abhängig. Das können sein:

- Hygieneanforderungen
- Raumarten
- Materialien, die zu reinigen sind
- Reinigungsart
- Verschmutzungsgrad

Des Weiteren wird durch die Auswahl der Reinigungsmethode auch die Auswahl der möglichen Reinigungsmittel und Reinigungsgeräte bestimmt. Reinigungsmethoden werden dabei in zwei Gruppen unterschieden, die Trockenreinigung und die Nassreinigung. Im Folgenden findet sich eine Übersicht über die im Haushalt vorwiegend verwendeten Methoden:

Trockenreinigen	Kehren Saugen Bürstensaugen Polieren Staubwischen
Nassreinigen	Wischen (feucht oder nass) „Cleanern" Shampoonieren Dampfreinigen Hochdruckreinigen

3.3 Reinigungs-, Pflegemittel und Reinigungsgeräte

Zur Umsetzung der Reinigungsmethoden werden verschiedene Reinigungs- und Pflegemittel in Verbindung mit den unterstützenden Reinigungsgeräten eingesetzt.

Reinigungsmittel
Reinigungsmittel sind z. B. Allzweckreiniger, Scheuermittel und Spezialreiniger. Reinigungsmittel haben unterschiedliche Eigenschaften.

Allzweckreiniger
Allzweckreiniger sind chemisch wirkende Reinigungsmittel, die das Ablösen der Schmutzteile auf chemischem Weg bewirken. Sie sind auch unter den Begriffen Mehrzweck-, Universal- oder Neutralreiniger bekannt. Allzweckreiniger sind für wasserbeständige Oberflächen geeignet (Kunststoffe, Keramik, Glas oder wasserfeste Fußböden), die aufgrund ihrer Inhaltsstoffe besonders fettige Verschmutzungen lösen. Sie haben einen pH-Wert zwischen 6 und 10 und sind daher relativ wenig umweltbelastend und gesundheitlich unbedenklich. Neutralreiniger besitzen nur einen pH-Wert zwischen 6 und 8. So können sie für empfindliche und glänzende Oberflächen eingesetzt werden.

Definition
Der pH-Wert gibt Auskunft über den sauren, neutralen oder basischen Charakter von wässrigen Lösungen.

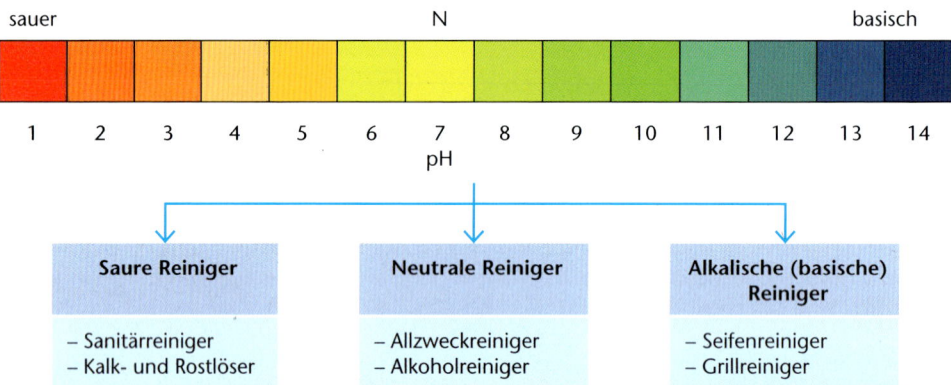

Merksatz
Bei der Anwendung von zu starken säure- oder laugenhaltigen Reinigern besteht Gefahr für Gesundheit, Umwelt und das zu behandelnde Material.

Spezialreiniger
Spezialreiniger benutzt man nur für einen speziellen Anwendungsbereich, für den sie besonders gut geeignet sind. Gängige Spezialreiniger sind z. B.:

Spezialreiniger	Anwendung
Glas- und Fensterreiniger	erzielen einen streifenfreien Glanz auf allen Glasflächen und Spiegeln
Metallreiniger	wirken reinigend und pflegend und müssen auf das entsprechende Metall abgestimmt sein

Reinigung und Pflege von Räumen im Haushalt

Spezialreiniger	Anwendung
Badreiniger	wirken kalklösend und sind für Waschbecken, Dusche und Badewanne gedacht
WC-Reiniger	lösen Kalk und Urinstein im Toilettenbecken

Mechanisch wirkende (abrasive) Reinigungsmittel

Bei Scheuermitteln erfolgt die Reinigung vorwiegend durch Mechanik, sie werden als mechanisch wirkende Reinigungsmittel oder abrasive[1] Reinigungsmittel bezeichnet. Scheuermittel gibt es in fester Form (Pulver) oder in flüssiger Form (Scheuermilch). Der Reinigungserfolg wird durch feinst gemahlene Quarz- oder Marmormehle erbracht. Dabei unterstützen Tenside, Alkalien und Bleichstoffe die Wirkung. Beim Einsatz von Scheuermitteln sollte auf die Unempfindlichkeit der Werkstoffe geachtet werden. Bei dauerhaftem Gebrauch können Kunststoffoberflächen aufgeraut werden. Dadurch kann es schnell zu einer neuen Verschmutzung kommen.

Silberputztücher

Silberputztücher wirken durch die Verbindung von Chemie und Krafteinsatz. Hier liegt eine chemische und mechanische Wirkung des Reinigungsmittels vor.

Scheuermittel

Informationen

Chemische Reinigungsmittel belasten die Gewässer und somit die Umwelt. Deswegen sollte Folgendes beachtet werden:
- Reinigungsmittel richtig dosieren
- Bürsten oder Reiben können Schmutz auch lösen
- Mechanische Saugglocken bei Verstopfungen einsetzen
- Verwendung von Essig bei der Toilettenreinigung sollte Vorrang haben

Pflegemittel

Pflegemittel haben eine Schutzfunktion und sorgen somit für eine längere Lebensdauer der verschiedenen Materialien. Bei der Auswahl der Pflegemittel erfolgt eine genaue Abstimmung in Bezug auf das Material. Gängige Pflegemittel sind z. B. folgende:

Pflegemittel	Hinweise
Wachs	Wachse werden fest, pastenartig und flüssig angeboten. Sie glänzen nicht selbst, sondern müssen aufpoliert werden. Wachse sind wenig strapazierfähig und müssen in regelmäßigen Abständen von der behandelten Fläche aufwendig entfernt werden.

---

[1] abriebstark (lat. abradere: „abkratzen")

Pflegemittel	Hinweise
Polituren	Im Handel werden verschiedene Polituren für unterschiedliche Werkstoffe (z. B. Holz oder Metalle) angeboten. Polituren enthalten Öle, Wachse, Lösemittel und feine Schleifmittel. Polituren werden eingesetzt, um Kratzer auszugleichen, die Farbe aufzufrischen und der Oberfläche einen Schutzfilm gegen Nässe und Staub zu geben.
Öle	Öle sind flüssig und besitzen nur eine geringe Schutzwirkung. Sie können für Holz im Außenbereich oder für Metalle, z. B. als Edelstahlpflegeöl, zum Einsatz kommen.
Fette	Fette besitzen eine pastenartige Konsistenz. Ihre Eigenschaften ähneln denen der Öle.

Dosierung von Reinigungs- und Pflegemitteln

Damit bei der Reinigung ein optimales Ergebnis erzielt wird, ist die Einhaltung der Dosierungsvorschrift durch den Hersteller Voraussetzung. Durch eine optimale Dosierung werden Materialkosten gespart, die Umwelt wird weniger belastet und zum Erhalt der Werkstoffe wird beigetragen. Außerdem werden Hygienestandards gesichert und die Gesunderhaltung des Personals gewährleistet. Durch Dosiersysteme kann dies unterstützt werden.

Dosierpumpen　　*Dosierspray*　　*Tabs*

Kombinationsprodukte (Reinigen – Pflegen – Desinfizieren)

Durch die Verwendung von Kombinationsprodukten können Arbeitsschritte eingespart werden und somit kann wirtschaftlicher gearbeitet werden. Es gibt Produkte, die

- reinigen und pflegen,
- reinigen und desinfizieren,
- reinigen, pflegen und desinfizieren.

D *Definition*
Desinfektionsmittel haben die Aufgabe, Mikroorganismen in ihrem Wachstum zu hemmen oder abzutöten. Für Reinigungsarbeiten werden Desinfektionsmittel in flüssiger Form angeboten, die z. B. dem Wischwasser zugesetzt werden, oder sie sind als Sprays oder Desinfektionstücher im Handel erhältlich. Sie dienen der Schnelldesinfektion und bestehen oft aus Alkohol.

Reinigungsgeräte

Zur Beseitigung von Verschmutzungen gibt es für den Haushalt eine große Anzahl an Geräten und Maschinen, die sich ständig weiterentwickeln und verbessern. Richtig eingesetzt werden

Zeit, Kraft und häufig auch Chemie eingespart. Wichtig ist es auch hier, die Bedienungsanleitung genau zu befolgen.

Staubsaugen
Staubsaugen erfolgt mit Staubsaugern oder Bürstensaugmaschinen. Dabei wird durch das Ansaugen der Luft der Schmutz in den Staubsammelbehälter angesaugt. Die wieder austretende Luft wird gereinigt. Bürstensauger besitzen zusätzlich Bürsten, die den Flor des Teppichs aufstellen und tieferliegenden Schmutz beseitigen.

Dampfreinigen
Dampfreinigen erfolgt durch Wasserdampf. Das Dampfreinigungsgerät erzeugt den Dampf, der unter Druck aus Düsenöffnungen austritt. Der Dampf löst Verschmutzungen, die im Anschluss abgewischt werden können.

Hochdruckreinigen
Hochdruckreinigen erfolgt durch hohen Wasserdruck. Es gibt Kaltwasser- und Heißwasserhochdruckreiniger. Sie finden Verwendung bei stark verschmutzten Fliesen, aber auch im Außenbereich (Terrasse, Gartenmauer oder Hauswände). Die Reinigung mit diesen Geräten erfolgt ohne Zusatz von Chemie.

3.4 Reinigungsfaktoren

Bei der Reinigung spielen vier Faktoren eine Rolle:
1. Mechanik
2. Temperatur
3. Zeit
4. Chemie

Um einen hohen Reinigungserfolg zu erzielen, sind meist alle vier Reinigungsfaktoren beteiligt. Verringert sich ein Faktor, so erhöht sich ein anderer. Aus der Sicht des Umweltschutzes sollte der Faktor „Chemie" gering gehalten werden. Aus ökonomischer Sicht spielt der Faktor „Zeit" eine große Rolle, denn dieser spiegelt sich in den Personalkosten wider.

Aufgaben A
1. Ein Kinderzimmer ist zu reinigen. Nennen Sie Tätigkeiten, die Sie in Bezug auf die verschiedenen Reinigungsarten ausführen sollten.
2. Infomieren Sie sich im Handel zu Reinigungs- und Pflegemitteln. Erarbeiten Sie sich eine Übersicht mit je fünf Beispielen.

Reinigungsmittel/ Pflegemittel	Anwendungsbereiche	Inhaltsstoffe	Anwendungshinweise
…	…	…	…

3. Gartenmöbel aus Holz sind zu pflegen. Welches Pflegemittel setzen Sie ein. Informieren Sie sich im Handel über die entsprechenden Angebote.

4 Werkstoffe im Haushalt und deren Reinigung

Im Haushalt kommen unterschiedliche Materialien zum Einsatz. Um die richtigen Reinigungsmethoden sowie die passenden Reinigungs- und Pflegemittel einzusetzen, bedarf es grundlegender Kenntnisse der verschiedenen Werkstoffe. Werden falsche Techniken oder Reinigungs- und Pflegemittel eingesetzt, kann das zu Materialschäden führen. Diese können die Haltbarkeit und Optik des Materials erheblich beeinflussen. Da die Industrie viele verschiedene Werkstoffe verwendet und immer mehr Materialkombinationen entwickelt, ist es wichtig, Produktinformationen und Pflegehinweise zu lesen.

4.1 Metalle

Metalle werden durch spezielle Abbauprozesse der sich im Erdreich befindlichen Gesteine gewonnen. Metalle haben eine hohe Wärmeleitfähigkeit sowie elektrische Leitfähigkeit, sind verformbar, undurchsichtig und zeichnen sich durch einen metallischen Glanz aus. Um Eigenschaften zu verbessern, werden Legierungen hergestellt, die aus mindestens zwei verschiedenen Stoffen bestehen. So ist Gusseisen beispielsweise eine Verbindung (Legierung) aus Eisen und Kohlenstoff.

Metalle werden unterteilt in:

- Schwermetalle (z. B. Eisen) und Leichtmetalle (z. B. Aluminium)
- Edelmetalle (z. B. Gold, Silber) und unedle Metalle (z. B. Blei)
- Schwarzmetalle (z. B. Eisen) und Buntmetalle (z. B. Kupfer, Zinn)
- Eisenmetalle (z. B. Stahl) und Nichteisenmetalle (z. B. Silber)

Im Folgenden werden Metalle und Legierungen aufgeführt, die im Haushalt Verwendung finden.

4.1.1 Gusseisen und Stahl

Gusseisen
Gusseisen ist

- ein dunkelgraues, raues und schweres Metall (Eisen-Kohlenstoff-Legierung),
- ein guter Wärmeleiter und Wärmespeicher,
- bedingt kratzfest sowie stoßempfindlich,
- allerdings ist es rostanfällig.

Durch das hohe Wärmespeichervermögen wird Gusseisen im Küchenbereich eingesetzt. Pfannen, Töpfe, aber auch Herdplatten sind aus Gusseisen. Oft werden Pfannen mit Emaille überzogen, damit sie vor Korrosion (Rost) geschützt sind (vgl. S. 37). Weiterhin wird Gusseisen in Heizkörpern oder auch für Teile von Kaminöfen verwendet.

Werkstoffe im Haushalt und deren Reinigung

Reinigung von Gusseisen

- *Bei leichten Verschmutzungen sollte Gusseisen möglichst nur trocken ausgerieben werden.*
- *Wenn Wasser und Spülmittel verwendet werden, gut nachtrocknen lassen und dünn einfetten, damit es nicht rostet.*
- *Hartnäckige Verschmutzungen sollten mit verseifter Stahlwolle oder flüssiger Scheuermilch behandelt werden.*
- *Da Gusseisen schwer ist, sollte ein feuchtes Schwammtuch als Unterlage benutzt werden.*
- *Gusseisen darf nicht in der Spülmaschine gereinigt werden.*

Stahl

Stahl ist eine Eisen-Kohlenstoff-Legierung, die durch ihren höheren Eisengehalt gegenüber Gusseisen widerstandsfähiger in Bezug auf Rost, Druck und Stoß ist. Im Haushalt findet man Messerklingen, Scheren, Nadeln, aber auch Backbleche und Schüsseln aus Stahl.

Beschichtung

Da alle Eisenmetalle gegenüber Sauerstoff, Luftfeuchtigkeit und Säuren korrosiv sind, d. h. mit der Zeit zersetzt werden, können Stahl und Gusseisen überzogen werden. Vier verschiedene Möglichkeiten sollen hier vorgestellt werden.

Emaille

Emaille ist eine Glasur, die auf einen harten Kern aus Stahl oder Gusseisen eingebrannt ist. Es ist eine glasartige Masse, die die Rostbildung verhindern soll, selbst aber kratz- und stoßempfindlich ist und daher leicht abspringt. Emaille kommt im Haushalt in Form von Herdmulden oder Gehäusen vor, aber auch als Kochgeschirr, z. B. Töpfe, Schüsseln, Auflauf- oder Backformen. In emailliertem Kochgeschirr darf nicht mit harten Gegenständen gerührt werden. Hier eignet sich Holz oder Kunststoff.

Reinigung von emailliertem Kochgeschirr

- *In emailliertem Kochgeschirr darf nicht mit harten Gegenständen gerührt werden, d. h. keine groben Scheuermittel verwenden oder mit Metallgegenständen kratzen.*
- *Holz oder Kunststoff sind zum Rühren geeignet.*
- *Heißes Wasser mit Spülmittelzusatz verwenden.*
- *Starke Verschmutzungen einweichen oder auskochen.*
- *Beschädigtes Kochgeschirr sollte ausgesondert werden.*

Weißblech

Weißblech ist ein dünnes Eisenblech, das mit einer Zinnschicht überzogen ist. Es ist sehr leicht. Im Haushalt wird es als Backblech, Kuchenform, Ausstech- oder Puddingform oder als Weißblechdose für Konserven verwendet. Weißblech ist sehr preiswert.

TIPP

Reinigung von Weißblech

- *Heißes Wasser mit Spülmittelzusatz verwenden.*
- *Keine harten Gegenstände oder Scheuermittel benutzen, denn der dünne Zinnüberzug kratzt sich schnell ab.*

Schwarzblech

Schwarzblech ist Eisenblech, das im Feuer geglüht und dadurch schwarz oxidiert. Zusätzlich kann eine schwarze Lackschicht aufgebracht werden.

TIPP

Reinigung von Schwarzblech

- *Heißes Wasser mit Spülmittelzusatz verwenden.*
- *Keine harten Gegenstände oder Scheuermittel benutzen.*
- *Schwarzblech sollte nicht in der Spülmaschine gereinigt werden.*

Kunststoffüberzüge

Auch Kunststoffüberzüge werden zum Schutz vor Korrosion angebracht, so z. B. bei Körben in Gefrierschränken oder auch im Geschirrspüler. Bei Pfannen verwendet man hitzebeständigen Kunststoff (z. B. Teflon), der das Anbacken von Speisen verhindert.

TIPP

Reinigung von Kunststoffüberzügen

Bei der Reinigung muss vorsichtig vorgegangen werden, damit der Überzug nicht zerstört wird.

4.1.2 Edelstahl

Edelstahl ist eine Bezeichnung für legierte oder unlegierte Stähle, die durch besondere Herstellungsbedingungen und ihre chemische Zusammensetzung einen hohen Reinheitsgrad aufweisen. Beispielsweise können unlegierte Edelstähle besonders hart sein, legierte Edelstähle besonders hitzebeständig. Im Alltag werden nur rostfreie Stähle als Edelstähle bezeichnet. Durch das Mischen mit anderen Metallen wird Stahl veredelt. Ein Stahl wird z. B. durch einen Chromanteil von mindestens 13 % rostfrei. Nickel macht den Stahl unempfindlich gegenüber Säuren.

Werkstoffe im Haushalt und deren Reinigung

Im Haushalt verwendete Edelstähle sind:

Bezeichnung	Zusammensetzung	Eigenschaften	Verwendung
Chromstahl	Legierung aus Eisen mit einem Chromanteil von ca. 15 %	• sehr hart • korrosionsbeständig • geruchsneutral • geschmacksneutral	Messerklingen, Scheren, Essbestecke, Kochgeschirr der unteren Preisklasse
Chrom-Nickel-Stahl	18 % Chrom 10 % Nickel 72 % Stahl	besonders korrosions- und säurebeständig	Spülbecken, Arbeitsflächen in Großküchen, Innenverkleidung von Wasch- oder Spülmaschinen
Chrom-Mangan-Stahl	18 % Chrom 8 % Nickel 18 % Mangan 56 % Stahl	• hochwertiger, widerstandsfähiger Stahl • korrosionsbeständig und schlagfest	Kücheneinrichtungen, Serviergeschirr, Essbestecke, hochwertige Kochgeschirre

Reinigung von Edelstahl

- Normale Reinigung mit heißem Wasser und Spülmittel ist ausreichend.
- Starke Verschmutzungen sollten eingeweicht und mit einer flüssigen Scheuermilch entfernt werden.
- Mit klarem Wasser nachspülen.
- Wichtig ist sofortiges Abtrocknen, damit es nicht fleckig wird.
- Ein Spülen in der Spülmaschine ist möglich.
- Um Töpfe und Pfannen gründlich zu reinigen, können Griffe und Stiele vor der Reinigung abgeschraubt werden.
- Spezielle Edelstahlreiniger reinigen und pflegen die Oberfläche.
- Alle eingesetzten Reinigungs- und Pflegemittel dürfen nur eine milde abrasive Wirkung haben, damit die Oberfläche nicht zerstört wird.

4.1.3 Aluminium

Aluminium ist ein silberweißes, leichtes und weiches Metall. Es leitet Wärme sehr gut und ist stoßempfindlich. In der Verbindung mit Lebensmitteln ist es wichtig zu wissen, dass Aluminium säure- und laugenempfindlich ist. Werden Rhabarber oder Sauerkraut in Aluminiumgefäßen zubereitet

Alu-Campinggeschirr zeichnet sich durch sein geringes Gewicht aus

Alu-Pfannen kombinieren geringes Gewicht und Antihaftbeschichtung

oder gelagert, kann es zu Verfärbungen und zu einem unangenehmen Geschmack kommen. Eine Schutzschicht mit Eloxal bewirkt eine Säureunempfindlichkeit. Dadurch wird Aluminium zu einem hochwertigen Metall veredelt. Im Haushalt findet es seine Verwendung in Kuchenformen, Backblechen und anderem Kochgeschirr.

> **TIPP**
>
> *Reinigung von Aluminium*
>
> - Heißes Wasser mit Spülmittel verwenden, bei starken Verschmutzungen mit Spülmittel auskochen
> - Gegenstände gut in heißem, klarem Wasser nachspülen
> - Möglichst keine Scheuermittel oder verseifte Stahlwolle einsetzen
> - Gegenstände gut abtrocknen, damit sie nicht rosten
> - Gegenstände dürfen nicht in die Spülmaschine, da die starken Reinigungsmittel zur Auflösung des Metalls führen würden.
> - Verfärbungen können durch Auskochen mit Säuren (verdünnte Zitronensäure oder einem Rhabarberblatt) beseitigt werden.

4.1.4 Buntmetalle

Die am häufigsten verwendeten Buntmetalle sind Kupfer und Zinn.

Buntmetall	Eigenschaften	Besonderheiten	Verwendung
Kupfer	- weich - glänzend - dehnbar - gut formbar - guter Wärme- und Stromleiter	- Bestandteil vieler Legierungen - bildet ohne Überzug eine dunkelbraune Oxidationsschicht (Patina) - in Verbindung mit Säuren entsteht giftiger Grünspan - Speisen dürfen nicht in Kupfergefäße	- hochwertiges Kupfergeschirr, dessen Innenseite meist verzinnt ist - Ziergegenstände - Münzen (wird auch als Münzmetall bezeichnet) - Elektroleitungen
Zinn	- silberweiß - sehr weich - kratzempfindlich - niedriger Schmelzpunkt	- ist Bestandteil vieler Legierungen - wird in der modernen Industrie vom billigeren Aluminium verdrängt	- Ziergegenstände - Stanniol (zu einer dünnen Folie gewalzt) - Lametta - Herstellung von Weißblech

Werkstoffe im Haushalt und deren Reinigung

Reinigung von Gegenständen aus Kupfer und Zinn
- Gegenstände sollten von Hand in heißem Wasser gespült und gründlich abgetrocknet werden.
- Sollten nicht mit stark abrasiven Reinigungsmitteln oder Reinigungsgegenständen behandelt werden.
- Beim Einsatz von Spezialreinigungsmittel für Kupfer und Zinn sollten die Herstellerinformationen beachtet werden.

TIPP

4.1.5 Legierungen

Messing
Messing ist eine Legierung aus Kupfer und Zink. Sie ist goldähnlich und matt glänzend. Messing verwendet man vorwiegend zu Verzierungen.

Reinigung von Messing
Messing wird nur mit einem feuchten Tuch abgerieben und nachgetrocknet.

TIPP

Bronze
Bronze ist eine Legierung aus Kupfer und Zinn. Sie hat ein dunkelgoldenes, mattes und raues Aussehen.
Bronze wird im Haushalt meist ausschließlich für Ziergegenstände verwendet. Es muss nur abgestaubt oder per Hand gespült werden.

Reinigung von Bronze
Bronze muss nur abgestaubt oder per Hand gespült werden.

TIPP

4.1.6 Silber als Edelmetall

Silber ist ein sehr weiches, kratzempfindliches und weißglänzendes Edelmetall. Damit das Material härter wird, legiert man es häufig mit Kupfer. Die Qualität des Silbers ist an den eingestanzten Zahlen zu erkennen.

Definition
Schmuck wird häufig aus Sterlingsilber (einem 925er Silber) gearbeitet. Das bedeutet, dass auf 1.000 Gewichtsteile 925 Teile Silber und 75 Teile Kupfer entfallen.

D

Silber besitzt die unerwünschte Eigenschaft, dass es schwarz anläuft. Dieser schwarze Belag entsteht, wenn es mit Schwefelwasserstoff in Verbindung kommt. Dieser besteht aus Schwefel, Wasser und Sauerstoff und ist somit in der Luft vorhanden. Silberschmuck oder Bestecke, die über einen längeren Zeitraum nicht benutzt werden, sollten daher trocken und luftdicht lagern. Auch eiweißhaltige Lebensmittel lassen Silber schwarz anlaufen, da sie ebenfalls Schwefel enthalten.

Reinigung von Silber

- Silbergegenstände sollten auf einer weichen Unterlage mit dem Putzmittel gereinigt (poliert) werden.
- Silbergegenstände sollten heiß gespült und gut getrocknet werden.

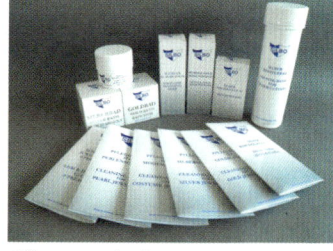

Silberputztuch   *Silberputzmittel*

- Tauchbäder sind nach Gebrauchsanweisung zu verwenden. Dabei ist zu beachten, dass Edelstahl mit dem Tauchbad nicht in Berührung kommen darf, da dieser dadurch angegriffen wird. Dies betrifft auch schwarz unterlegten Schmuck.

Silber kann aber auch mit wenigen Mitteln des Haushalts geputzt werden. Man benötigt Kochsalz, Wasser, Aluminiumfolie und eine Plastikschüssel.

So wird es gemacht:

- Eine Schüssel wird mit Alufolie ausgelegt.
- Silberteile werden so in die Schüssel gelegt, dass alle Teile die Folie berühren.
- Kochende Kochsalzlösung (50 g Salz/1 Liter Wasser) wird darüber gegeben und anschließend ca. zehn bis fünfzehn Minuten darin liegen gelassen, bis alle Verschmutzungen verschwunden sind.
- Die Kochsalzlösung wird danach abgeschüttet und das Silber poliert (Handschuhe tragen).

Was ist dabei geschehen?

Zwischen dem Silber und der Alufolie ist ein schwacher Strom geflossen, wodurch sich Schwefel und Silber trennen.

A **Aufgaben zur Kontrolle**
1. Nennen Sie mögliche Einteilungen der Metalle.
2. Erarbeiten Sie sich eine Übersicht mit Reinigungshinweisen zu den einzelnen Metallen.

Werkstoffe im Haushalt und deren Reinigung

4.2 Nichtmetalle

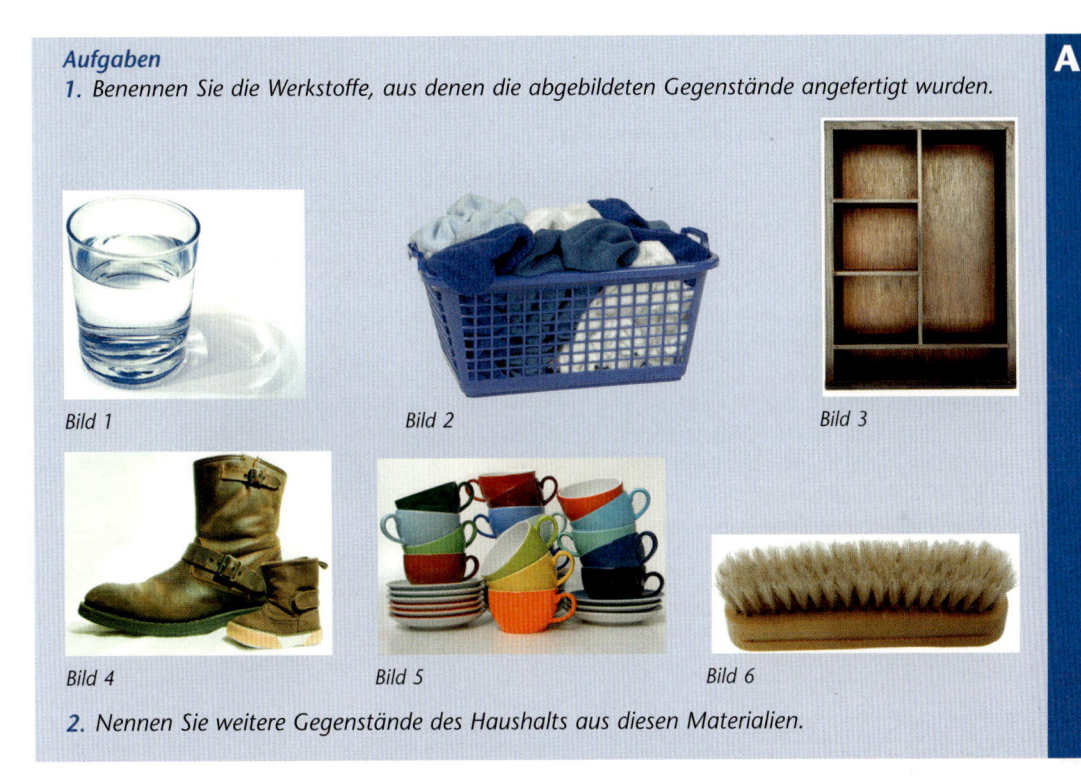

A

Aufgaben
1. Benennen Sie die Werkstoffe, aus denen die abgebildeten Gegenstände angefertigt wurden.

Bild 1	Bild 2	Bild 3

Bild 4	Bild 5	Bild 6

2. Nennen Sie weitere Gegenstände des Haushalts aus diesen Materialien.

4.2.1 Glas

Zur Herstellung von Glas wird Quarzsand als Grundstoff mit Soda, Natron oder Pottasche bei Temperaturen zwischen 1.200 °C und 1.500 °C verschmolzen. Durch Ziehen, Blasen, Gießen oder Pressen wird die Glasschmelze in Form gebracht. Glas ist lichtdurchlässig, hat eine glatte Oberfläche, ist unempfindlich gegenüber Säuren und Laugen im Haushalt, leicht zerbrechlich, kratzempfindlich und verträgt keinen raschen Temperaturwechsel. Glas kann im Haushalt in Hohlglas (Trinkgläser, Schalen) oder Flachglas (Fensterglas) eingeteilt werden. Durch den Austausch verschiedener Substanzen wird Spezialglas hergestellt. Dadurch können ungünstige Eigenschaften positiv beeinflusst werden.

Glas im Haushalt und seine Besonderheiten

Einfaches Glas
Einfaches Glas, auch Wirtschaftsglas genannt, wird für Flaschen und Gläser z. B. im Handel, aber auch als Fensterglas verwendet. Es ist dickwandig, stabil und klingt nicht.

Kristallglas

Kristallglas unterscheidet sich vom einfachen Glas in der Härte, Stärke und durch einen hellen Klang. Es kann je nach aktueller Mode mundgeblasen sein und im Anschluss durch eine Gravur verziert werden. Kristallglas wird für hochwertiges Trinkglas, Vasen, Schalen oder auch Figuren verwendet.

Spezialglas

Spezialglas, z. B. feuerfestes Glas, kann zum Kochen, Braten und Backen verwendet werden. Es ist beständig gegenüber hohen Temperaturen und raschen Temperaturschwankungen. Auflaufformen, Teekannen und Gläser können daraus hergestellt werden. Auch Babyflaschen sind meist aus Spezialglas. Diese sind zusätzlich relativ bruchsicher.

Glaskeramik

Glaskeramik hält höchsten Temperaturschwankungen stand. Dies wird durch weitere Zusatzstoffe erreicht. Cerankochfelder sind beispielsweise aus Glaskeramik. Es hat zwar den Vorteil, sich schnell zu erhitzen, hält aber die Wärme nicht sehr lange. Glaskeramik lässt sich gut reinigen und hat eine angenehme Optik.

TIPP

Reinigung von Glas

- *Glas wird nach dem Verschmutzungsgrad sortiert und dementsprechend gereinigt. Begonnen wird mit dem wenig verschmutzten Glas.*
- *Das Spülwasser mit wenig Spülmittel sollte eine Temperatur von ca. 40 °C besitzen.*
- *Eine weiche Bürste oder ein weicher Lappen unterstützen die Reinigung.*
- *Grobe Scheuermittel oder Arbeitsgegenstände zerstören die Oberfläche.*
- *Stielgläser werden einzeln und am Kelch haltend gespült, klargespült und anschließend poliert.*
- *Zum Polieren werden fusselfreie Tücher verwendet (Leinen oder Halbleinen).*
- *Gläser werden mit der Öffnung nach unten in den Schrank einsortiert.*
- *Wenig empfindliche Gläser können im Geschirrspüler gereinigt werden, wobei diese nach häufigem Spülen trüb werden können (Glaskorrosion).*
- *Kalkansätze bei Vasen lassen sich mit Essig und einer Flaschenbürste gut beseitigen.*
- *Hitzebeständiges Glas, z. B. eine Auflaufform, kann im Geschirrspüler gereinigt werden. Starke Verschmutzungen sollten vorher eingeweicht und mit einer weichen Bürste entfernt werden.*

Fensterglas (Flachglas)

Die Reinigung von Fenstern erfolgt durch spezielle Reinigungsgeräte, Reinigungsmittel und Methoden. Bei der Reinigung von Fenstern muss unbedingt der Unfallschutz beachtet werden. Das bedeutet, dass eine Sicherheitsleiter benutzt werden sollte (vgl. Kap. 2.2, S. 18). Als Reinigungsmittel für die Rahmen sollte ein Neutralreiniger verwendet werden, der den Schmutz löst. Zum Putzen der Scheiben kann Wasser mit Spiritus verwendet werden, da Spiritus fettlösend wirkt.

Werkstoffe im Haushalt und deren Reinigung

Reinigung von Fenstern

Grundsätzlich werden die Fenster, ob Rahmen oder Scheibe, immer von innen nach außen gereinigt (vom Sauberen zum Schmutzigen).

1. Zur Reinigung der Fensterrahmen ist ein Schwammtuch gut geeignet, denn es nimmt die Feuchtigkeit und den Schmutz gut auf. Der Neutralreiniger wirkt unterstützend.
2. Mit dem Trockentuch, das aus fusselfreier Baumwolle oder Halbleinen besteht, werden die Rahmen von innen und außen trocken gerieben.
3. In einem Eimer mit Wasser und Spiritus wird der Einwascher eingetaucht. Schlangenförmig wird er über die Fensterscheibe geführt, damit sich der Schmutz löst.
4. Das Wasser wird dann mit dem Abzieher von oben nach unten von der Scheibe abgezogen.
5. Mit dem Fensterleder wird das Wasser von der Gummilippe des Abziehers aufgenommen. Mit dem Trockentuch werden die Ecken ausgewischt.
6. Im Anschluss wird die Fensterbank gereinigt. Dazu gehören folgende Arbeitsschritte:
   - nass abwischen mit dem Schwammtuch,
   - nachtrocknen mit dem Trockentuch,
   - Blumentöpfe oder andere Elemente der Fensterdekoration reinigen.

Bei einer Grundreinigung schließt sich dem Putzen der Fenster auch die Reinigung der Gardinenstangen und das Waschen der Gardinen an.

4.2.2. Keramik

Eine der ältesten Kulturtechniken der Menschheit ist die Herstellung von Keramik. Keramik als Töpferware aus Ton ist wahrscheinlich unabhängig voneinander in mehreren Regionen der Erde entdeckt worden. Nachgewiesen und datiert wurde dies erstmals um 13.000 v. Chr. in Japan. Keramik umfasst eine Gruppe von anorganischen, nichtmetallischen Stoffen, die grob in Irdenware (Töpferware), Steingut, Steinzeug und Porzellan eingeteilt wird.

Irdenware

Irdenware ist ein mit relativ niedriger Temperatur (ca. 900 °C) gebrannter poröser, sogenannter Scherben aus Ton. Irdenware saugt Wasser auf. Damit sie wasserundurchlässig wird, muss Töpferware zumindest von innen glasiert werden. Dies geschieht in einem zweiten Brand. So wird Töpferware als einfache unglasierte Tonware (Terrakotta) oder als glasierte Tonware angeboten.

Blumentöpfe aus Terrakotta saugen die Feuchtigkeit des Gießwassers gut auf. Pflanzen trocknen daher nicht so schnell aus.

TIPP

Reinigung von Blumentöpfen

- Blumentöpfe können zur Reinigung in Essigwasser eingeweicht und gut nachgespült werden.
- Der Handel bietet auch spezielle Pflegemittel an.

Blumentöpfe aus Terrakotta

Vor Gebrauch eines Römertopf-Bräters genügt es, diesen für ca. zehn Minuten zu wässern. Durch den guten Feuchtigkeitshaushalt ist diese Zubereitung ein Garen im eigenen Saft und es muss kaum Flüssigkeit oder Fett zugegeben werden. Auch diese Keramik verträgt allerdings keinen Temperaturschock (nicht in den heißen Ofen stellen oder kalt aufgießen).

TIPP

Reinigung von Römertöpfen

- Der Römertopf ist spülmaschinengeeignet und darf auch mit wenigen Tropfen handelsüblichen Spülmittels per Hand gereinigt werden. Anschließend den Topf gut mit klarem Wasser nachspülen und an der Luft trocknen lassen.
- Für eine Grundreinigung kann der Römertopf mit einer Mischung aus Essig und Wasser im Backofen ausgekocht werden.

Römertopf

Steingut

Steingut besteht in der Regel aus Ton, Quarz und Feldspat. Aufgrund der niedrigen Brenntemperatur, sie liegt zwischen 900 °C bis 1.300 °C, wird Steinzeug nicht wasserdicht. Aus diesem Grund wird es meist mit einer vollständigen Glasur versehen, die in einem zweiten Brand aufgeschmolzen wird. Steingut sieht dem Porzellan ähnlich, ist aber dickwandiger. Einfaches Geschirr und Sanitärkeramik (Waschbecken, Toilettenbecken) sind aus Steingut.

Sanitärkeramik   *Einfaches Kaffeegeschirr*

Werkstoffe im Haushalt und deren Reinigung

Steinzeug

Steinzeug ist wie Porzellan bis zur Sinterung gebrannt. Dies bedeutet, dass der Scherben dicht brennt bzw. verglast oder sintert. Die Brenntemperatur liegt dabei zwischen 1.200 °C und 1.300 °C. Durch diesen Vorgang wird die Keramik wasserdicht.

Einlegtöpfe

Steinzeugfliesen

Steinzeug ist meist bräunlich bis grau, dickwandig und nicht durchscheinend. Aus Steinzeug werden rustikales Geschirr, Einlegtöpfe aber auch Fliesen hergestellt.

Porzellan

Porzellan wird durch Brennen (Sintern) hergestellt. Es entsteht aus einem Gemisch von Kaolin, Feldspat und Quarz. Kaolin, auch als Porzellanerde bezeichnet, ist zur Herstellung von Porzellan zwingend notwendig. Porzellan ist ein feinkeramisches Erzeugnis mit einem weißen, dichten und porenfreien Scherben, der in dünnen Schichten lichtdurchlässig ist. Glasiert und unglasiert findet es Verwendung zur Herstellung von Gebrauchsgegenständen.

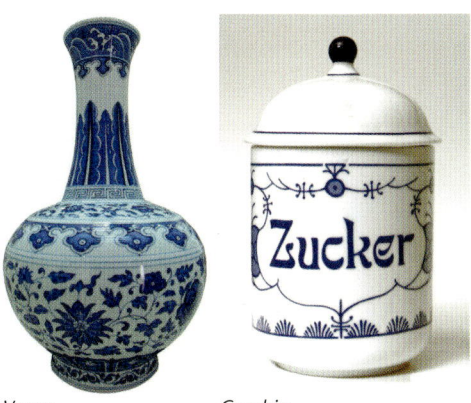

Vasen

Geschirr

Reinigung von Steingut, Steinzeug und Porzellan

- Geschirr wird nach dem Verschmutzungsgrad sortiert.
- Stark verschmutztes Geschirr sollte eingeweicht und vorgespült werden, dabei keine Reinigungsmittel oder Gegenstände benutzen, die die Oberfläche zerkratzen.
- Geschirr sollte gut nachgespült werden; abtropfen lassen.
- Steingut, Steinzeug und Porzellan (auch mit Unterglasur) sind im Allgemeinen spülmaschinenfest.
- Porzellan mit einer Aufglasurmalerei ist nicht für den Geschirrspüler geeignet.

Definition
Unterglasur: Das Dekor wird nach dem ersten Brand aufgetragen, glasiert und glatt gebrannt.
Aufglasur: Das Dekor wird nach dem zweiten Brand aufgetragen und bei niedriger Temperatur gebrannt. Dadurch verschmilzt die Farbe nicht und es sind später Erhebungen zu fühlen (z. B. Goldrand).

> **A** **Aufgabe**
> *Erarbeiten Sie sich eine Übersicht zur Keramik. Schwerpunkte sollten dabei Arten, spezielle Merkmale, Beispiele und Reinigungshinweise sein.*

4.2.3 Kunststoff

Kunststoffe werden aus Erdöl, Erdgas und Kohle gewonnen. Durch die Zugabe von Weichmachern sowie Füll- und Farbstoffen werden Aussehen und Eigenschaften verändert. Im Allgemeinen sind Kunststoffe leicht, bruchsicher, gut färbbar, geruchs- und geschmacksneutral, schnitt- und kratzempfindlich. Die Unterscheidung von Kunststoffen erfolgt in:

Kunststoffe	Eigenschaften	Beispiel
Thermoplaste	• können hart oder weich sein • sind nicht für die Spülmaschine geeignet, denn sie verformen sich durch Wärme	Eimer, Wäschekörbe, Fußbodenbeläge, Ess- und Trinkgefäße
Duroplaste	• sind wenig temperaturempfindlich • verkohlen bei starker Hitzeeinwirkung • leiten Elektrizität nicht • sind hart und erweichen nicht • sind beständig gegenüber haushaltsüblichen Säuren	Gehäuseteile für Elektrogeräte, Topf- und Pfannengriffe, Steckdosen, Möbeloberflächen
Elastomere	• sind weich und elastisch, verformbar, kehren aber in ihre ursprüngliche Form zurück • sind beständig gegenüber haushaltsüblichen Säuren • altern durch Wärme und Sauerstoff	Schwämme, Dichtungen, Isolationsmaterial, Matratzen

Werkstoffe im Haushalt und deren Reinigung

Im Folgenden finden sich einige allgemeine Hinweise zum Umgang mit Kunststoff.

- Beim Einkauf von Ess- und Trinkgefäßen aus Kunststoff sollte auf das Gütezeichen bzw. auf die EU-Kennzeichnung geachtet werden (vgl. S. 14).
- Kunststoffgegenstände dürfen nicht auf heiße Herdplatten gestellt werden.
- Kunststoffschneidebretter sollten nicht in Großküchen verwendet werden.
- Kein heißes Fett in Kunststoffbehälter füllen.
- Kunststoff nimmt Farbe (z. B. von Karotten) leicht an, die sich auch nicht entfernen lässt.
- Kunststoffmöbel mit Mikrofasertuch entstauben, spezielle Pflegemittel verhindern elektrostatische Aufladung (PC, Fernsehgerät).

Reinigung von Kunststoffgeschirr

- *Stark verschmutztes Geschirr sollte eingeweicht werden, damit sich der Schmutz besser löst.*
- *Kunststoffgeschirr kann in heißem Spülwasser oder in einer Neutralreinigerlösung mit weicher Bürste gespült werden.*
- *Kunststoffgeschirr nachspülen und abtrocknen.*
- *Keine abrasiven Scheuermittel verwenden, denn diese rauen die glatte Oberfläche auf und lassen Verschmutzungen leichter eindringen und sich festsetzen.*
- *Nur spülmaschinenfestes Geschirr in den Geschirrspüler geben.*
- *Kunststoffgeschirr muss nachgetrocknet werden.*

TIPP

4.2.4 Holz

Holz ist ein natürlicher Rohstoff, der seit Jahrtausenden in allen Lebensbereichen des Menschen genutzt wird. Es findet seine Anwendung im Bauwesen, in der Schifffahrt, als Kunstgegenstände und natürlich im Haushalt. Hier nutzt man es einerseits als Gebrauchsgegenstände (Holzbretter, Löffel, Quirle) und andererseits in Form von Möbeln. Holz besitzt sehr viele positive Eigenschaften. Es wirkt warm und gemütlich, leitet keine Wärme, ist aber empfindlich gegenüber starker Hitze (brennbar). Holz ist porös und nimmt daher Farb- und Geschmacksstoffe sowie Feuchtigkeit auf. Die unterschiedliche Struktur, Farbe und Festigkeit sind abhängig von der Holzart.

Die wichtigsten einheimischen Hölzer zur Möbelherstellung sind:

- Fichte
- Kiefer
- Lärche
- Buche
- Eiche

Die wichtigsten ausländischen Hölzer zur Möbelherstellung sind:

- Teak
- Mahagoni
- Palisander
- Nussbaum

Die Holzmaserung entsteht durch die Jahresringe eines Baumes, indem der Baum längs geschnitten wird, entstehen Bretter.

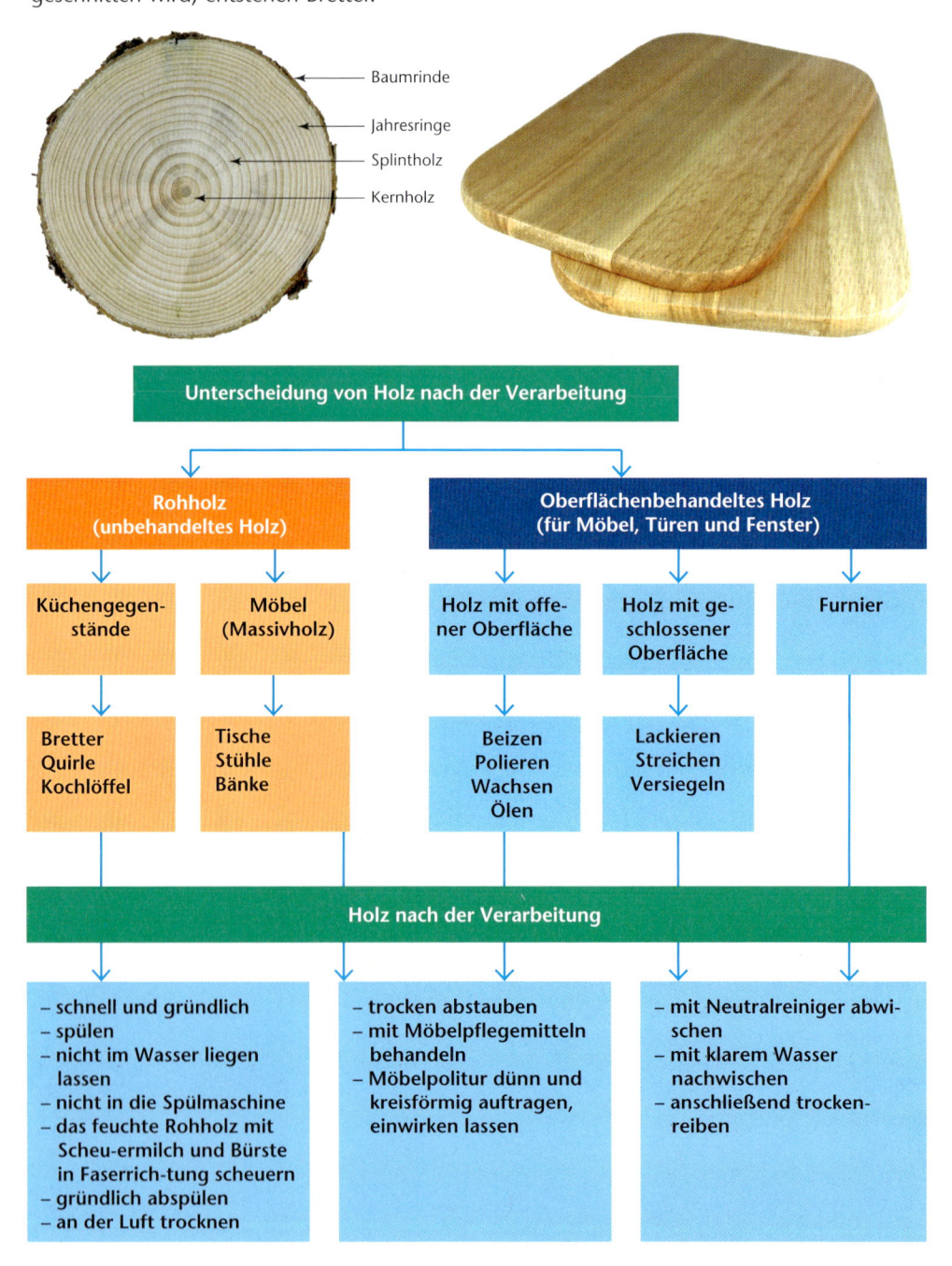

- Baumrinde
- Jahresringe
- Splintholz
- Kernholz

Unterscheidung von Holz nach der Verarbeitung

Rohholz (unbehandeltes Holz)

Küchengegenstände
- Bretter
- Quirle
- Kochlöffel

Möbel (Massivholz)
- Tische
- Stühle
- Bänke

Oberflächenbehandeltes Holz (für Möbel, Türen und Fenster)

Holz mit offener Oberfläche
- Beizen
- Polieren
- Wachsen
- Ölen

Holz mit geschlossener Oberfläche
- Lackieren
- Streichen
- Versiegeln

Furnier

Holz nach der Verarbeitung

- schnell und gründlich
- spülen
- nicht im Wasser liegen lassen
- nicht in die Spülmaschine
- das feuchte Rohholz mit Scheu-ermilch und Bürste in Faserrich-tung scheuern
- gründlich abspülen
- an der Luft trocknen

- trocken abstauben
- mit Möbelpflegemitteln behandeln
- Möbelpolitur dünn und kreisförmig auftragen, einwirken lassen

- mit Neutralreiniger abwischen
- mit klarem Wasser nachwischen
- anschließend trockenreiben

Werkstoffe im Haushalt und deren Reinigung

Aufgabe
Beschreiben Sie die Reinigung der abgebildeten Gegenstände und begründen Sie Ihre Vorschläge.

Bild 1

Bild 2

Bild 3

Bild 4

Bild 5

Bild 6

4.2.5 Leder

Leder ist die Haut von Tieren, die gespalten, gegerbt und gefärbt wird. Dazu werden Oberhaut (Haare oder Fell), Lederhaut und Unterhaut (mit Fett und Fleisch behaftet) getrennt. Diese durch Gerben haltbar gemachte Tierhaut ist meist aus der Lederhaut (Dermis) gewonnen. Diese gliedert sich nochmals in die nach außen liegende Papillarschicht (glatte Lederoberfläche) und die darunterliegende Retikularschicht (gibt Festigkeit). Für die Herstellung von Leder kann fast jede Tierhaut verwendet werden. Etwa 95 % aller Häute stammen von Rindern, Kälbern, Schafen, Ziegen oder Schweinen. Diese sind ein Nebenprodukt der Lebensmittelindustrie. Weiterhin wird vor allem für die Modebranche aus Häuten exotischer Tiere Leder hergestellt. Dazu gehören Wild (Hirsch, Reh, Elch), Krokodil, Bison oder Büffel. Leder ist ein geschmeidiges, relativ festes und atmungsaktives Material, das außerdem relativ undurchlässig für Wasser ist. Dadurch ist es strapazierfähig und vielseitig verwendbar.

Leder-Gütesiegel

Im Folgenden eine Übersicht zu den Lederarten:

Lederarten	Eigenschaften	Beispiel
Glattleder	ist die glatte obere Seite von Spaltleder	• Rindbox (Kuh oder Bulle) • Nappaleder (Kalb oder Schaf) • Glacé (Ziege)
Rauleder	ist angeschliffenes Leder; dadurch besitzt es eine feine aufgeraute Struktur	• Wildleder (von Tieren aus freier Wildbahn) • Nubukleder (angeschliffenes Glattleder, meist Rind oder Kalb) • Veloursleder (deutlich aufgerauter)
Kunststoffbeschichtetes Leder	wird mit einer Kunststoffbeschichtung versehen	Lackleder (ist auf der Oberfläche lackiert oder mit einem glänzenden Spiegel überzogen)

Ledermöbel

In der Möbelindustrie werden in erster Linie Kuh- oder Bullenleder verwendet. Diese werden als Glatt- und Rauleder angeboten. Grundsätzlich gilt, dass Leder regelmäßig gepflegt und gereinigt werden muss, d. h. abwischen oder vorsichtig absaugen. Weiterhin sollte Leder vor direkter Sonneneinstrahlung geschützt werden, denn es kann an Farbe verlieren oder austrocknen.

TIPP

Reinigung von Glattleder

- *Glattleder ohne Druck feucht abwischen.*
- *Flüssigkeiten wie Saft oder Bier auftupfen und mit destilliertem Wasser nachwaschen; nicht reiben.*
- *Angetrocknete Reste mit dem stumpfen Messerrücken abheben, mit Küchentüchern säubern und mit destilliertem Wasser nachwischen.*
- *Verbleibende Fettflecken arbeiten sich allein durch die Atmungsaktivität des Leders heraus.*
- *Zweimal jährlich mit Spezialpflegemitteln behandeln.*

TIPP

Reinigung von Rauleder

- *Rauleder ohne Druck absaugen.*
- *Blanke Stellen mit Gummibürste aufrauen.*
- *Angetrocknete Reste wie Glattleder bearbeiten, im Anschluss mit Raulederreinigungstüchern nacharbeiten.*
- *Verbleibende Fettflecken können sich unter Umständen mit der Zeit selbst herausarbeiten.*
- *Zweimal jährlich mit Spezialpflegemitteln behandeln.*

Werkstoffe im Haushalt und deren Reinigung

Kleidung und Accessoires aus Leder

Reinigung von Schuhen

- Groben Schmutz mit einer Schmutzbürste abbürsten.
- Sohlen feucht abwischen, Rillen mit einem Stäbchen von starkem Schmutz befreien.
- Obermaterial entsprechend der Lederart behandeln (Schuhcrem, Leder- oder Raulederspray); bei Bedarf nachbehandeln.
- Stark durchfeuchtete Schuhe vor der Reinigung mit Zeitungspapier ausstopfen.

Reinigung von Taschen, Koffern

- Innentaschen entleeren und entsprechend des Materials säubern.
- Feucht abwischen und trocknen lassen.
- Glattleder eincremen, einwirken lassen und polieren.
- Rauleder mit einem Imprägnierspray einsprühen.
- Metallbeschläge mit Spezialpflegemitteln behandeln.

Reinigung von Lederjacken

- Lederjacken können feucht abgewischt werden.
- Je nach Lederart können Lederjacken mit Rau- oder Glattlederspray behandelt werden.
- Für eine Intensivpflege sollte eine Lederjacke zur Lederreinigung gegeben werden.

4.2.6 Borsten

Borsten werden als Einzugsmaterial für Besen, Bürsten, Handfeger, Pinsel oder auch als Walzenmaterial für eine Kehrmaschine verwendet. Sie werden in den Bürstenrücken geklebt, gestanzt oder eingezogen. Die Borsten werden aus tierischen, pflanzlichen oder synthetischen Fasern gewonnen. Der Bürstenrücken ist meist aus Holz oder Kunststoff.

Kehrwalze　　　　　　mehrreihige Bürste　　　　　　einreihige Bürste

Borsten als Bestückungsmaterial

Einteilung	Rohstoff	Einsatz	Eigenschaften
Pflanzliche Borsten	- Kokosfasern - Reisstroh - Palmblattfaser	Handfeger, Teppichbesen, Besen für den Außenbereich, Saal- oder Hofbesen	brechen leicht, sind rau und kratzen

Einteilung	Rohstoff	Einsatz	Eigenschaften
Tierische Borsten	• Schweineborsten • Rosshaarborsten • Ziegenhaarborsten	Schuhbürsten, Pinsel, Kleiderbürste, Handfeger, Pinsel, leichte Handfeger	elastisch, empfindlich, weich
Synthetische Borsten	• Nylon • Perlon	Besen für den Außenbereich, Handfeger, Handbürsten	elastisch, verfilzen nicht, lange Lebensdauer, trocknen schnell

TIPP

Reinigung von Besen und Bürsten

- *Reinigungsmittel: Allzweckreiniger, Feinwaschmittel*
- *Reinigungsgeräte: Besenkamm, Reinigungstücher, Waschwanne*
- *Besen und Bürsten trocken mit dem Besenkamm ausstreichen oder bürsten.*
- *Tierisches oder synthetisches Bestückungsmaterial in lauwarmer Reinigungslösung hin und her bewegen, kräftig ausschlagen.*
- *Besen müssen hängend und Bürsten auf der Seite liegend aufbewahrt werden, da die Borsten durch das Eigengewicht abknicken können.*

Besenkamm

4.2.7 Fußbodenbeläge

Fußbodenbeläge kommen im Haushalt in Form von Hartbelägen (Steinfußböden), als elastische Fußböden (Linoleum oder PVC-Beläge), textile Fußböden (Teppichböden) oder Holzfußböden vor.

Steinfußböden

Steinfußböden werden, wie der Name andeutet, aus Steinen hergestellt, die in einem Steinbruch abgebaut werden. Diese Fußböden sind wasserfest und haben eine lange Nutzungsdauer. Sie leiten den Schall, sind hart im Tritt und fußkalt.

Steinfußbodenarten

	Herstellung	Beispiel
Naturstein	Abbau im Steinbruch und anschließende Formgebung	Marmor und Granit zur Verwendung als Fußböden oder Fensterbänke

Werkstoffe im Haushalt und deren Reinigung

	Herstellung	Beispiel
Kunststein	Zerkleinerter Naturstein wird in Zement gebunden.	Terrazzo zur Verwendung als Terrassenbelag
Gebrannter Kunststein	Grundmaterial (Ton, Lehm) wird geformt, getrocknet und anschließend gebrannt. Es gibt glasiertes und unglasiertes Material.	Steinzeugfliesen (vgl. Kap. 4.2.2, S. 45) zur Verwendung zum Beispiel in Eingangsbereichen

Aufgrund ihrer Eigenschaften finden diese Beläge ihre Anwendung im Außenbereich oder dort, wo es auf Wasserfestigkeit ankommt.

Reinigung von Steinfußböden

- *Steinfußböden können trocken, feucht und nass gereinigt werden.*
- *Neutralreiniger (Allzweckreiniger oder Alkoholreiniger) unterstützen den Reinigungserfolg.*
- *Bei kalkhaltigen Belägen (Marmor) sollten keine säurehaltigen Reiniger benutzt werden, da sich die Oberfläche auflöst (vgl. S. 32).*
- *Glasierte oder polierte Steine oder Fliesen sollten nur mit Alkoholreiniger gereinigt werden, denn Wischpflegemittel hinterlassen einen Film, der die Oberfläche verschmiert erscheinen lässt.*
- *Prinzipiell sollten die Reinigungshinweise des Herstellers beachtet werden.*

TIPP

Aufgabe
Informieren Sie sich über spezielle Reinigungsmittel für Steinfußböden.

A

Elastische Fußböden

	Herstellung	Eigenschaften
Linoleum	besteht hauptsächlich aus Leinöl, Naturharzen, Kork oder Holzmehl, Farbstoffen und einem Trägermaterial aus Jute	elastisch, strapazierfähig, trittschalldämmend, fußwarm, empfindlich gegenüber Säuren und Laugen
Kunststoffbeläge (PVC)	werden aus Erdöl, Kohle, Weichmachern sowie Farb- und Füllstoffen hergestellt (vgl. Kap. 4.2.3)	elastisch, strapazierfähig, pflegeleicht, druckempfindlich, wasserfest, empfindlich gegenüber Lösungsmitteln

TIPP

Reinigung von Linoleum

- *Reinigungsmittel: Allzweckreiniger, Neutralreiniger*
- *Pflegemittel: Wachse, Pflegeemulsionen, Wischpflegemittel*
- *Grundsätzlich kann die Trockenreinigung, Feuchtreinigung und Nassreinigung angewandt werden.*
- *Starker Abrieb muss verhindert werden, da der Belag dann nicht mehr wasserfest ist.*

TIPP

Reinigung von Kunststoffbelag (PVC)

- *Reinigungsmittel: Allzweckreiniger, Neutralreiniger*
- *Grundsätzlich kann auch hier die Trockenreinigung, Feuchtreinigung und Nassreinigung angewandt werden.*
- *Saure Reinigungsmittel und Wachse hinterlassen Flecken.*
- *Lösungsmittelhaltige Reiniger beschädigen den Belag.*
- *Glühende Stoffe wie Funken aus dem Kamin oder Zigarettenkippen verursachen Schmelzflecken, die nicht zu beseitigen sind.*

Textile Fußbodenbeläge

Zu den textilen Fußbodenbelägen zählen Teppichböden, Teppiche, Läufer und Brücken. Diese bestehen in erster Linie aus textilen Rohstoffen wie Baumwolle, Wolle, Jute, Kokos oder aus synthetischen Fasern (vgl. Kap. 5.1, S. 60). Die Teppicharten werden eingeteilt in Webware, Schlingware und Nadelvlies.

Werkstoffe im Haushalt und deren Reinigung

Webware
Weben ist eine uralte Technik. Beim Weben werden zwei Fäden (Kett- und Schussfaden) miteinander verbunden. Der Schussfaden (waagerechter Faden) kreuzt den Kettfaden (Längsfaden). Durch die jeweilige Bindung werden Eigenschaften der Webware bestimmt. Weitere Bindearten sind die Köperbindung und die Atlasbindung.

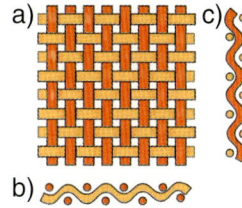

a) Gewebebild
b) Querschnitt durch die Kettfäden
c) Querschnitt durch die Schussfäden

Leinwandbindung (Weben)

Schlingwaren
Teppiche bestehen aus einer Oberseite, der Nutzschicht, und einer Unterseite, der Trägerschicht. Die Schlingen sind in der Trägerseite eingearbeitet. Wenn die Oberseite geschlossene Schlingen hat, wird diese als Bouclé bezeichnet. Sind die Schlingen offen, ist die Bezeichnung Velours.

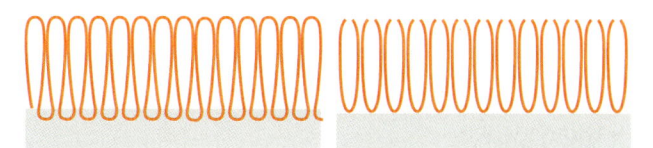

Bouclé   *Velours*

Nadelvlies
Die einzelnen Fasern liegen wirr übereinander und werden durch Nadelstiche miteinander verbunden. Die Unterseite kann beschichtet werden. Nadelvlies ist dadurch sehr strapazierfähig und besonders für Räume mit viel Publikumsverkehr geeignet.

Eigenschaften von Teppichböden

Positive Eigenschaften	Negative Eigenschaften
• fußwarm • gute Wärmedämmung • trittschallisolierend • wirken wohnlich	nicht hygienisch, da bei der Unterhaltsreinigung Schmutzrückstände bleiben

Reinigung von Teppichböden

- *Bei der Unterhaltsreinigung ist Saugen oder Bürstensaugen mit dem Staubsauger ausreichend. Dies ist abhängig von der Höhe des Flors, d. h. der Schlingen.*

- *Flecken können meist mit Wasser entfernt werden, wobei auch hier die Art des Flecks eine Rolle spielt (vgl. Fleckentfernung aus Textilien, S. 68). Für wasserunlösliche Flecken (Kugelschreiber, Rost oder Teer) gibt es Spezialmittel, die nach Gebrauchsanweisung verwendet werden.*

- *Bei der Grundreinigung sollten Teppiche mit dem Dampfreiniger, dem Shampooniergerät oder dem Sprühextraktionsgerät gereinigt werden. Der Dampfreiniger reinigt ohne Chemie und ist daher sehr umweltfreundlich.*

TIPP

- *Beim Umgang mit den Geräten sind die Gebrauchsanleitung zu beachten und die entsprechenden Reinigungsmittel einzusetzen. Wichtig ist bei allen Geräten:*
    - *Belag zuerst mit dem Staub- oder Bürstensauger entstauben*
    - *nach der Reinigung müssen alle Reinigungsmittel vollständig aus dem Flor entfernt werden, um eine beschleunigte erneute Verschmutzung zu verhindern*
    - *Teppich nicht im feuchten Zustand betreten*
    - *Räume bei der Reinigung gut lüften.*

Merksatz
Textile Fußböden sind für Allergiker nicht geeignet, da der Feinschmutz nicht restlos beseitigt werden kann.

Holzfußböden
Holz ist ein Naturmaterial (vgl. Kap. 4.2.4, S. 49). Die Oberfläche der Holzfußböden ist meist versiegelt, gewachst oder geölt, sodass sie mit einer Schutzschicht überzogen ist. Dadurch wird das Holz geschützt und die Reinigung und Pflege werden erleichtert. Holzfußböden geben den Räumen ein warmes und wohnliches Aussehen. Werden sie richtig gepflegt, sind sie lange haltbar. Gegenüber Nässe, Stoß und Kratzern sind sie empfindlich.

Holzdielen

Parkett

Laminat

Kork

Werkstoffe im Haushalt und deren Reinigung

Holzfußbodenarten

Holzfußbodenart	Eigenschaften	Oberflächenbehandlung
Dielenboden	raumlange Bretter, die auf den Untergrund genagelt werden	wachsen, ölen, versiegeln
Parkettboden	Vollholzelemente oder eine Verbindung von Holz und Holzwerkstoffen; werden auf einem festen Untergrund verklebt	versiegeln, ölen oder wachsen
Laminatboden	besteht aus Pressspanplatten, die mit einer Kunstharzbeschichtung versehen sind	versiegeln
Korkboden	wird aus der Borke der Korkeiche gewonnen; Korkschrot wird mit Bindemitteln zu Korkblöcken gepresst und in Platten geschnitten	versiegeln, wachsen, ölen, beschichten (PVC)

Reinigung von Dielen und Parkettböden

- Reinigungsmethoden: kehren, staubsaugen, feucht wischen
- Reinigungsmittel: Allzweck- oder Neutralreiniger
- Pflegemittel: Wachs, wachshaltige Wischpflegemittel
- Für Dielen- und Parkettböden sollten keine Scheuermittel verwendet werden.

Reinigung von Laminatböden

- Reinigungsmethoden: kehren, staubsaugen, nebelfeucht wischen
- Reinigungsmittel: Allzweck- oder Neutralreiniger, Alkoholreiniger, Laminatreiniger
- Pflegemittel: Wischpflegemittel

Reinigung von Korkböden

- Reinigungsmethoden: kehren, staubsaugen, feucht wischen
- Reinigungsmittel: Allzweck- oder Neutralreiniger
- Pflegemittel: Wischpflegemittel entsprechend der Oberflächenbehandlung

Aufgaben

1. Worin unterscheidet sich Spezialglas von einfachem Glas?
2. Beschreiben Sie den Arbeitsablauf beim Reinigen der Fenster.
3. Sie benutzen eine Sicherheitsleiter bei der Reinigung der Fenster. Nennen Sie vier Anforderungen an eine Sicherheitsleiter.
4. Worauf sollten Sie im Umgang mit einem Römertopf achten?
5. Worin besteht der Unterschied zwischen einer Aufglasur und einer Unterglasur?
6. Warum ist es günstig, Gegenstände wie Getränkekisten, Gehäuse für Bügeleisen, Kinderspielzeug und Gefrierbeutel aus Kunststoff herzustellen?
7. Wodurch entsteht die Holzmaserung in einem Brett?
8. Erarbeiten Sie sich in einer Gruppe aus der Sicht des Tierschutzes einen Standpunkt zur Lederproduktion und stellen Sie diesen der Klasse vor.
9. Geben Sie Hinweise zum Umgang mit Besen und Bürsten.
10. Vergleichen Sie die vier Arten der Fußbodenbeläge und geben Sie Hinweise für eine fachgemäße Reinigung.
11. Welchen großen Nachteil haben textile Fußbodenbeläge?
12. Beurteilen Sie die Verbindung zwischen Holzbelägen und textilen Belägen (z. B. Parkett und Teppich).

5 Textilien im Haushalt

5.1 Textile Rohstoffe

Textile Rohstoffe sind die Grundlage zur Herstellung textiler Fasern und Flächen. Der spätere Verwendungszweck entscheidet über die Art der Faser und die damit verbundenen Eigenschaften. So werden Haushaltstextilien, Raumtextilien und Kleidungsstücke aus unterschiedlichen Rohstoffen hergestellt.

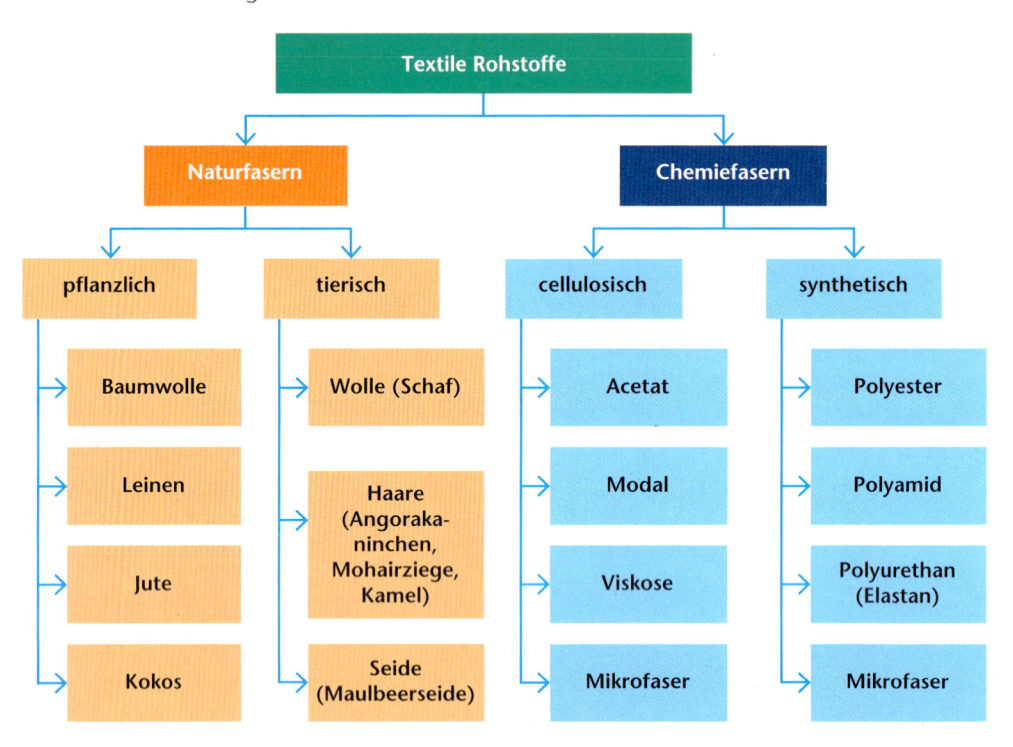

```
                        Textile Rohstoffe
                    ┌──────────┴──────────┐
               Naturfasern            Chemiefasern
            ┌──────┴──────┐         ┌──────┴──────┐
        pflanzlich     tierisch  cellulosisch  synthetisch
            │             │           │             │
        Baumwolle     Wolle (Schaf)  Acetat      Polyester
            │             │           │             │
         Leinen         Haare        Modal       Polyamid
                    (Angoraka-
                     ninchen,
            │       Mohairziege,      │             │
          Jute       Kamel)         Viskose     Polyurethan
                                                 (Elastan)
            │             │           │             │
         Kokos          Seide      Mikrofaser    Mikrofaser
                    (Maulbeerseide)
```

Naturfasern und Chemiefasern sind aus Kettenmolekülen aufgebaut. Jedes Molekül der Kette besteht aus den gleichen chemischen Elementen: Kohlenstoff, Wasserstoff, Sauerstoff und ggf. Stickstoff. Der Ursprung ist immer die Natur (Sonne). Durch Sonnenlicht bildet die Pflanze Traubenzucker, den Grundbaustein des Cellulose-Moleküls.

Textilien im Haushalt

Faser	Ursprung
Baumwolle	Cellulose ist das Grundgerüst der Baumwollpflanze, aus denen sich die Baumwollfaser entwickelt.
Leinen	Cellulose ist das Grundgerüst der Flachspflanze (71 %), aus der die Leinenfaser entwickelt wird.
Wolle und Haare	Grundlage für deren Bildung ist die aufgenommene Nahrung, die durch chemische Verbindung umgewandelt wird.
Seide	Die Seidenraupe sammelt aus der Nahrung Eiweißvorräte, die sie durch Drüsen zu endlosen Seidenfäden verspinnt.
Cellulosische Chemiefasern	Die im Holz enthaltenen kurzen Fasern werden mit Chemikalien in eine lösliche Form überführt, durch Düsen gepresst und getrocknet.
Synthetische Chemiefasern	Der Rohstoff ist meist Erdöl, das durch Umwandlung von Meeresorganismen entstanden ist.

Der entscheidende Unterschied zwischen den Natur- und Chemiefasern besteht darin, dass die Chemiefasern in Zusammensetzung und Aufbau vom Menschen verändert werden können. Dadurch entstehen besondere Eigenschaften, die sie vielfältig einsetzbar machen.

Naturfasern

Pflanzliche Naturfasern

- Baumwollfasern sind Samenhaare einer bis zu 2,5 m hohen Baumwollpflanze. Sie sind reißfest und die Nassreißfestigkeit ist noch höher. Aus diesem Grund wird Haushaltswäsche meist aus Baumwolle hergestellt, denn diese hält der Belastung des häufigen Waschens stand. Sie ist strapazierfähig, saugfähig und weich. Baumwolle hält wenig warm, knittert stark und läuft ein, wenn sie nicht veredelt ist. Aus Baumwolle werden Oberbekleidung und Heimtextilien hergestellt.

Baumwollpflanze

- Leinen ist eine Bastfaser, die aus der Flachspflanze gewonnen wird. Nach der Ernte werden Leinensamen und Stängel getrennt. Die Flachsstängel werden zu Leinen verarbeitet. Leinen ist sehr strapazierfähig, saugfähig und hat ein geringes Wärmerückhaltevermögen (es kühlt). Außerdem raut es nicht auf (fusselt nicht), trocknet schnell und nimmt keinen Geruch an. Leinen knittert stark. Oft wird es mit Baumwolle gemischt angeboten. Aus Leinen werden Sommerbekleidung, hochwertige Küchenwäsche und Heimtextilien hergestellt.

Blühender Flachs

- Jute ist eine Bastfaser aus den Stängeln der Corchoruspflanze. Diese einjährige, krautartige Pflanze stammt aus Ostasien. Jutefasern sind biologisch abbaubar. Sie besitzen einen goldenen und seidigen Glanz, zeichnen sich durch ein hohes Wasseraufnahmevermögen, eine geringe Reißfestigkeit aus. Jutefasern werden für Verpackungsmaterial (z. B. Säcke), grobe Garne oder Teppiche verwendet.

Corchorus

Tierische Naturfasern
- Seide ist eine Naturfaser, die aus den Kokons von Seidenraupen (Maulbeerspinnern) gewonnen wird. Seidenstoffe zeichnen sich durch ein geringes Gewicht, einen edlen Glanz und einen weichen Griff aus. Seide knittert kaum und ist sehr saugfähig. Seidenstoffe sind lichtempfindlich und erhalten durch Schweiß oder Parfüm Flecke. Aus Seide werden Oberbekleidung, Accessoires und Wäsche hergestellt.

Kokon mit Seidenraupe

- Schafe werden ein- bis zweimal im Jahr geschoren. Das abgeschorene Haarkleid wird gewaschen und gereinigt. Wollfasern werden im Anschluss zu Garn versponnen. Verschiedene Wollarten sind u. a.:
    - Reine Schurwolle ist reine, frisch geschorene Wolle.
    - Lammwolle wird aus der ersten Schur eines jungen Lamms gewonnen.
    - Reine Wolle kann durch Zerfasern alter Wollstoffe gewonnen werden.

- Mohair-, Angora- oder Kaschmirziegen, aber auch Angorakaninchen liefern Haare, die umgangssprachlich ebenfalls als Wolle bezeichnet werden. Wolle hält sehr warm, ist weich und knittert nicht. Wolle filzt und ist anfällig gegenüber Motten. Oberbekleidung, Accessoires, Socken und Unterwäsche sind aus Wolle.

Schaf- und Lammwolle

Chemiefasern
Chemiefasern werden in cellulosehaltige Chemiefasern und synthetische Chemiefasern unterschieden. Für die Herstellung sind Chemikalien und enorme Wassermengen erforderlich, die Gewässer und Luft belasten.

Angora

Cellulosehaltige Chemiefasern
Ausgangsmaterial für cellulosehaltige Chemiefasern sind z. B. Viskosekiefern, die in Baumschulen angebaut werden. Durch Kochen mit Chemikalien wird der Zellstoff (Cellulose) aus dem Holz herausgelöst und durch Zusätze eine spinnfähige Masse erzeugt. Viskose und Modal haben ähnliche Eigenschaften wie Baumwolle. Sie sind sehr saugfähig, gut färbbar, hautfreundlich, können einlaufen und knittern stark. Aus cellulosehaltigen Chemiefasern werden Oberbekleidung, Heimtextilien und Wäsche hergestellt.

Synthetische Chemiefasern

Synthetische Chemiefasern werden aus Erdöl gewonnen. Polyamid, Polyacryl, Polyester und Polyurethan sind die wichtigsten. Zu den positiven Eigenschaften gehört eine hohe Reißfestigkeit, ein geringes Gewicht und Knitterfestigkeit. Synthetische Fasern laden sich elektrostatisch auf, sind kaum saugfähig, das Wasser bzw. der Schweiß werden an der Faser entlang abgeleitet. Auch synthetische Fasern werden zu Oberbekleidung, Wäsche und Heimtextilien verarbeitet.

Fasermischungen

Heute werden häufig Fasermischungen aus Natur- und Chemiefasern verwendet. Dadurch ergänzen sich die positiven Eigenschaften. Ein T-Shirt aus 95 % Baumwolle und 5 % Polyurethan (Elastan) verhindert das Ausbeulen der Baumwolle und das T-Shirt bleibt in Form.

Eine neue Generation der Fasern ist die Mikrofaser. Es ist der Sammelbegriff für Fasern, die sich in ihrer Feinheit von allen bisherigen Fasern unterscheiden. Mikrofasern haben beispielsweise nur den halben Durchmesser einer Seidenfaser. Zudem ist Mikrofasergewebe außergewöhnlich weich, formbeständig, hat einen fließenden Fall, ist sehr leicht, atmungsaktiv, strapazierfähig und sehr resistent gegenüber Fusseln. Mikrofasern können aus synthetischen oder natürlichen Rohstoffen hergestellt werden. Die Hersteller verwenden eigene Warenzeichen, um ihre Kunstfaser zu beschreiben.

Polyester

Beispiele für den Einsatz von Mikrofasern

- Lederimitate zur Herstellung von Mantelstoffen, Stoffen für Polstermöbel
- Funktionsoberbekleidung (Sport- und Regenbekleidung)
- Reinigungstücher
- Seidenartige Stoffe für Oberbekleidung oder Wäsche

Kennzeichnung von Textilien

Gütezeichen, Gütesiegel und Qualitätssiegel

Definition
Gütezeichen, Gütesiegel oder Qualitätssiegel bezeichnen grafische oder schriftliche Markierungen an Produkten, die dem Verbraucher eine Information über das Produkt in Form von Qualität, Sicherheit oder Umwelteignung geben. Damit möchte der Hersteller eines Produktes gegenüber dem Verbraucher Vertrauen herstellen.

Beispiele

100 % Baumwolle	100 % Leinen	Mindestens 40 % Leinen
100 % Seide	100 % reine geschorene Wolle	Gemisch aus 80 % Schurwolle und 20 % Polyester

Textilkennzeichnungsgesetz

Durch das Textilkennzeichnungsgesetz ist der Erzeuger verpflichtet, die verwendeten textilen Rohstoffe zu kennzeichnen. Die Textilkennzeichnung kann eingewebt oder angenäht werden.

Folgende Mischungen sind häufig zu finden:

Beispiele zur Textilkennzeichnung

100 % Polyester	90 % Baumwolle 10 % Polyester	50 % Baumwolle 30 % Leinen Polyester
100 % Leinen	95 % Baumwolle 5 % Elastan	
100 % Baumwolle	Baumwolle 85 % Mindestgehalt	50 % Baumwolle 30 % Leinen 10 % Polyester

Textilien im Haushalt

Durch Ausrüstungsverfahren erhalten Textilien Eigenschaften, die sie sonst nicht besitzen, indem sie einer Behandlung (Ausrüstung, Veredlung) unterzogen werden. Dadurch können sich Trageeigenschaften, Optik und die Pflege verbessern. Baumwolle, die eigentlich stark knittert, wird z. B. knitter- und bügelfrei (Pflegeleicht-Ausrüstung). Weitere Ausrüstungsverfahren sind die antimikrobielle Ausrüstung, die Appretur, die filzfreie Ausrüstung, die Merzerisation, die Bügelfrei-Ausrüstung, das Rauen sowie das Sanforisieren.

5.2 Pflege der Textilien im Haushalt

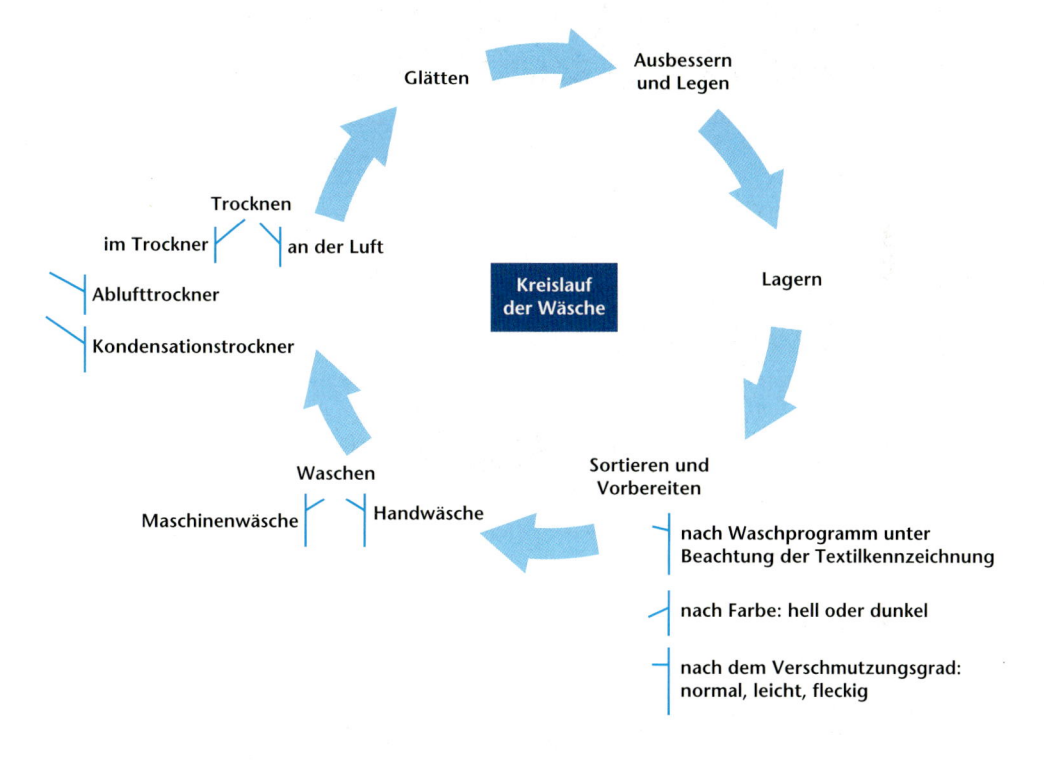

Kreislauf der Wäsche

- Glätten
- Ausbessern und Legen
- Lagern
- Sortieren und Vorbereiten
  - nach Waschprogramm unter Beachtung der Textilkennzeichnung
  - nach Farbe: hell oder dunkel
  - nach dem Verschmutzungsgrad: normal, leicht, fleckig
- Waschen
  - Maschinenwäsche
  - Handwäsche
- Trocknen
  - im Trockner
    - Ablufttrockner
    - Kondensationstrockner
  - an der Luft

Die internationale Pflegekennzeichnung ermöglicht die richtige Wahl der geeigneten Waschverfahren und Waschprogramme der Waschmaschine. Außerdem gibt sie Hinweise zum Trocknen und Glätten der Wäsche.

Waschen Waschttich	95	95	60	60	40	40	30	Handwäsche	nicht waschen
	Normalwaschgang	Schonwaschgang	Normalwaschgang	Schon-Waschgang	Normalwaschgang	Schonwaschgang		Handwäsche	nicht waschen
	Die Zahlen im Waschbottich entsprechen den maximalen Waschlemperaturen, die nicht oberschritten werden dürfen. Der Balken unlerhalb des Waschbottichs verlangt nach einer (mechanisch) milderen Behandlung (zum Beispiel Schon-gang). Er kennzichnet Waschzyklen, die sich zum Beispiel für pflegeleichte und mechanisch empfindliche Artikel eignen.									
Chioren (Dreieck)	Cl							Chlorbleiche nich möglich	
	Chlorbleiche möglich							Chlorbleiche nich möglich	
Bügeln (Bügelelsen)	•••		••		•		nicht bügeln	
	heiß bügeln		mäßig heiß bügeln		nicht heiß bügeln		nicht bügeln	
	Die Punkte kennzeichnen die Temperaturbereiche der Reglerbügelelsens									
Chemisch-reinigung (Reinigungs-trommel)	A	P	P	F	F	keine Chemisch-reinigung möglich				
	Normalreinigung		Spezialreinigung				keine Chemisch-reinigung möglich		
	auch Kiloreinigung		Kiloreinigung nicht möglich						
	möglich	mit Vorbehalt möglich	Kiloreinigung nicht möglich						
	Die Buchstaben sind lediglich für den Chemischreiniger bestimmt. Sie geben einen Hinwels für die in Frage kommen-den Reinigungsverfahren und Lösemittel. Der Strich unterhalb des Kreises verlangt bei der Reinigung nach einer Beschränkung der mechanischen Beanspruchung und der Feuchligkeilszugabe.									
Turnblerlrocknung (Trockentrommel)	••			•			Trocknung Im Wäschelrockner nicht möglich.			
	Trocknung Im Wäschelrockner möglich- Normaler Trocknungszyklus			Trocknung Im Wäschelrockner möglich. Trocknung bei reduzierter thermischer belastung-			Trocknung Im Wäschelrockner nicht möglich.			

Internationale Pflegekennzeichnung

5.2.1 Sammeln, Sortieren und Vorbereiten der Schmutzwäsche

Wäsche sollte möglichst bald nach dem Wechseln gewaschen werden. Schmutz, der lange in die Faser einwirken kann, lässt sich schlechter entfernen, als frischer. Außerdem ist Schmutz Nährboden für Mikroorganismen. Wäsche sollte daher kühl, trocken und luftig aufbewahrt werden, so kann es auch nicht zu Stockflecken oder Schimmelbildung kommen.

Aufbewahrungsmöglichkeiten für Schmutzwäsche

Behälter	Material	Begründung
	Korb mit Baumwollfutter	luftdurchlässig Futter waschbar

Textilien im Haushalt

Behälter	Material	Begründung
	Kunststoff	luftdurchlässig gut zu reinigen
	Metall	luftdurchlässig gut zu reinigen
	Baumwolle Metall	luftdurchlässig waschbar vorsortieren möglich

Das richtige Sortieren der Wäsche ist Voraussetzung für einen guten Wascherfolg. Dabei sollte neben Farbe und Verschmutzungsgrad auch die Pflege- und Textilkennzeichnung beachtet werden, die Auskunft über die entsprechenden Waschprogramme in der Waschmaschine gibt oder Handwäsche empfiehlt.

Zur Vorbereitung der Wäsche gehören z. B. folgende Aufgaben:

- Knöpfe öffnen: Knopfleiste und Knöpfe können sonst beschädigt werden.
- Reißverschlüsse schließen: Beschädigung anderer Wäschestücke.
- Taschen entleeren: Wäsche könnte zusätzlich verschmutzt werden.
- Bei Bettwäsche jeden 2. Knopf schließen: Kleine Wäschestücke können sich so nicht verfangen.
- Farbige Textilien nach links drehen: Farben und Strukturen bleiben länger erhalten.
- Ärmel entrollen: Es wird ein gleichmäßiges Waschergebnis erreicht.
- Leder und Kunststoffgürtel entfernen: Sie sind nicht waschbar.

Fleckentfernung

Oft ist ein Textil nur durch einen einzigen Fleck verunreinigt. Deshalb muss nicht immer das gesamte Kleidungsstück gewaschen werden, denn Flecken können auch mühelos entfernt werden. Flecken in waschbaren Textilien können z. B. mit Gallseife behandelt werden. Bei nichtwaschbaren Textilien müssen lösungsmittelhaltige Fleckentferner verwendet werden. Es gibt für jede Fleckenart das entsprechende Spezialmittel.

TIPP

Arbeitshinweise zur Fleckenentfernung

- *Angetrocknete Verkrustungen sollten abgehoben werden.*
- *Das Fleckenmittel an einer verdeckten Stelle ausprobieren.*
- *Das Fleckenmittel auf ein Tuch geben und Fleck von außen nach innen tupfen; dabei auf einer saugfähigen Unterlage arbeiten.*
- *Möglichst an der Luft oder mit einem Föhn trocknen.*
- *Kleidungsstücke und Räume gut lüften (Warnzeichen beachten).*

Fleckenbehandlung

Fleckenart	Behandlung
Blut	mit kaltem Wasser auswaschen, mit Waschmittellösung nachbehandeln (Gallseife)
Milch	mit lauwarmer Waschmittellösung auswaschen
Kaffee/Tee	mit warmem Wasser abtupfen, mit Waschmittellösung auswaschen
Lippenstift, Mascara	mit flüssiger Gallseife behandeln
Kugelschreiber, Tinte	Fleckenwasser oder Spezialentferner

Textilien im Haushalt

Fleckenart	Behandlung
Kaugummi, Kerzenwachs	Textilien einfrieren, Verunreinigungen abheben, Textilien waschen **Merksatz** *Beim Ausbügeln von Kerzenwachs kann es zum Eindringen der Wachsfarbe kommen. Wertvolle Textilien in die Reinigung bringen.*
Harz	einfrieren, grobe Verunreinigungen ablösen, mit Fleckenwasser oder Butter weiter herauslösen; anschließend den Fettfleck mit flüssiger Gallseife behandeln
Ölfarbe	mit Terpentin (Stoffprobe) und anschließend mit flüssiger Gallseife behandeln
Nagellack	Nagellackentferner (nicht bei synthetischen Textilien)

5.2.2 Waschen der Wäsche

Schmutzige Wäsche sollte mithilfe von Wasser entfernt werden. Damit die Wäsche wirklich sauber wird, sind vier weitere Faktoren, die aus dem Bereich der Reinigung bereits bekannt sind (vgl. S. 35), notwendig. Dies sind neben Wasser die Temperatur (der Waschflotte), die Zeit (Dauer des Waschvorgangs), die Mechanik (Bewegung der Waschtrommel oder Reiben und Bürsten per Hand) und die Chemie (Waschmittel).

Waschfaktor

Wasser
Wasser ist der wichtigste Faktor beim Waschen der Wäsche. Es hat die Aufgabe, das Waschmittel zu lösen, Wärme zu übertragen, Schmutz zu lösen und in der Schwebe zu halten sowie die Mechanik zu unterstützen. Zum Waschen der Wäsche wird nur selten weiches Regenwasser verwendet. Je härter das Wasser, umso mehr Calcium oder Magnesium sind vorhanden. Hartes Wasser hinterlässt Rückstände, die im Volksmund als „Kalk" bezeichnet werden. Das Leitungswasser wird nach vier Härtebereichen bestimmt.

1 weich	2 mittel	3 hart	4 sehr hart

Der örtliche Härtebereich des Wassers kann der Wasserrechnung entnommen oder im zuständigen Wasserwerk erfragt werden. Der Härtebereich des Wassers ist wichtig für die Dosierung des Waschmittels. Beim Waschen der Wäsche über 60 °C fällt Kalk aus und lagert sich in der Maschine (Heizstäben) und auf der Wäsche ab. Die Wäsche wird hart und es führt zum Verschleiß von Wäsche und Maschine. Deshalb sind in heutigen Waschmitteln Enthärter enthalten. Die Verpackung gibt Hinweise für die entsprechende Dosierung.

Temperatur
Die Waschtemperatur beschleunigt den Reinigungsvorgang. Die Wahl der Temperatur ist abhängig von

- der jeweiligen Faser- und Gewebeart und
- dem Grad der Verschmutzung.

Zeit
Dieser Waschfaktor beinhaltet die Dauer eines Waschvorgangs (Zusammenwirken von Mechanik, Temperatur, Chemie) um den Schmutz zu lösen. Die Dauer eines Waschvorgangs ist abhängig von der Programmauswahl, der Waschtemperatur und dem Waschverfahren. Bei stark verschmutzter Wäsche kann ein Vorwaschprogramm gewählt werden. Bei Handwäsche wird die Wäsche vorher eingeweicht. Dadurch verlängert sich die Zeit.

Mechanik
In der Waschmaschine wird durch die Trommelbewegung die Wäsche bewegt. Die Wäschestücke reiben aneinander, sie werden durch die Rippen der Waschtrommel hochgehoben, dann fallen sie wieder in die Waschflotte zurück. Damit dieser Vorgang gut funktioniert, darf die Trommel nicht überladen werden, denn die Wäsche muss sich frei bewegen können. Deshalb sollte darauf geachtet werden, dass zwischen Wäsche und Trommelwand eine Handbreit Platz bleibt. So kann sich die Wäsche frei bewegen.
Bei der Handwäsche wird die Wäsche in der Waschflotte bewegt, gedrückt und gerieben.

D *Definition*
Als Waschflotte wird die gesamte Flüssigkeitsmenge bezeichnet, die während eines Arbeitsganges vorhanden ist. Die Waschflotte wird unterschieden nach freier Waschflotte und gebundener Waschflotte. Die gebundene Waschflotte ist die Flüssigkeitsmenge, die von der Wäsche aufgenommen wurde. Die freie Waschflotte ist die übrige, nicht gebundene Flüssigkeit.

In der freien Waschflotte ist der Schmutz gelöst und wird in der Schwebe gehalten. Ist die Waschflotte zu gering, kann die Wäsche nicht gut durchfluten und der Schmutz setzt sich auf den Textilien wieder ab.

Chemie
Waschmittel sind aus unterschiedlichen Chemikalien zusammengesetzt und können nach ihren Einsatzgebieten unterteilt werden in Waschmittel, Waschhilfsmittel und Nachbehandlungsmittel. Sie werden in Form von Pulver, Gel, Flüssigkeit, Perlen, Paste oder Tabs im Handel angeboten.

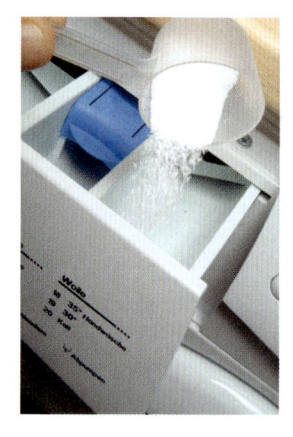

Textilien im Haushalt

Waschmittel	• Vollwaschmittel • Colorwaschmittel • Feinwaschmittel • Spezialwaschmittel • Handwaschmittel
Waschhilfsmittel	• Einweichmittel • Bleichmittel • Gallseife • Fleckentferner • Fleckensalz • Enthärter
Nachbehandlungsmittel	• Weichspüler • Appreturen • Bügelhilfen

Inhaltsstoffe von Waschmitteln

Schmutzlöser (Tenside)	lösen den Schmutz von der Faser, binden ihn in der Waschflotte, besonders Öl oder Fettschmutz
	Benetzen — Umnetzen — Ablösen — Dispergieren — Entfernen *Wie Tenside auf Schmutz wirken*
Enthärter (Zeolith A, Phosphonate, Sasil)	enthärten das Wasser und verhindern so Kalkablagerungen an der Wäsche und Waschmaschine
Bleichmittel (Perborate)	entfernen bleichbare Flecken aus Obst, Wein oder Tee
Enzyme	unterstützen die Entfernung eiweißhaltiger, fett- und stärkehaltiger Verschmutzungen
Optische Aufheller	erhalten die strahlende Frische der Textilien
Duftstoffe (Parfümöle)	überdecken den Laugengeruch und geben der Wäsche einen angenehmen frischen Duft
Füllstoffe (z. B. Natriumcarbonat/ Soda)	sind Salze, die die Pulverqualität erhöhen; haben keinen Einfluss auf das Waschergebnis

Maschinenwäsche

Waschmaschinen findet man heute in fast jedem Haushalt. Sie erleichtern die Arbeit ungemein. Der Handel bietet sie auch als Kombinationsgeräte mit dem Wäschetrockner an. Im Wesentlichen wird unterschieden nach Frontlader und Toplader.

Toplader

Die Maschine zeichnet sich durch ihre geringe Breite (40 bis 50 cm) aus und ist daher sehr raumsparend. Sie wird von oben gefüllt und bedient. Der Toplader ist besonders für ältere Menschen sehr praktisch, denn lästiges Bücken entfällt.

Toplader

Frontlader

Die Maschine wird von vorn beladen und bedient. Sie ist ca. 60 cm breit. Ihr Vorteil besteht darin, dass sie in Schränke eingebaut oder durch einen Zwischenbausatz ein Wäschetrockner daraufgestellt werden kann.

Beim Kauf einer Maschine ist besonders auf die Energieeffizienzklasse (vgl. Kap. 1.3, S. 14), die Füllmenge (ca. 3 bis 7 kg) und die Schleuderzahl (1.200 bis 1.800 U/min) zu achten. Optimal ist es, wenn die Schleuderzahl individuell einzustellen ist und ein Knitterschutz die Wäsche nach dem Schleudern auflockert.

Frontlader

Waschprogramme

Die Bedienung der Maschinen ist je nach Modell und Hersteller unterschiedlich. Sie erfolgt durch Drehschalter oder Drucktasten. Das nachfolgende Beispiel zeigt eine Kombination. Aber auch Sensortasten sind möglich.

Beispiel

Kombination aus Drehschaltern und Drucktasten

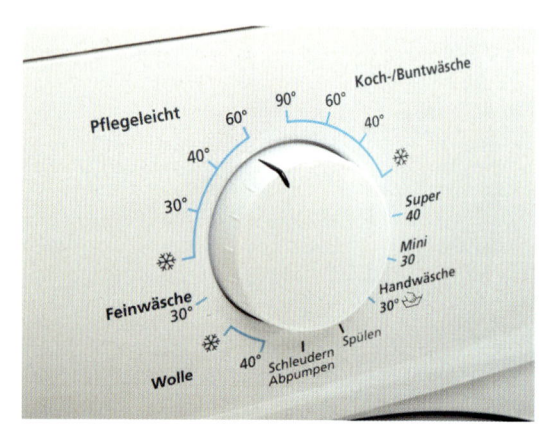

Waschprogramme

Textilien im Haushalt

Aufgabe

Erarbeiten Sie sich eine Übersicht nach folgendem Muster und wenden Sie Ihr Wissen aus den vorherigen Abschnitten an. Nutzen Sie die oben abgebildete Maschine oder Ihr Modell zu Hause.

Waschprogramm	Temperatur	Waschmittel	Textilien
…	…	…	…

Arbeitshinweise zur Maschinenwäsche

- *Maschine mit großen und kleinen Teilen gleichmäßig bestücken. Sortierte Wäscheteile locker in die Maschine geben. Füllmenge beachten (Handbreit Platz zwischen Wäsche und Trommel).*
- *Wasch- und Waschhilfsmittel bzw. Nachbehandlungsmittel in die vorgesehene Einspülkammer geben. Dosierungshinweise beachten.*
- *Überprüfen, ob Nachbehandlungsmittel erforderlich sind. Diese belasten oft nur die Umwelt, die Haut und den Geldbeutel.*
- *Waschmaschine schließen, Wasserhahn öffnen.*
- *Waschprogramm entsprechend der Temperatur und der Pflegekennzeichnung einstellen und starten.*
- *Ablauf des Waschprogramms:*
  - *Vorwäsche: erfolgt nur bei stark verschmutzter Wäsche mit dem Ziel, groben Schmutz zu lösen (bei 30 bis 40 °C).*
  - *Hauptwäsche: beinhaltet das hauptsächliche Waschprogramm bei Temperaturen bis zu 90 °C.*
  - *Spülen: entfernt Spülmittelrückstände (drei bis fünf Spülgänge).*
  - *Schleudern: Je nach Einstellung der Maschine kann trocken geschleudert werden. Die Schleuderstufen werden den Textilien entsprechend gewählt.*
- *Nach Beendigung des Waschvorgangs wird die Maschine ausgestellt, der Wasserhahn geschlossen, die Wäsche entnommen und auf Rückstände überprüft.*
- *Waschmaschine reinigen: Tür und Gummidichtung abwischen, Waschmittelbehälter reinigen.*
- *Waschmaschinentür einen Spalt geöffnet lassen.*

Handwäsche

Textilien wie Wolle und Seide sind empfindlich gegenüber starker mechanischer Belastung (Bewegung). Daher sollten diese mit der Hand gewaschen werden. Oft sind auch Waschmaschinen mit einem Handwaschprogramm ausgestattet. Dabei ist die Trommelbewegung reduziert. Auch kleine Mengen an Schmutzwäsche können eine Handwäsche erforderlich machen (ökonomische Gründe).

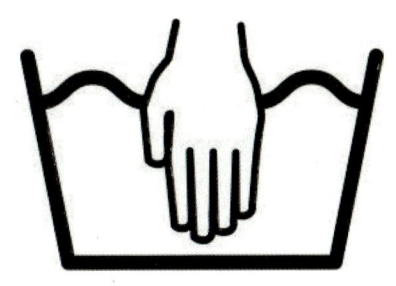

TIPP

Arbeitshinweise zur Handwäsche

- Textilien sollten wie bei der Maschinenwäsche nach der Farbe sortiert werden.
- Reichlich Waschflotte mit Spezialwaschmittel herstellen; Textilmenge und Wassermenge im Verhältnis 1 : 20 (1 kg Wäsche/20 l Wasser).
- Waschmittel sollte nie unmittelbar auf die Wäsche gegeben werden, es könnten Flecke entstehen.
- Textilien in der Waschflotte durchdrücken, nie reiben. Durch Reiben wird das Material beschädigt.
- Gründlich spülen, bis das letzte Spülwasser klar ist.
- Essig im letzten Spülwasser erhält die Farbe.
- Textilien ausdrücken, nie wringen.
- Empfindliche Stoffe (vor allem Wolle) in einem Tuch durch Einrollen vortrocknen.
- Maschenware auf einem Tuch liegend trocknen.
- Seide nass aufhängen, Knitterbildung wird so verhindert.

5.2.3 Trocknen der Wäsche

Die natürlichste Art des Wäschetrocknens ist das Trocknen an der Luft. Hier entziehen Sonne und Wind der Wäsche die Feuchtigkeit. Wird Wäsche in einem Trockenraum getrocknet, sind Raumtemperatur und Luftfeuchtigkeit im Raum für die Trockengeschwindigkeit verantwortlich. Der Wäschetrockner benötigt Elektroenergie, um Wärme und Bewegung in der Trommel zu erzeugen, damit die Wäsche trocknet.

Trocknen der Wäsche im Freien oder im Raum

Trockenvorrichtungen

Im Freien	Wäscheleine Wäschespinne
Im Raum	Wäscheleine Wäscheständer Wandtrockner

Textilien im Haushalt

Aufhängen und Abnehmen der Wäsche

Zum Aufhängen der Wäsche wird ein feuchtes Tuch benötigt, um die Wäscheleine zu säubern. In einem Wäschekorb oder einer Wanne aus Kunststoff wird die Wäsche transportiert. Um rückenschonend zu arbeiten, sollte ein Hocker als Abstellfläche für Korb und Klammern dienen. Auch Körbe mit klappbaren Beinen sind günstig. Mit Klammern oder Kunststoffbügeln wird die Wäsche aufgehängt.

Merksatz
Gut aufgehängte Wäsche erleichtert das Bügeln.

M

Arbeitshinweise zum Aufhängen der Wäsche

- *Wäsche ausschlagen, Kanten und Bänder ausstreichen.*
- *Wäsche gleicher Art und Größe nebeneinander aufhängen.*
- *Socken und Strümpfe paarweise aufhängen.*
- *Textilien an Nähten, Trägern oder Bund anklammern, so können sie sich nicht verziehen.*
- *Große Wäschestücke in Form ziehen, mit einem breiten Rand über die Leine schlagen (fadengerecht).*
- *Oberhemden und Blusen auf den Bügel hängen (ersten und jeden zweiten Knopf schließen) oder am Saum anklammern (Knopfleiste soll aufeinanderliegen und den Kragen hochstellen).*
- *Kleidungsstücke mit festem Bund an diesem anklammern oder spezielle Bügel (z. B. Hosenbügel) verwenden.*
- *Maschenware zur Hälfte über die Leine schlagen, unter der Achsel anklammern (Handwäsche).*
- *Wirkung der Sonne auf die Textilien:*
  - *Weiße Wäsche bleicht nach (wird strahlender).*
  - *Farbige Wäsche bleicht aus (verliert an Strahlkraft).*
  - *Seide und Wolle werden brüchig und spröde.*

TIPP

Arbeitshinweise zum Abnehmen der Wäsche

- *Bügelwäsche, die sofort gebügelt wird, sollte bügelfeucht abgenommen werden.*
- *Bügelwäsche, die nicht gleich gebügelt wird, sollte schon sortiert in den Korb gelegt werden. Dabei ist zu beachten:*
  - *Wäsche glatt und wenig gefaltet in den Korb legen.*
  - *Wäsche mit hoher Bügeltemperatur muss unten in den Korb und Wäsche mit niedriger Temperatur liegt oben.*
  - *Bügelfreie Wäsche wird trocken abgenommen, schrankfertig gelegt bzw. aufgehängt.*

TIPP

Trocknen der Wäsche im Trockner

Der Wäschetrockner, der meist einen sehr hohen Energieverbrauch hat, ist in einigen Beziehungen eine sinnvolle Ergänzung zur Waschmaschine. Die Wäsche wird unabhängig vom Wetter und der Jahreszeit trocken. Der Arbeitsaufwand ist geringer und durch die Bewegung in der Luftströmung wird die Wäsche auch ohne Weichspüler weich. Allerdings kann die

Wäsche auch einlaufen (schrumpfen). Trocknergeeignete cellulosische Fasern können mit einem entsprechenden Ausrüstungsverfahren (Sanforisieren) ausgerüstet werden. Es gibt zwei Arten von Trocknern: den Kondensationstrockner und den Ablufttrockner.

Kondensationstrockner

Feuchte Luft kondensiert (verflüssigt sich) durch Abkühlung in einem Kondensator. Das Wasser wird in einem Behälter aufgefangen. Es wird keine Feuchtigkeit nach außen abgegeben. Auffangflüssigkeit kann für Dampfbügeleisen genutzt werden.

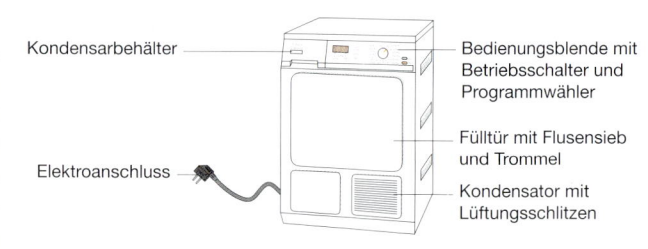

Funktionsweise eines Kondensationstrockners

Ablufttrockner

Raumluft wird angesaugt und im Trockner erwärmt. Die feuchte Luft wird nach außen abgeleitet (Abluftschlauch oder Abluftkanal).

Der gewünschte Trockengrad der Wäsche kann durch entsprechende Programme bestimmt werden. Die wesentlichsten sind:

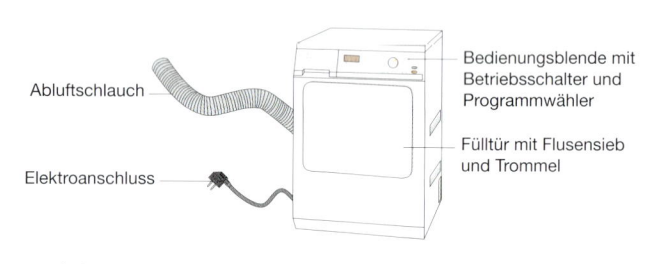

Funktionsweise eines Ablufttrockners

- Extratrocken
- Schranktrocken
- Bügeltrocken
- Mangeltrocken

Die Programme laufen im Wesentlichen in drei Phasen ab:

1. Trocknen: Die Luft im Trockner erwärmt sich und entzieht der Wäsche Feuchtigkeit.

2. Abkühlen: Heizung schaltet ab, kalte Luft wird zugeführt.

3. Knitterschutz: Durch den Luftstrom wird die Wäsche in größeren Zeitabständen bewegt und somit das Knittern der Wäsche verhindert.

TIPP

Arbeitshinweise zum Trocknen
- *Pflegesymbolik beachten.*

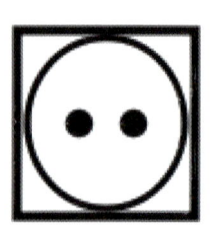

Textilien im Haushalt

- Nur ähnliche Fasern gemeinsam trocknen.
- Trocknungsgrad genau einhalten.
- Wäsche locker in den Trockner legen.

Hinweise zur Reinigung des Gerätes

- Kondensationsbehälter leeren und Flusensiebvorrichtung reinigen, in Abständen mit der Fugendüse des Staubsaugers aussaugen.
- Gehäuse, Bedienungsblende und Trommel feucht mit Allzweckreiniger auswischen.

5.2.4 Glätten der Wäsche

In der folgenden Übersicht finden sich einige Bügelgeräte und deren Einsatzmöglichkeiten.

Bügeleisen	für kleine Mengen Wäsche
Dampfbügeleisen	für mehrere geformte Wäscheteile
Bügelmaschine	für kleine glatte Wäscheteile
Mangel	für große Mengen und große glatte Wäscheteile
Finishanlage	für große Mengen geformter Wäscheteile

Aufgabe

Bestimmen Sie die Bügelgeräte, die im Privathaushalt überwiegend zum Einsatz kommen. Begründen Sie Ihre Aussage.

Bügeln von Hand

Für das Bügeln von Hand ist es sinnvoll, einige wesentlichste Hinweise zu beachten.

Vorbereitung der Wäsche

- Trockene, nicht mehr bügelfeuchte Wäsche wird eingesprengt.
- Textilien sollten nach Bügeltemperatur sortiert werden.
- Textilien sollten in einen Wäschekorb in umgekehrter Reihenfolge gelegt werden (Wäschestücke mit niedriger Bügeltemperatur liegen oben).

Einrichtung des Arbeitsplatzes

- Bügelbrett und Bügelstuhl sollten höhenverstellbar sein.
- Das Bügelbrett sollte so stehen, dass das Bügeleisen für den Rechtshänder rechts steht und umgekehrt.
- Auf der jeweils anderen Seite des Bügelbretts befindet sich eine Ablagemöglichkeit für die gebügelte Wäsche.
- Die noch nicht gebügelte Wäsche sollte ohne Bücken gegriffen werden können.

Temperatureinstellung des Bügeleisens

Entsprechend der textilen Rohstoffe und der Ausrüstung muss die Bügeltemperatur gewählt werden. Dabei sollten unbedingt die Pflegesymbole beachtet werden:

- Leinen, Baumwolle bei ●●●-Einstellung bügeln.
- Wolle, Seide bei ●●-Einstellung bügeln.
- Chemiefasern max. bei ●-Einstellung bügeln.

M *Merksatz*
Pflegeleichte Baumwolle sollte mit ●●-Einstellung gebügelt werden!

Arbeitshinweise zum Bügeln von Hand

- *Textilien von rechts bügeln, Wollsachen dämpfen (feuchtes Tuch zwischenlegen).*
- *Textilien mit Stickereien oder Aufdrucken von links bügeln.*
- *Gebügelte Flächen von sich wegschieben, so bleiben die gebügelten Teile glatt.*
- *Doppelte Teile (z. B. Kragen) zuerst von links und dann von rechts bügeln, Säume gut ausbügeln.*
- *Vom Weiten ins Enge bügeln verhindert Faltenbildung.*
- *Zuerst abstehende Teile (z. B. Ärmel) und dann Flächen bügeln.*
- *Kleinere Wäschestücke im Sitzen bügeln.*

Bügeln mit der Maschine

Die Bügelmaschine erleichtert die Arbeit besonders beim Bügeln großer Teile. Im Haushalt betrifft dies vor allem Bettwäsche, Tischwäsche und Geschirrtücher. Geformte Textilien können auch mit der Maschine gebügelt werden. Um ein gutes Bügelergebnis zu erzielen, bedarf es der Übung.

Arbeitshinweise zum Bügeln mit der Maschine

- *Temperaturauswahl wie beim Bügeleisen (von niedrigen zu hohen Temperaturen) auswählen.*

- *Wäsche fadengerecht in die Maschine einlaufen lassen, immer glatt ausstreichen, aber nie an den Seitenrändern ziehen (Wäsche kommt sonst aus der Form).*

- *Kleine Teile nebeneinanderlegen, schont Walzenbezug und spart Energie.*

- *Große Teile zur Hälfte zusammenlegen und von beiden Seiten bügeln.*

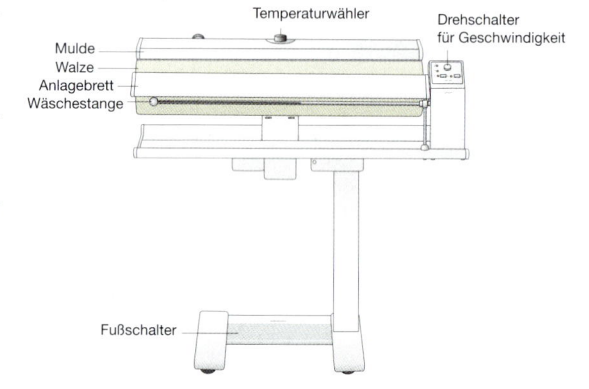

- *Wäsche mit empfindlichen Knöpfen so bügeln, dass sich die Knöpfe in die weiche Walzenunterlage eindrücken können.*

- *Heizung rechtzeitig ausstellen, damit Restwärme genutzt werden kann.*

Textilien im Haushalt

Zusammenlegen der Wäsche

Im Folgenden finden sich einige grundsätzliche Hinweise zum Zusammenlegen der Wäsche:

- Beim Zusammenlegen der Wäsche müssen immer die Breite und Tiefe des Schrankes Beachtung finden.
- Wäschestücke so falten, dass sie auf einfache Art zu entfalten sind (z. B. Tafeltücher).
- Die Größe der Wäschestücke entscheidet, wie oft ein Teil zusammengelegt wird, dabei werden gleichartige Teile gleich zusammengelegt.
- Die geschlossene Kante zeigt im Schrank immer nach vorn.
- Abstehende Teile werden nach innen gelegt.

Aufgaben

1. Erarbeiten Sie sich eine Übersicht zu den besprochenen Fasern mit den Schwerpunkten: Faser, Warenkennzeichnung, Eigenschaften, Pflegehinweise.
2. Nennen Sie Aufgaben der Ausrüstungsverfahren und informieren Sie sich im Internet inhaltlich zu einem Verfahren.
3. Erarbeiten Sie sich eine Übersicht zu den Waschfaktoren und deren Aufgaben.
4. Beraten Sie eine Seniorin beim Kauf einer Waschmaschine (Rollenspiel/Beratungsgespräch).
5. Beschreiben Sie mit eigenen Worten das Bügeln der Wäsche von Hand.

6 Planung und Dokumentation in der Haushaltsführung

6.1 Mathematische Grundlagen

6.1.1 Einheiten im Haushalt

Damit Rezepte gut gelingen, ist der sichere Umgang mit Maßeinheiten wichtig. In der Küche sind es die Hohlmaße und Massemaße.

Hohlmaße

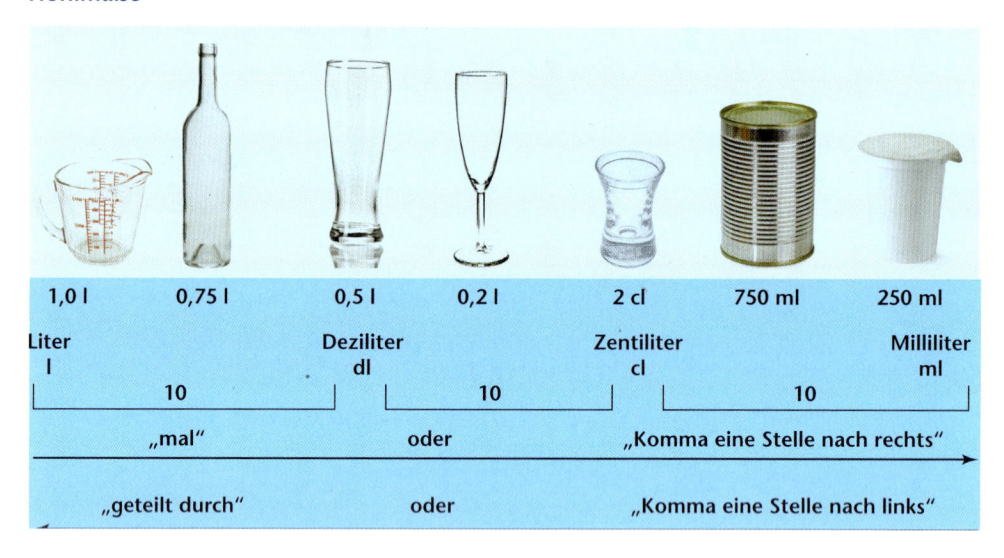

1,0 l	0,75 l	0,5 l	0,2 l	2 cl	750 ml	250 ml
Liter l		**Deziliter** dl		**Zentiliter** cl		**Milliliter** ml

← 10 → „mal" — 10 → oder — 10 → „Komma eine Stelle nach rechts"

„geteilt durch" — oder — „Komma eine Stelle nach links"

Mit dem Messbecher werden Flüssigkeiten abgemessen. Feste Lebensmittel wie Mehl, Zucker oder Reis können so zwar schnell, jedoch nicht grammgenau abgemessen werden. Mit der Waage werden die Mengen genau abgemessen. Meist werden Waagen benutzt, die durch einen Zeiger oder eine digitale Anzeige direkt abgelesen werden können. Aus hygienischen Gründen wird immer ein Teller oder eine Schüssel zum Abwiegen benutzt. Teller oder Schüssel dürfen nicht mitgewogen werden. Nachdem Teller oder Schüssel auf der Waage stehen, wird die Waage auf null gestellt.

Planung und Dokumentation in der Haushaltsführung

Einheiten der Masse

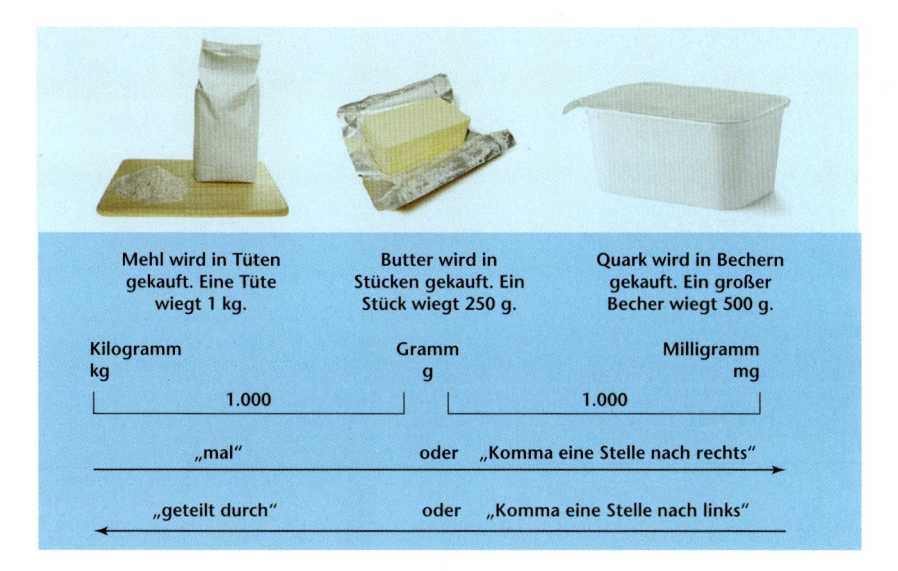

Mehl wird in Tüten gekauft. Eine Tüte wiegt 1 kg.	Butter wird in Stücken gekauft. Ein Stück wiegt 250 g.	Quark wird in Bechern gekauft. Ein großer Becher wiegt 500 g.

```
Kilogramm              Gramm                  Milligramm
kg                     g                      mg
   |_____1.000_____|    |_____1.000_____|

              „mal"         oder    „Komma eine Stelle nach rechts"
       ———————————————————————————————————————————————————————>

              „geteilt durch"   oder   „Komma eine Stelle nach links"
       <———————————————————————————————————————————————————————
```

6.1.2 Aufgabenbeispiele für die Arbeit mit dem Dreisatz

Merksatz
Rechnen mit dem Dreisatz im geraden Verhältnis bedeutet immer:
- *Heraussuchen des bekannten Verhältnisses,*
- *Bezug zu „1" herstellen,*
- *Anwendung auf das neue Verhältnis.*

Beachte: Je weniger, desto mehr und je mehr, desto weniger!

M

Anwendungsbeispiele

Aufgaben

1. **Preisberechnung**
   Sie haben 5 l Milch für 4,25 EUR gekauft. In einem Glas sind 200 ml. Wie viel EUR kostet ein Glas?
   Lösung:
   5 l = 4,25 EUR
   1 l = 4,25 EUR : 5 l = 0,85 EUR
   0,2 l = 0,85 EUR × 0,2 l = <u>0,17 EUR</u>
   Antwortsatz: Ein Glas Milch kostet 0,17 EUR.

2. **Schälverlust**
   In der Küche der Seniorenresidenz sind 3,5 kg Kartoffeln zu schälen. Der Schälverlust beträgt 20 %. Wie viele geschälte Kartoffeln erhalten Sie?
   Lösung:
   100 % = 3.500 g
   1 % = 3.500 g : 100 % = 35 g
   20 % = 35 g × 20 % = 700 g
   3.500 g − 700 g = <u>2.800 g</u>
   oder

A

100 % = 3.500 g
1 % = 3.500 g : 100 % = 35 g
80 % = 35 g × 80 % = <u>2.800 g</u>
<u>Antwortsatz</u>: Ich erhalte 2.800 g oder 2,8 kg geschälte Kartoffeln.

3. Rabatt
Als Azubi sind Sie an guter, aber preiswerter Kleidung interessiert. Die Jacke kostet 80,00 EUR. Wie viel EUR haben Sie gespart und wie hoch ist der Preis bei 15 % Preisnachlass?
<u>Lösung:</u>
100 % = 80,00 EUR
1 % = 80,00 EUR : 100 % = 0,80 EUR
15 % = 0,80 EUR × 15 % = <u>12,00 EUR</u>
80,00 EUR − 12,00 EUR = <u>68,00 EUR</u>
<u>Antwortsatz</u>: Ich habe 12,00 EUR gespart. Die Jacke kostet 68,00 EUR.

4. Umrechnen von Rezepten
Rezepte sind meist für vier Personen. Was tun, wenn mehr oder weniger Personen am Tisch sitzen? Berechnen Sie das nebenstehende Rezept für zehn Personen.

Eierpfannkuchen: 4 Personen
250 g Mehl
4 Eier
½ l Milch
1 Prise Salz
80 g Margarine

<u>Lösung:</u>
Mehl
4 Personen = 250 g Mehl
1 Person = 250 g : 4 = 62,5 g Mehl
10 Personen = 62,5 g × 10 = <u>625 g Mehl</u>
Eier
4 Personen = 4 Eier
1 Person = 1 Ei
10 Personen = <u>10 Eier</u>
Milch
4 Personen = 0,5 l Milch
1 Person = 0,5 l : 4 = 0,125 l Milch
10 Personen = 0,125 l × 10 = <u>1,25 l Milch</u>
Margarine
4 Personen = 80 g Margarine
1 Person = 80 g : 4 = 20 g Margarine
10 Personen = 20 g × 10 = <u>200 g Margarine</u>
<u>Antwortsatz</u>: Für zehn Personen benötige ich 625 g Mehl, 10 Eier, 1,25 l Milch und 200 g Margarine.

Eierpfannkuchen: 10 Personen
625 g Mehl
10 Eier
1,25 l Milch
Salz
200 g Margarine

5. Nährwert- und Energieberechnung
100 g Kabeljau liefern 17 g Eiweiß, Fett und Kohlenhydrate nur in Spuren und außerdem eine Energiemenge von 290 kJ. Wie viel Eiweiß und Energie (kJ) liefert eine Portion (250 g) Kabeljau?
<u>Lösung:</u>
Eiweiß
100 g Kabeljau = 17 g Eiweiß
1 g Kabeljau = 17 g : 100 g = 0,17 g Eiweiß
250 g Kabeljau = 0,17 g × 250 g = <u>42,5 g Eiweiß</u>
Energie (kJ)
100 g Kabeljau = 290 kJ

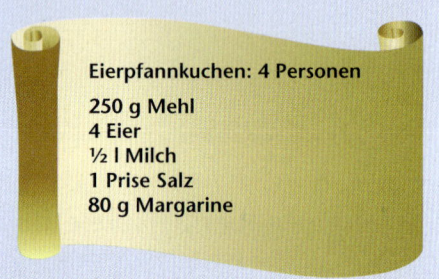

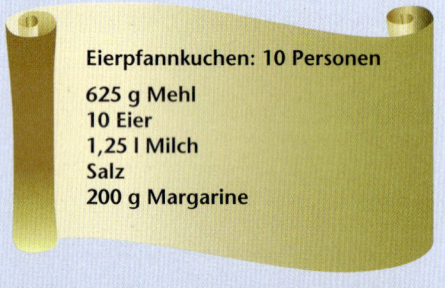

1 g Kabeljau = 290 kJ : 100 g = 2,9 kJ
250 g Kabeljau = 2,9 kJ × 250 g = <u>725 kJ</u>
Antwortsatz: Eine Portion Kabeljau liefert 42,5 g Eiweiß und eine Energiemenge von 725 kJ.

7. Energieberechnung
Ein Bügeleisen hat eine Leistung von 1.200 W. Es wird 210 min gebügelt, 1 kWh kostet 0,25 EUR. Wie teuer wird das Bügeln der Wäsche?
Lösung:
1,2 kW × 3,5 h = 4,2 kWh (1.200 W = 1,2 kW; 210 min = 3,5 h)
1 kWh = 0,25 EUR
4,2 kWh = 0,25 EUR × 4,2 kWh = <u>1,05 EUR</u>
Antwortsatz: Das Bügeln der Wäsche kostet 1,05 EUR.

Brutto/Netto

8. Ein Arbeiter erhält ein Bruttogehalt von 1.490,00 EUR. Er zahlt ca. 20,5 % Sozialversicherung, 7,00 EUR Solidaritätszuschlag und 120,00 EUR Lohnsteuer. Wie hoch sind
a) sein Sozialversicherungsbeitrag und
b) sein Nettoverdienst?
Lösung:
a) 100 % = 1.490,00 EUR
   1 % = 1.490,00 EUR : 100 % = 14,90 EUR
   20,5 % = 14,90 EUR × 20,5 % = <u>305,45 EUR</u>
b) 1.490,00 EUR − 305,45 EUR − 120,00 EUR − 7,00 EUR = 1.057,55 EUR
Antwortsatz:
a) Der Arbeiter zahlt 305,45 EUR Sozialversicherungsbeitrag.
b) Sein Nettolohn beträgt 1.057,55 EUR.

6.2 Die Führung des Haushaltsbuches

Ein Haushaltsbuch stellt Einnahmen und Ausgaben gegenüber. Dabei werden regelmäßige und unregelmäßige Ausgaben genau festgestellt. Zu den **Einnahmen** (Soll) gehören Löhne und Gehälter sowie weitere Einnahmen aus Sozialbezügen, Renten, Kindergeld usw. Diese Einnahmen werden auf das Konto überwiesen. Die Kosten, oder die **Ausgaben** (Haben) werden nach Fixkosten und variablen Kosten unterteilt. Unter **Fixkosten** werden alle festen Kosten erfasst, die jeden Monat anfallen. Dazu zählen Miete, Energie, Telefon oder Versicherungen. Diese Kosten werden meist als Dauerauftrag vom Konto abgebucht. Halbjährlich oder jährlich anfallende Kosten sollten dabei nicht unbeachtet bleiben. **Variable Kosten** sind veränderbar und werden laufend erfasst. Dazu zählen Ausgaben für Ernährung, Gesundheit, Mobilität, Bekleidung, Kultur und Freizeit sowie Genussmittel. Hierzu sollten Belege oder Quittungen gesammelt werden, um diese im Haushaltsbuch zu vermerken. Zu besonderen Ausgaben (**Sonderausgaben**) zählen Ausgaben für Urlaub, große Familienfeiern oder die Anschaffung eines größeren Haushaltsgeräts. Diese Ausgaben werden meist aus ersparten Rücklagen bezahlt.

Am Ende des Monats wird durch den Saldo ermittelt, ob ein Überschuss oder ein Minus entstanden ist. Durch eine sogenannte doppelte Buchführung mit einem Finanz- und Sachkonto ist die genaue Auflistung der veränderten Posten sichtbar. Dadurch wird erkannt, wo sich noch Einsparpotenzial ergibt und auf welche Ausgaben ganz verzichtet werden kann.

Definition
Das Haushaltsbuch stellt Kontinuität von Ein- und Ausgaben fest und erkennt gegebenenfalls Einsparpotenzial.

Es wird zwischen einer elektronischen und papierbasierten Haushaltsbuchführung unterschieden.

Papierbasierte Haushaltsbuchführung
Papierbasierte Haushaltsbücher sind traditionelle „Bücher" oder Hefter, die selbst angelegt werden. Dabei werden Ausgaben und Einnahmen gegenübergestellt. Schreibwarenläden, Sparkassen, Verbraucherzentralen oder Schuldnerberatungsstellen bieten auch Formularhefte an. Vorteil der Heftform ist es, dass Belege und Quittungen meist unmittelbar abgeheftet werden können.

Elektronische Haushaltsbuchführung
Bei elektronischen oder digitalen Haushaltsbüchern wird unterschieden zwischen online verwalteten und solchen, die auf einem PC als Software oder mithilfe eines Tabellenkalkulationsprogramms benutzt werden. Heute wird vielfach auch privat eine digitale Finanzverwaltung durchgeführt. Für private Haushaltsbücher eignen sich gängige Tabellenkalkulationsprogramme wie MS Excel oder Open Office. Bei vorgefertigten Haushaltsbüchern müssen die Daten nur eingetragen werden, woraufhin sämtliche Berechnungen automatisch erfolgen.

Die Vorteile von Softwarelösungen bestehen darin, dass auf vorhandene Kontobewegungen zurückgegriffen werden kann, Ein- und Ausgaben katalogisiert werden und Auswertungen auch visuell (z. B. Kreisdiagramm) aufbereitet werden können.

Beispiele für eine Monatsübersicht

Monat: April 20(0)							
Anfangsbestand: Kasse 350,00 EUR und Bank 1215,00 EUR							
01.04.	Miete	350,00 EUR	Dauerauftrag	23.04.	Spende an Rotes Kreuz	10,00 EUR	Barzahlung
04.04.	Lebensmittel	45,50 EUR	Barzahlung	24.04.	Theaterbesuch	12,50 EUR	Barzahlung
05.04.	Monatslohn	1.450,00 EUR	Überweisung	25.04.	Stromrechnung	25,00 EUR	Dauerauftrag
08.04.	Wohnzimmerschrank	1.860,00 EUR	Karte	26.04.	Barabhebung	200,00 EUR	
12.04.	Schuhe	65,00 EUR	Barzahlung	27.04.	Lebensmittel	35,50 EUR	Barzahlung
15.04.	Kfz-Steuer	104,00 EUR	Überweisung	29.04.	Eintritt Hallenbad	4,50 EUR	Barzahlung
18.04.	Sommerkleid	55,00 EUR	Barzahlung	30.04.	Gasthausbesuch	12,50 EUR	Barzahlung
22.04.	Tanken	25,00 EUR	Barzahlung	30.04.	Reparatur Waschmaschine	35,00 EUR	Karte

Planung und Dokumentation in der Haushaltsführung

Januar — MUSTER

© familienbilanz.de

Einnahmen

	Gehalt 1	Gehalt 2	Kinder-geld 1	Kinder-geld 2	Kinder-geld 3	Sonstiges
	2.258,30	400,00	154,00	154,00		

fixe Ausgaben

Miete	Neben-kosten	Strom-abschlag	Abo 1	Abo 2	Kredit 1	Kredit 2	Bau-sparvertrag
830,00	130,00	60,00			345,00		50,00

variable monatliche Ausgaben

was/wo wurde gekauft?	Lebensmittel	Getränke	Kleidung/Schuhe	Auto	Hygiene	Bücher/Zeitschriften	Freizeit	Anschaf	Arzt/Apotheke	Ver-sicherung	Sonstiges
Lebensversicherung										430,00	
Metzgerei / Bäckerei	23,45										
Getränkemarkt		42,25									
Tanken				52,63							
Hustensaft									4,85		
Skihose, Skijacke, Handschuhe			275,00								
Metzgerei / Bäckerei	12,75										
Metzgerei / Bäckerei	13,80										
Lebensmittelmarkt	45,86	26,30			12,50	3,60					
Staubsauger								149,00			
Briefmarken											1,65
Essen gehen / Kino							52,60				
GESAMT (variable Kosten nach Rubrik)	95,86	68,55	275,00	52,63	12,50	3,60	52,60	149,00	4,85	430,00	1,65

FAMILIENBILANZ

	Januar
Gesamtkosten (variabel)	1.146,24
Gesamtkosten (fix)	1.415,00
monatliche Gesamtkosten	2.561,24
monatliche Einnahmen	2.966,30
Überschuss (+) / Verlust (-)	405,06

7 Formen des Wohnens

Spätestens seit Beginn des Ackerbaus und der Viehzucht leben Menschen in festen und unverrückbaren Unterkünften, die auch als Wohnung oder Wohnsitz bezeichnet werden. Sie dienen in erster Linie dem Schutz vor Wetterunbilden, der Sicherheit, der Zubereitung von Nahrung und der Körperpflege. Damit wird auch heute, neben dem Bedürfnis nach Nahrung und Kleidung, ein Grundbedürfnis der Menschen erfüllt. An den Begriff „Wohnen" schließen sich auch Vorstellungen wie „Leben an einem Ort", „Verwurzelung an einem Ort" oder „persönlicher Lebensmittelpunkt" an.

Die Wohnung ist der persönliche Rückzugsbereich eines Menschen gegenüber der Öffentlichkeit. Dieser Sachverhalt wird auch als „Hausrecht" bezeichnet und ist im Artikel 13 des Grundgesetzes beschrieben. Wohnungen können Einfamilienhäuser oder Wohnungen in einem abgeschlossenen Teil eines großen Gebäudes sein, die Wohnzwecken dienen und eine selbstständige Lebensführung ermöglichen. Heute werden Wohnungen nicht mehr ausschließlich von Familien bewohnt. Es gibt die unterschiedlichsten Formen von Wohngemeinschaften (für Jugendliche, für Menschen mit Behinderung, für Mütter mit Kindern, für Senioren) oder Einzelpersonenhaushalte.

A *Aufgabe*
Diskutieren Sie die nachfolgenden Wohnungsgrundrisse in Einrichtungen des Betreuten Wohnens. Leiten Sie Bedürfnisse der Bewohner ab.

1-Raum-Wohnung   1,5-Raum-Wohnung   2-Raum-Wohnung

7.1 Anforderungen an die Funktionsbereiche einer Wohnung

Funktionsbereiche
In unserem westlichen Kulturkreis werden Wohnungen heute meist in Funktionsbereiche eingeteilt, die als privat oder intim betrachtet werden. Diese ergeben sich aus den Bedürfnissen der Menschen im Zusammensein in der Gemeinschaft, der Körperpflege, der Nahrungszubereitung, dem Schlaf- und Sexualverhalten und der Individualität jedes einzelnen Bewohners.

Formen des Wohnens

Funktionsbereiche	Bedürfnisse	Räumlichkeiten der Familie	Räumlichkeiten in Einrichtungen für Senioren
Kommunikationsbereich	• Gespräche führen • Mahlzeiten einnehmen • Gäste empfangen • gemeinschaftlichen Interessen nachgehen	Wohnzimmer Esszimmer	Gemeinschafts- räume Speiseräume
Individualbereich	Hier wird speziellen Bedürfnissen nachgegangen: • Spiel • Hobby • Arbeit • Schlaf • Sexualität	Kinderzimmer Arbeitszimmer Hobbyraum Schlafzimmer	eigenes Zimmer Schlafraum
Haustechnischer Bereich	Hier werden spezielle Arbeiten des Haushalts durchgeführt: • Nahrungszubereitung • Wäschepflege • Körperpflege • Vorratshaltung	Küche Bad/WC Vorratsraum Wasch- und Trockenraum	Bad/WC Hinweis: Haustechnische Arbeiten werden meist von den Einrichtungen übernommen.
Verkehrsbereich	• dient dem Ankommen in der Wohnung • meist können von hier alle weiteren Räume erreicht werden	Flur Diele Treppenauf- gänge	Flur

Größe

Die benötigte Größe der einzelnen Funktionsbereiche ist abhängig von:

- der Größe der Familie oder der Wohngemeinschaft,
- vom Alter (Kleinkinder/Jugendliche) oder der Pflegebedürftigkeit der Bewohner,
- von den zu erfüllenden Aufgaben der Bewohner in:
  - Beruf (Arbeitszimmer)
  - Freizeit (Hobbywerkstatt)
- und von der Wirtschaftlichkeit, d. h. den Kosten für Miete, Heizung, Energie und Pflegeaufwand.

Richtwerte von Räumen

Wohnraum mit Essplatz	22 bis 24 m² (für jede weitere Person 2 m² mehr)
Wohnraum ohne Essplatz	18 bis 22 m² (für jede weitere Person 2 m² mehr)
Küche mit Essplatz	9 bis 15 m²
Küche ohne Essplatz	7 bis 9 m²
Schlafzimmer	14 bis 18 m²
Kinderzimmer	12 bis 14 m²
Bad mit WC	5 bis 6 m²
Bad ohne WC	5 m²
WC	1,5 bis 2 m²
Abstellraum	1 bis 2 m²
Balkon	7 m²

Der Wohnwert einer Wohnung wird nicht nur durch die Größe (Anzahl der m²) bestimmt. Nach außen betrachtet spielen Wohnlage und die Lage der Wohnung im Haus eine große Rolle. In der Wohnung entspricht das der Raumzuordnung, Raumproportion und Nutzungsflexibilität.

	Anforderungen
Raumzuordnung	• Das Bad liegt neben den Schlafräumen. • Küche und Essplatz sollten miteinander verbunden sein (kleine Wege oder Durchreiche zum Essplatz). • Der Abstellraum sollte eine zentrale Lage in der Wohnung haben. • Wenn der Essplatz im Wohnzimmer ist, sollten Küche und Wohnzimmer nebeneinander- oder gegenüberliegen. • Wenn kleine Kinder im Haushalt sind, sollte der Weg zwischen Wohnzimmer und Kinderzimmer kurz sein, oder es sollte eine Spielecke im Wohnzimmer eingerichtet werden. • Durchgangszimmer können nicht für den Individualbereich genutzt werden.
Raumproportionen	• Räume sollten möglichst quadratisch sein, zu lange schmale Zimmer lassen sich nur schwer einrichten, • Es sollte auf die Lage der Türen und Fenster geachtet werden (Stellfläche).
Nutzungsflexibilität	Die Anforderungen ergeben sich aus sich ändernden Lebensumständen. • Arbeitsplatz im Schlafzimmer • Wechsel zwischen Schlaf- und Kinderzimmer (mehr Platz zum Spielen oder zwei Kinder bewohnen das Zimmer) • Optische Trennung eines Raumes in zwei Bereiche (vgl. 1-Raum-Wohnung, S. 86)

A *Aufgabe*
Finden Sie eigene Kriterien, die die Wohnlage und die Lage der Wohnung im Haus bestimmen.

Formen des Wohnens

7.2 Wohnungsgrundrisse lesen und zeichnen

Wohnungsgrundrisse sind maßstäbliche Verkleinerungen der Wohnung oder eines Raumes. Diese Verkleinerung lassen die Raumzuordnung, die Raumproportionen und die Himmelsrichtung gut erkennen. Fenster, Türen oder auch ein Schornstein sind eingezeichnet. Der entsprechende Maßstab ist vermerkt.

Informationen
Der Maßstab 1 : 50 sagt aus, dass 1 cm in der Zeichnung 50 cm in der Wirklichkeit entspricht.

So kann ein Raum maßstäblich gezeichnet werden. Sind Einrichtungsgegenstände im gleichen Maßstab gezeichnet, so kann eine Wohnung auf dem Papier eingerichtet werden. Damit können Fehlkäufe oder mehrfaches Rücken schwerer Möbel verhindert werden. Beim Kauf der Möbelstücke findet man immer Angaben zu Breite, Tiefe und Höhe (B, T, H). Für einen Grundriss werden insbesondere Breite und Tiefe benötigt.

Symbole für Einrichtungsgegenstände

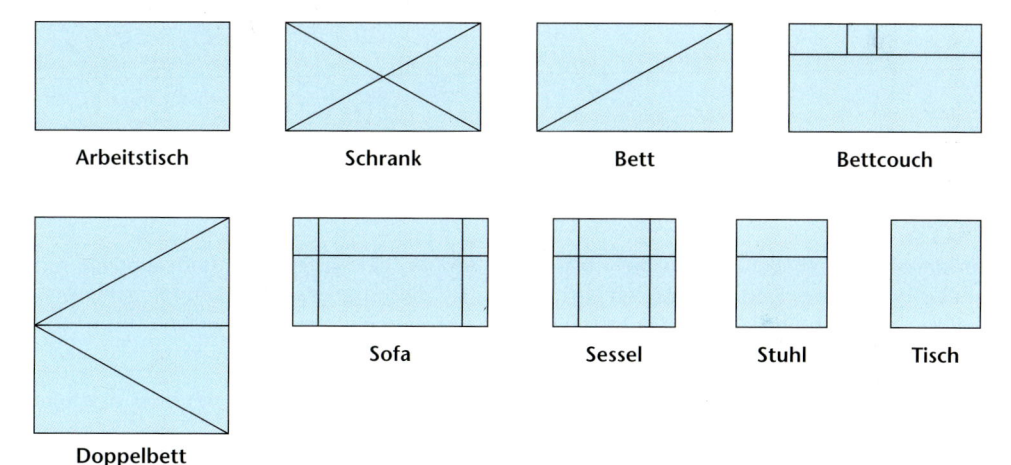

Arbeitstisch   Schrank   Bett   Bettcouch

Sofa   Sessel   Stuhl   Tisch

Doppelbett

Aufgaben
1. Finden Sie zu den oben abgebildeten Symbolen Originalmaße in Katalogen oder über das Internet und zeichnen Sie diese Möbelstücke im Maßstab 1 : 50.

Beispiel einer Katalogabbildung

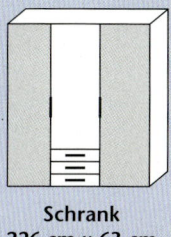

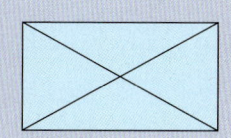

Schrank
226 cm x 63 cm

B: 226 cm
226 cm : 50 = 4,52 cm
T: 63 cm
63 cm : 50 = 1,26 cm

2. Begutachten Sie den Grundriss mithilfe nachfolgender Schwerpunkte: Anzahl und Alter der Personen; Lage der Räume zueinander; Einrichtungsgegenstände der Räume; Tageszeit, zu der die Sonne auf der Terrasse bzw. dem Balkon ist; Temperaturen im Schlafzimmer.

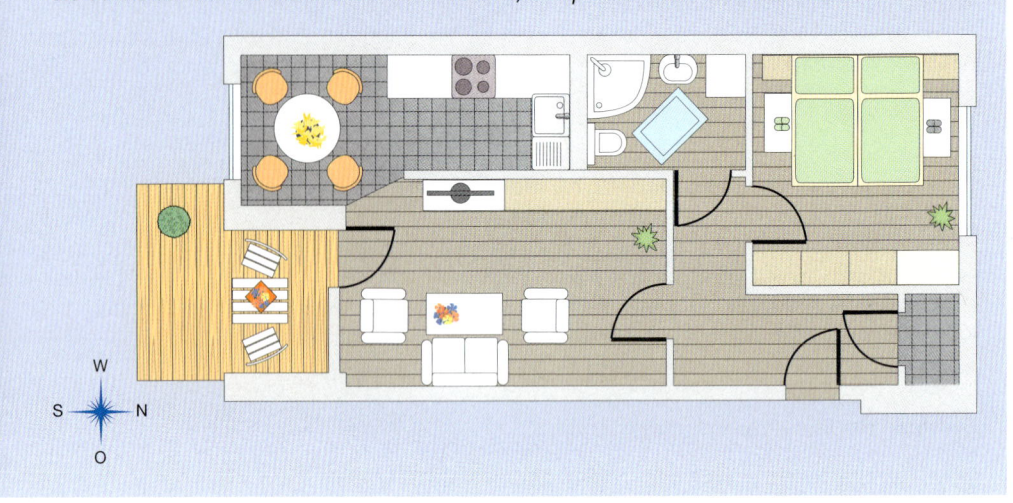

7.3 Gestaltung von Wohnräumen

7.3.1 Gestaltung von Küchen (Haustechnischer Bereich)

Für die Planung einer Küche ist die effektive Anordnung der einzelnen Grundelemente von großer Bedeutung. Dadurch können Wege und Zeit eingespart werden. Grundlegend werden Küchen nach modernen Erkenntnissen nach fünf Zonen geplant:

1. Bevorratung
   Hier werden Verbrauchsgüter (Lebensmittelvorräte wie Brot, Müsli, Honig oder gekühlte Lebensmittel) untergebracht.

2. Aufbewahren
   Hier werden Gebrauchsgüter (Geschirr zum Servieren, Essbesteck, Allesschneider oder Mixstab) verstaut.

3. Spülen
   Der Spülenbereich ist der sogenannte „unreine Bereich". Hier ist Platz für den Geschirrspüler, das Spülbecken und die Mülltrennung, aber auch für die Reinigungs- und Putzmittel.

4. Vorbereiten
   Hier erfolgt die Hauptarbeit. Es werden all jene Utensilien hier aufbewahrt, die zum Kochen benötigt werden. Dies sind Schüsseln, Küchenbretter, Arbeitsbesteck, aber auch Gewürze, Essig und Öl, Mehl, Zucker und Salz.

5. Kochen und Backen
   Hier können Töpfe, Pfannen und Backutensilien ihren Platz finden.

Diese Zonen werden im Uhrzeigersinn (von links nach rechts) angeordnet. Bei einem Linkshändler geschieht dies entgegengesetzt.

Formen des Wohnens

Küchenformen

Mögliche Küchenformen sind abhängig von den gegebenen Räumlichkeiten und natürlich auch von der Größe der Familie oder Wohngemeinschaft. Einfache Küchenformen sind die einzeilige Küche, die zweizeilige Küche und die L-Form. Mehr Möglichkeit zur individuellen Planung geben die G- oder U-Küche sowie die Inselform. Die Inselform eignet sich auch für eine offene Küche.

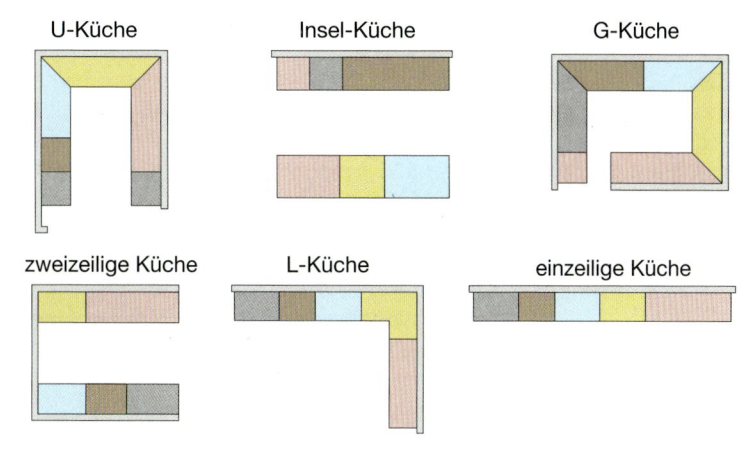

U-Küche   Insel-Küche   G-Küche

zweizeilige Küche   L-Küche   einzeilige Küche

Legende
Grau: Bevorratung
Braun: Aufbewahrung
Blau: Spülen
Gelb: Vorbereiten
Rot: Kochen und Backen

Hinweise zur Gestaltung von Küchen

Arbeitsplatz	Mindestbreite von 60 cm
Arbeitsflächenhöhe	Sollte an die Körpergröße angepasst werde; die empfohlene Arbeitshöhe beträgt 75 bis 90 cm. Dies wird durch das Verstellen der Sockelhöhe erreicht. Damit sollte ein Abstand zwischen dem waagerecht angewinkelten Unterarm und der Arbeitsfläche von mindestens 15 cm geschaffen werden.
Dunstabzugshaube	Mindestabstand zwischen Herd und Abzugshaube beachten (E-Herd: 65 cm; Gasherd: 90 cm); möglichst Abluftgeräte verwenden, da diese die verbrauchte Luft ins Freie leiten.
Backofen	Möglichst in Augenhöhe einbauen, dies ist rückenschonend und praktisch.
Sitzarbeitsplatz	Ist an einem ausziehbaren Tisch oder an einer Arbeitsplatte vorteilhaft. Der Arbeitstisch sollte eine Höhe von 65 bis 70 cm betragen.
Essplatz	Sind kleine Kinder im Haushalt, ist ein Essplatz in der Küche oder gleich neben der Küche günstig. Die Küche kann so zum Mittelpunkt für das Leben im Haushalt werden.
Spüle	Möglichst Doppelspüle verwenden, damit ein Nachspülen möglich ist. Besonders dann, wenn kein Geschirrspüler vorhanden ist.
Abtropffläche	Mindestbreite von 60 cm

Bei der Einrichtung der Küche sollte außerdem auf einen strapazierfähigen und nass zu reinigenden Fußboden geachtet werden (vgl. Kap. 4.2.7, S. 54).

7.3.2 Gestaltung eines Wohnraumes (Kommunikationsbereich)

Das Wohnzimmer ist der Gemeinschaftsraum für die ganze Familie. Er ist meist der größte und hellste Raum. Die günstigste Lage ist daher Südosten, Süden oder Südwesten. In den meisten Fällen übernimmt das Wohnzimmer mehrere Funktionen. Es dient der Unterhaltung (Lesen, Spielen oder Fernsehen), dem gemeinsamen Essen oder der Arbeit am Schreibtisch. Daher sollten bei der Einrichtung Gruppen gebildet werden. Für eine gute Gestaltung des Wohnraumes ist außerdem die richtige Auswahl des Fußbodens von großer Bedeutung (vgl. Kap. 4.2.7, S. 54). Unter hygienischen Gesichtspunkten wird häufig eine Kombination zwischen Holzfußböden und textilen Fußböden oder elastischen Fußböden und textilen Fußböden gewählt. Des Weiteren ist die Gestaltung der Fenster, die Ausgestaltung durch Bilder und Grünpflanzen von großer Bedeutung (vgl. Kap. 8, S. 96).

Sitzgruppe
Bei der Auswahl von Polstermöbeln sollte auf eine praktikable Handhabung geachtet werden. Wenn geplant ist, dass Gäste im Wohnzimmer übernachten, muss dies bei der Auswahl der Polstermöbel bedacht und dabei eventuell auch Wert auf zusätzlichen Stauraum für Kissen und Decken gelegt werden. Ein niedriger Tisch (Couchtisch) bildet den Mittelpunkt der Sitzgruppe. Dieser dient dem Abstellen oder Ablegen von Zeitschriften, Büchern oder Getränken. Kleine Schränke oder Regale dienen der Unterbringung von Büchern oder der Unterhaltungselektronik.

Essgruppe
In den meisten Haushalten ist ein Wohn-Ess-Zimmer gebräuchlich. Der Essbereich sollte daher nah an der Küche liegen und kann günstig mit einer Durchreiche verbunden werden. Die Größe des Esstisches richtet sich nach der Anzahl der im Haushalt lebenden Personen. Ein ausziehbarer Tisch kann zusätzlichen Platz für Gäste schaffen. Die Form des Tisches (rechteckig, rund oder oval) richtet sich nach der Raumgestaltung insgesamt. Die Höhe des Esstisches beträgt in der Regel 72 cm. Pro Person rechnet man eine Platzbreite von 60 cm und eine Tiefe von 40 cm. Für Schüsseln und Platten zum Reichen der Speisen benötigt man nochmals 20 cm. So sollte ein Esstisch eine Mindesttiefe von 100 cm haben. Die Stühle am Esstisch sollten bequem, aber nicht zu breit sein und mit der Tischhöhe abgestimmt werden. Außerdem dient ein Schrank oder ein Sideboard der Unterbringung von Gläsern, Tafelgeschirr, Besteck und Tischwäsche.

Arbeitsbereich
Ein Arbeitsplatz im Wohn- oder Kinderzimmer sollte dem Stil der Einrichtung angepasst sein oder durch einen Raumteiler getrennt sein. Der Schreibtisch sollte Tageslicht erhalten, dabei sollte dieses von vorn oder von links auf den Tisch fallen.

Farbgestaltung

Damit die Räume gut wirken, ist die farbliche Gestaltung ein weiterer wesentlicher Punkt. Daher sollte sich im Vorfeld Gedanken darüber gemacht werden, welche Stimmung man erzeugen möchte, denn diese wirkt sich maßgeblich auf das Raumklima aus. Grundsätzlich unterscheidet man warme, kalte und neutrale Farben.

- Warme Farben: Rot und Orange
- Kalte Farben: Blau, Grün und Violett

Merksatz
Je höher der Gelbanteil in den Farben ist, desto wärmer wirken sie. Je höher der Blauanteil ist, desto kälter wirken sie.

- Neutrale Farben: treten nicht im Farbkreis auf und lassen sich mit allen anderen Farben kombinieren (Schwarz, Weiß, Grau oder Braun in unterschiedlichen Schattierungen).

Grundfarben (Primärfarben) sind die Farben Rot, Blau und Gelb. Sie lassen sich nicht durch Mischen von Farben herstellen. Sekundärfarben entstehen durch Mischen. Aus Blau und Gelb entsteht Grün, Rot und Gelb ergibt Orange und Blau und Rot wird Violett. Tertiärfarben entstehen durch das Mischen von Primär- und Sekundärfarben, die sogenannten Zwischenfarben.

Farbkreis nach Johannes Itten

Farbschemata

Zur Einrichtung von Räumen gibt es unterschiedliche Farbschemata, die sich aus dem Farbkreis ableiten.

Farbschemata	Farben	Wirkung
Monochrome Farbschemata	bestehen aus einer Farbe mit verschiedenen Schattierungen	wirkt beruhigend und lässt Räume elegant erscheinen
Analoge Farbschemata	Farben, die auf dem Farbkreis nebeneinanderliegen (keine kalten und warmen Farben mischen)	wirken ruhig und harmonisch
Komplementäre Farbschemata	Farben liegen im Farbkreis genau gegenüber	schaffen spannende Effekte oder eine dramatische Stimmung

Farbwirkung

Rot	regt an; wirkt dynamisch, aber auch aggressiv; motiviert bei körperlicher Arbeit
Blau	wirkt kühl und gediegen; gilt als Farbe der Entspannung und Harmonie; eignet sich für die Gestaltung von Schlafräumen und Bädern
Gelb	wirkt fröhlich und sorgt für gute Laune, wirkt anregend und fördert die Konzentration; ist daher günstig für die Gestaltung von Arbeitsräumen
Grün	steht für Leben und Wachstum; ist motivierend; wirkt wie Blau entspannend und harmonisch; eignet sich für Wohn- und Arbeitsräume
Violett	strahlt Würde und Ruhe aus; stark motivierende Farbe; wirkt extravagant
Orange	steht für Vergnügen, Geselligkeit, Genuss und Energie; daher besonders für Esszimmer oder Besprechungsräume geeignet; strahlt Fröhlichkeit aus

TIPP

Hinweise zur Gestaltung von Wohnräumen

- Dunkle Räume wirken kleiner, helle Farben sorgen für mehr Weite.
- Hohe Räume erscheinen niedriger, wenn für die Decke und den Fußboden dunkle Farben ausgesucht werden.
- Niedrige Räume erscheinen höher, wenn die Decke hell gestrichen ist und eine Tapete mit senkrechten Streifen ausgesucht wird.
- Große Räume wirken kleiner durch dunkle Farben oder große Muster.
- Schmale Räume wirken durch eine dunkle Stirnwand kürzer.
- Leuchtende Farben lassen dunkle Räume freundlicher erscheinen.

7.3.3 Gestaltung eines Kinderzimmers (Individualbereich)

Kinderzimmer sollten immer altersspezifisch gestaltet werden. Prinzipiell sollten sie hell und freundlich sein. Günstig sind Zimmer, die in Süd- oder Südostrichtung liegen. So ist das Zimmer tagsüber hell und am Abend scheint die Sonne nicht mehr hinein. Kinder mögen bunte Farben und lustige Muster, jedoch sollten die Wände und die Decke weiß oder hell gestrichen werden, da Möbel und Spielsachen genügend Farbe in den Raum bringen.

Säugling
Für den Säugling ist es ausreichend, wenn das Zimmer Ruhe zum Schlafen bietet, ein Wickeltisch vorhanden ist und eine Möglichkeit zum Baden besteht. Oft wird der Säugling schon nach einigen Wochen im Bad versorgt. Kleine Spieluhren über dem Bettchen reichen aus, um Schlafrituale zu entwickeln. Wichtig ist auch für eine gute Verdunklungsmöglichkeit zu sorgen.

Kleinkind
Das Kleinkind spielt am liebsten auf dem Fußboden. Harter und kalter Fußbodenbelag ist daher ungeeignet. Günstig ist ein versiegelter Holzfußboden, der leicht zu reinigen ist. Für den unmittelbaren Spielbereich kann ein zusätzlicher Spielteppich für Wärme sorgen. Beim

Formen des Wohnens

Kauf von Möbeln sollte darauf geachtet werden, dass sie abwaschbar sind und möglichst „mitwachsen", das bedeutet, dass sie umgebaut werden können. Stühle und Tische sollten höhenverstellbar sein.

Hinweise zum Kinderbett

- Liegefläche sollte mindestens 70 cm x 140 cm betragen.
- Gitterstäbe sollten mindestens 4,5 cm und höchstens 6,5 cm Abstand haben.
- Gitterstäbe sollten sich auf einer Seite entfernen lassen, damit das Kind gefahrlos das Bett verlassen kann.
- Matratze sollte nicht einfach auf einer durchgehenden Platte liegen, da sonst eine Durchlüftung der Matratze nicht gewährleistet ist.
- Günstig ist ein höhenverstellbarer Lattenrost.

(Empfehlungen nach Stiftung Warentest)

Schulkind

Spätestens im Schulalter benötigt das Kind einen eigenen Raum, um ungestört die Hausaufgaben zu erledigen. Für das Kind bedeutet dies wiederum, zu sitzen und seinem eigentlichen Bewegungsdrang nicht nachgehen zu können. Aus diesem Grund ist es von großer Bedeutung, dass der Arbeitsplatz den Erfordernissen des Kindes angepasst ist. Dabei können ergonomische, mitwachsende Möbelstücke helfen. Diese müssen unbedingt an die aktuelle Körpergröße sowie der Stuhl auch an die -proportionen angepasst werden. Durch die Möglichkeit der Gewichtsverlagerung durch Schaukeln und Wippen entsprechen sie dem kindlichen Bewegungsdrang. Dabei müssen Tisch und Stuhl eine Einheit ergeben, beide müssen in der Höhe aufeinander abgestimmt sein, um sich dem Wachstum des Kindes anzupassen.

Hinweise zu Schreibtischen und Stühlen für Kinder

- Stuhl: Eine bewegliche Sitzfläche fördert häufigen Positionswechsel und passt sich somit den unterschiedlichen Haltungen an. Die günstigste Einstellung ist, wenn die Kniescheibe im Stehen die Vorderkante des Stuhls berührt und im Sitzen mit beiden Fußsohlen der Boden erreicht wird.
- Schreibtisch: Die Tischplatte sollte bis 30° zum Kind neigbar sein. Die Tischhöhe ist optimal, wenn die auf den Tisch gelegten Unterarme einen nicht ganz rechtwinkligen, sondern leicht größeren Winkel beschreiben.

Aufgaben

1. Was bedeutet für Sie der Begriff „Wohnen"?
2. Nennen Sie die vier Funktionsbereiche einer Wohnung und die damit verbundenen Bedürfnisse eines Menschen.
3. Richten Sie auf dem Papier Wohnräume im Maßstab 1 : 50 oder 1 : 20 ein. Nutzen Sie Infos zu Größenangaben der Möbel aus Katalogen oder aus dem Internet.

8 Pflanzen im Haushalt

Pflanzen spielen bei der Raumgestaltung eine wichtige Rolle. Einerseits übernehmen sie dekorative Aufgaben, andererseits verbessern sie das Raumklima. Dabei werden in erster Linie Zimmertopfpflanzen und Schnittblumen verwendet.

8.1 Pflege von Zimmerpflanzen

Eine Pflanze kann nur gut gedeihen, wenn sie genügend Licht, Sauerstoff, Wärme und Nährstoffe erhält. Der Bedarf ist je nach Pflanzenart unterschiedlich. In welchem Maß die oben genannten Bedingungen ein optimales Wachstum ermöglichen, ist abhängig von der ursprünglichen und natürlichen Herkunft der Pflanzen. Gewächse, die aus warmen Regionen der Erde stammen, brauchen meist mehr Licht, d. h. sie sollten an einem Südfenster stehen. An Nordfenstern fühlen sich Pflanzen wohl, die wenig Licht und Wärme brauchen. Pflanzen, deren Heimat eigentlich der Regenwald ist, brauchen eine höhere Luftfeuchtigkeit als Pflanzen, die in sehr trockenen Gebieten beheimatet sind.

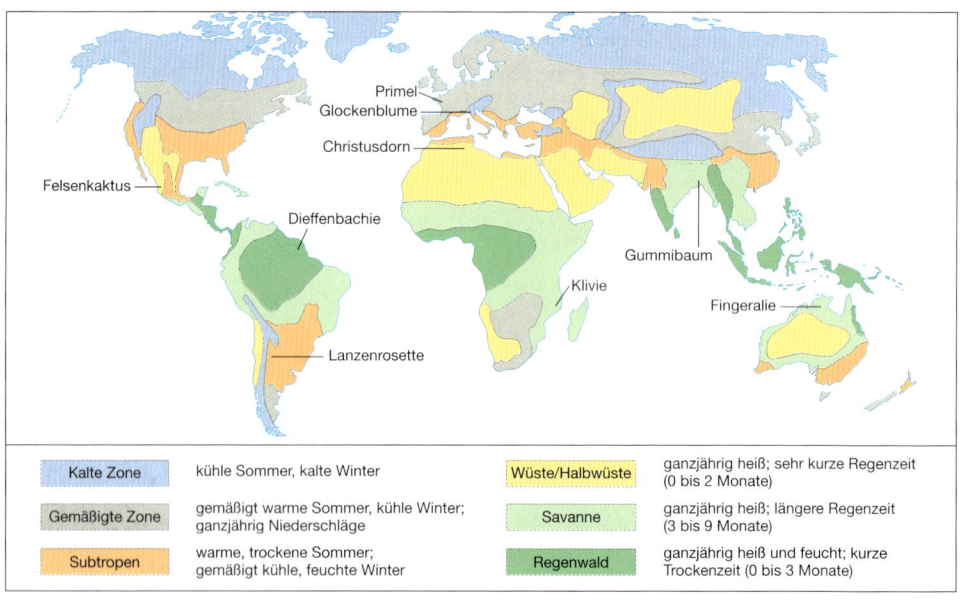

Die Heimat verschiedener Zimmerpflanzen

Beim Kauf von Pflanzen sollte man daher überlegen, ob man optimale Bedingungen für das Pflanzenwachstum zu Hause ermöglichen kann. Eine einheitliche Pflegekennzeichnung gibt es nicht, daher sind hier beispielhaft Symbole dargestellt.

Pflanzen im Haushalt

Beispiel

Licht	Wasser	Luftfeuchtigkeit	Pflege
sonnig	wenig	niedrig	anspruchslos
halbschattig	mäßig	mittel	anspruchsvoll
schattig	viel	hoch	sehr anspruchsvoll

Hinweise zur Pflege von Zimmerpflanzen

Gießen	Am besten wird abgestandenes, handwarmes Wasser verwendet. Je nach Pflanzenart wird es direkt auf die Erde, in den Untersetzer oder in den Blattrichter gegossen. Manche Pflanzen sollten mit dem Topf untergetaucht werden, bis der Wurzelballen durchnässt ist. Das Wasser wird zur Lösung und Aufnahme von Nährstoffen aus dem Boden benötigt.
Ausputzen	Regelmäßig werden verwelkte und vertrocknete Blätter, Stängel und Blüten entfernt. Dies verleiht den Pflanzen ein gepflegtes Aussehen, außerdem wird Krankheiten, z. B. Pilzkrankheiten, vorgebeugt.
Besprühen	Klares Wasser wird mit etwas Abstand auf die Gewächse gesprüht. Man erhöht dadurch die Luftfeuchtigkeit, gleichzeitig werden Staub und Verschmutzungen entfernt. Diese Maßnahme muss vor allem im Winter wegen der trockenen Heizungsluft durchgeführt werden.
Reinigen	Die Pflanzen werden regelmäßig abgeduscht. Großblättrige Zimmerpflanzen können auch feucht abgewischt werden. Damit wird nicht nur Krankheiten vorgebeugt, sondern man erleichtert den Pflanzen durch die Reinigung auch die Sauerstoffaufnahme, also die Atmung. Töpfe und Untersetzer werden auch regelmäßig gereinigt.
Düngen	Dadurch werden verbrauchte Nährstoffe in der Erde ersetzt. Dünger werden als Flüssigdünger und Düngerstäbchen im Handel angeboten und sollten nach genauer Vorschrift verwendet werden.
Beschneiden	Dies sollte nur während der Wachstumsphase erfolgen. Der Pflanzentrieb wird über der Knospe schräg nach unten, von der Knospe weg, abgeschnitten. Man kann dadurch die Pflanzen in Form bringen, das Wachstum verstärken und die Blühfreudigkeit erhöhen.
Umtopfen	Der Topf für die Pflanze ist zu klein geworden, wenn die Wurzel herauswächst oder die gesamte Pflanze mit dem Wurzelballen zu wenig Halt hat. Pflanzen sollten nur zu Beginn der Wachstumsphase umgetopft werden. Die Töpfe dürfen höchstens zwei Nummern größer sein. Unmittelbar nach dem Umtopfen dürfen die Pflanzen nicht in die Sonne gestellt werden. Frisch umgetopfte Pflanzen benötigen ca. vier bis sechs Wochen keinen Dünger.

TIPP

8.2 Pflege von Schnittblumen

Schnittblumen können in Vasen oder in Steckschalen angeordnet und zur Geltung gebracht werden. Vasen und Steckschalen werden der Art der Blüten, der Farbe und der Form angepasst. Beim Kauf von Blumen sollte darauf geachtet werden, dass die Blüten sich nur leicht geöffnet haben. Blumen aus dem Garten sollten morgens geschnitten werden, da sich durch die Nachtfeuchte die Lebensdauer erhöht.

TIPP

Hinweise zur Pflege von Schnittblumen

- Wasser sollte Zimmertemperatur besitzen.
- Blätter vom unteren Teil des Stängels entfernen.
- Blumen einzeln in die Vase geben, Stängel sollten sich kreuzen.
- Stängel vor dem Einstecken schräg anschneiden, harte Stängel klopfen.
- Wasser täglich erneuern, Stängel neu anschneiden (Wasser sollte temperiert sein).
- Wasser muss nicht erneuert werden, wenn Frischhaltemittel verwendet werden, dies verhindert die Bildung von Bakterien (Wasser ergänzen).

8.3 Gestaltung von Gestecken entsprechend der Jahreszeit

Aufgrund des ständigen Angebots fast aller Pflanzen über das gesamte Jahr ist es oft nicht einfach, die Pflanzen in die richtige Jahreszeit einzuordnen. Eine kleine Auswahl entsprechend der Jahreszeit findet sich in der folgenden Tabelle:

Jahreszeit	Typische Vertreter
Frühling	Schneeglöckchen, Narzisse, Forsythie

Pflanzen im Haushalt

Jahreszeit	Typische Vertreter
Sommer	Rose, Sommeraster, Sonnenblume
Herbst	Herbstaster, Hagebutte, Sonnenblume
Winter	Winterling, Christrose, Jasmin

Gestaltung eines Blumengestecks

Blumengestecke werden als Raumgestecke oder Tischgestecke gestaltet. Bei der Gestaltung eines Tischgestecks muss Folgendes beachtet werden:

- Breite: Das Gesteck sollte nicht zu ausladend sein, denn auf dem Tisch sollen noch Geschirr und Speisen Platz haben.
- Höhe: Das Gesteck sollte nicht zu hoch sein, denn die Gäste sollen sich bei der Unterhaltung sehen und nicht „durch die Blume reden".
- Anlass: Das Gesteck sollte entsprechend dem Anlass gestaltet werden, so unterscheidet sich ein Gesteck für eine Hochzeit oder einen Kindergeburtstag klar durch die Wahl der Blumen und Gefäße.

Bei der Gestaltung eines Raumgestecks spielen Platz, Standort und prinzipielle Raumgestaltung eine Rolle.

TIPP

Hinweise zur Herstellung eines Gestecks

- Materialien: Blumen in unterschiedlicher Größe und aufeinander abgestimmter Farbe, Grün und Zweige, Steckschale, Steckhilfsmittel (Steckmasse, Steckmoos).
- Das Gesteck sollte mindestens die zweifache bis dreifache Höhe der Steckschale haben.
- Die Blüten sollten asymmetrisch angeordnet sein.
- Steckmasse so mit Grün abdecken, dass sie nicht gesehen wird; darüber befinden sich kurze Blüten.
- Im Anschluss werden halbhohe, meist helle Blüten angeordnet.
- Zum Schluss werden längere kleine Blüten angeordnet, die das Gesteck leicht erscheinen lassen.

A Aufgaben

1. Suchen Sie die in der Weltkarte (vgl. S. 96) angeordneten Pflanzen in einem Pflanzenbuch auf und erarbeiten Sie sich Pflegehinweise.
2. Gestalten Sie Blumengestecke zu unterschiedlichen Anlässen.

Teil 2: Ernährung

1. Bedeutung der Ernährung – Was unseren Körper gesund hält

2. Lebensmittelzubereitung – Man ist, was man isst

3. Kinder für die Nahrungszubereitung begeistern

4. Gemeinsam schmeckt es besser – Mahlzeiten genießen

1 Bedeutung der Ernährung – Was unseren Körper gesund hält

Der Mensch benötigt zum Erhalt seines Körpers und der Körperfunktionen u. a. Nahrung, die er in ausreichender Menge verzehren muss, damit die darin enthaltenen Stoffe optimal im Körper wirken können. Stoffe, die als Nahrung verwendet werden, nennt man Lebensmittel.

> **Artikel 2 der Verordnung (EG) Nr. 178/2002**
> Lebensmittel [sind] alle Stoffe oder Erzeugnisse, die dazu bestimmt sind oder von denen nach vernünftigem Ermessen erwartet werden kann, dass sie in verarbeitetem, teilweise verarbeitetem oder unverarbeitetem Zustand von Menschen aufgenommen werden. Zu ‚Lebensmitteln' zählen auch Getränke, Kaugummi sowie alle Stoffe (einschließlich Wasser), die dem Lebensmittel bei seiner Herstellung oder Ver- oder Bearbeitung absichtlich zugesetzt werden. [...]

Lebensmittel werden in Nahrungs- und Genussmittel unterteilt.

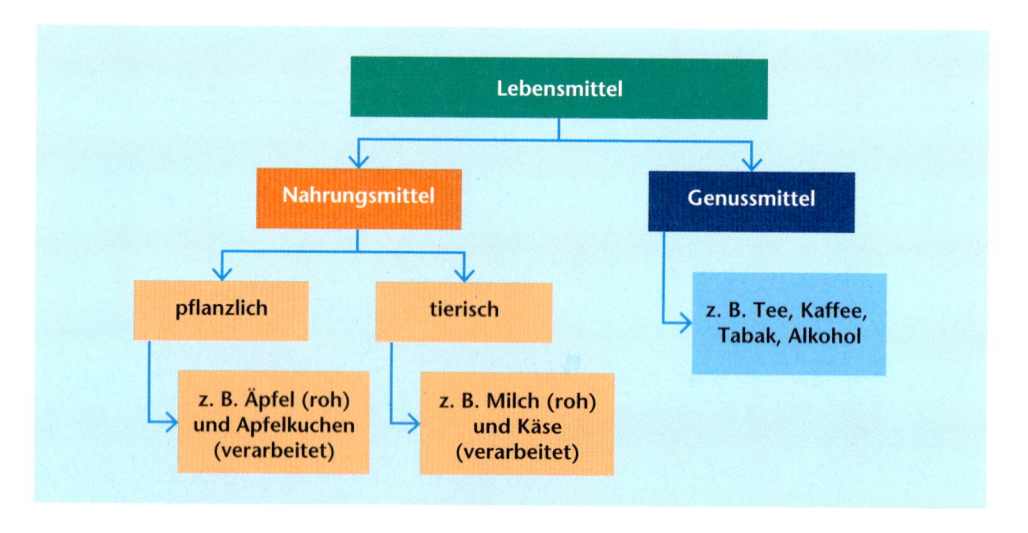

```
                    Lebensmittel
                   /            \
          Nahrungsmittel      Genussmittel
           /         \              |
      pflanzlich   tierisch    z. B. Tee, Kaffee,
          |           |         Tabak, Alkohol
    z. B. Äpfel (roh)  z. B. Milch (roh)
    und Apfelkuchen    und Käse
    (verarbeitet)      (verarbeitet)
```

Nahrungsmittel sind tierischer oder pflanzlicher Herkunft. Sie werden unverarbeitet bzw. roh oder in verarbeitetem Zustand verzehrt. Sie sind essenziell, d. h. lebensnotwendig für den Organismus, denn sie stillen den Hunger und ernähren den Körper des Menschen. Genussmittel dagegen dienen eher dem Vergnügen oder der Entspannung und sollten entsprechend des Wortinhaltes nur genossen, d. h. eher in geringen Mengen verwendet werden.

Bedeutung der Ernährung – Was unseren Körper gesund hält

1.1 Inhaltsstoffe der Nahrung

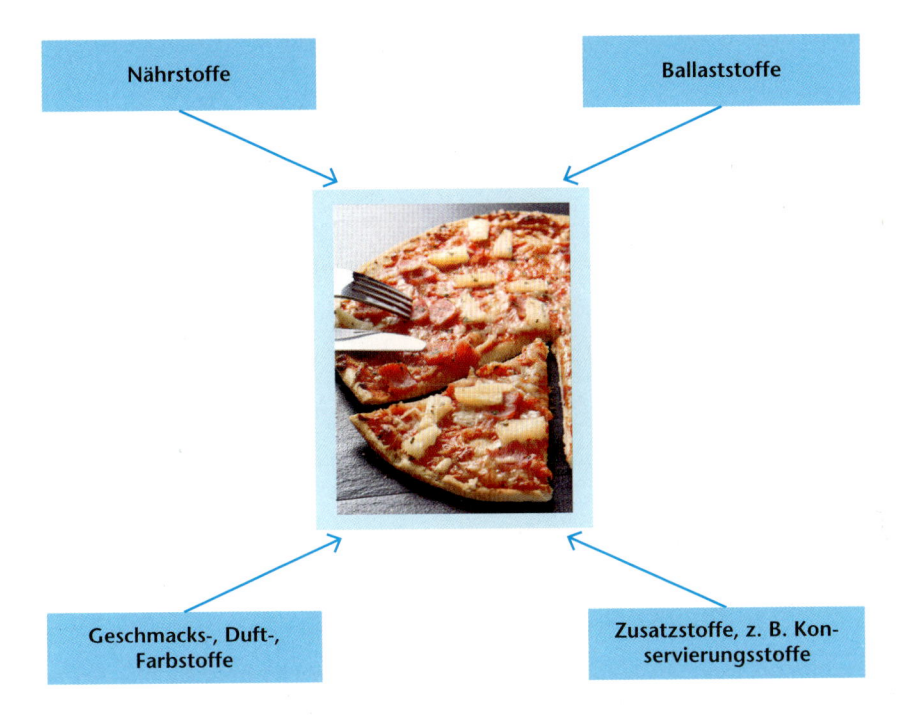

- Nährstoffe
- Ballaststoffe
- Geschmacks-, Duft-, Farbstoffe
- Zusatzstoffe, z. B. Konservierungsstoffe

Zu den wichtigsten Inhaltsstoffen zählen die **Nährstoffe**. Es werden insgesamt sechs Nährstoffe unterschieden, die wiederum in Hauptnährstoffe und Ergänzungsnährstoffe unterteilt werden. Zu den Hauptnährstoffen zählen Kohlenhydrate, Fette und Eiweiße. Die Ergänzungsnährstoffe sind Wasser, Vitamine und Mineralstoffe.

Ballaststoffe befinden sich in pflanzlichen Fasern. Sie sind für den menschlichen Körper unverdaulich, dennoch haben sie einen erheblichen Einfluss auf die Verdauung. Diese beginnt im Mund, wo die Nahrung zerkleinert wird. Durch die Vermischung mit Speichel beginnt die Vorverdauung, wodurch der Magen entlastet wird. Ballaststoffe regen die Kautätigkeit an. Da sie auch nicht im Magen verdaut werden, füllen sie ihn und erzeugen ein Sättigungsgefühl. Der Mensch nimmt nicht zu viel Nahrung zu sich, da er keinen Hunger mehr hat. Im Darm beginnt der Austausch der Nährstoffe, die in den Zellen gebraucht werden. Die Ballaststoffe binden z. B. Gallsäuren und andere Abfallstoffe und transportieren sie aus dem Körper. Des Weiteren quellen die pflanzlichen Fasern im Darm auf und beugen so einer Verstopfung vor.

Definition
Ballaststoffe

- *sind unverdauliche pflanzliche Fasern,*
- *regen die Kautätigkeit an,*
- *geben ein Sättigungsgefühl,*
- *binden Schadstoffe im Darm und reinigen ihn,*
- *beugen Verstopfungen vor.*

Aber: Ballaststoffe sind keine Nährstoffe!

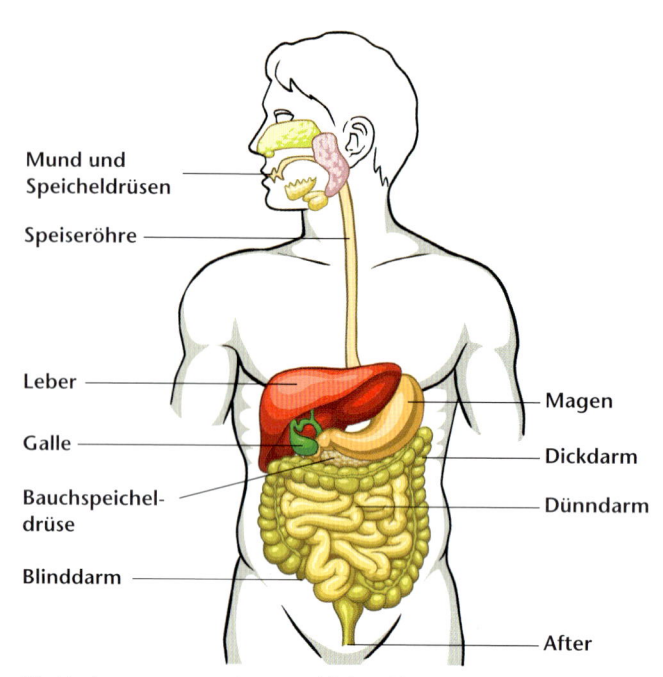

Die Verdauungsorgane des menschlichen Körpers

Weitere Inhaltsstoffe der Nahrung sind Farbstoffe, Duftstoffe und Geschmacksstoffe. Diese drei können von Natur aus in den Lebensmitteln enthalten sein (z. B. das Rot der Erdbeeren, Apfelgeschmack in Augustäpfeln) oder sie entwickeln sich während des Verarbeitungsprozesses (z. B. beim Backen des Brotes). Diese Stoffe regen den Appetit an. In industriell verarbeiteten Lebensmitteln werden häufig Farb-, Duft- und Geschmacksstoffe zugegeben, die entweder natürlichen Ursprungs sind oder aber künstlich hergestellt wurden. Zudem findet man Zusatzstoffe, die beispielsweise zur Konservierung dienen oder die Konsistenz (Beschaffenheit) von Lebensmitteln verändern können. Kalorienreduzierte Waren enthalten oft sogenannte Zuckeraustauschstoffe (z. B. Saccharin, Aspartam). Die Zusatzstoffe müssen auf der Verpackung angegeben sein (vgl. Lebensmittelkennzeichnung, Kap. 2.1, S. 145f); meist sind sie mit den sogenannten E-Nummern versehen. In der EU zugelassen sind die Nummern E 100 bis E 967.

A *Aufgabe*
Recherchieren Sie (z. B. im Internet) einige Beispiele und erklären Sie, was die einzelnen E-Nummern bedeuten. Tauschen Sie sich in der Klasse aus.

1.2 Entstehung, Aufgaben und Vorkommen der Nährstoffe

Die sechs Nährstoffe Kohlenhydrate, Fette, Eiweiße, Wasser, Mineralstoffe und Vitamine sind für den Körper essenziell. Daher werden sie auf den folgenden Seiten ausführlicher in ihrer Funktion und ihrem Vorkommen in Lebensmitteln dargestellt.

1.2.1 Kohlenhydrate

Kohlenhydrate werden in Pflanzen gebildet. Sie entstehen aus den Elementen Kohlenstoff (C), Wasserstoff (H) und Sauerstoff (O). Kohlenstoff und Sauerstoff entnehmen Pflanzen der Luft, Wasserstoff aus dem Bodenwasser. Durch die Einwirkung des Sonnenlichts können die Elemente zu Kohlenhydraten zusammengesetzt werden. Dieser Vorgang wird Fotosynthese genannt (griech. *phos*: Licht; *synthesis*: aufgebaut, zusammengebaut). Die folgende Abbildung zeigt vereinfacht die Bildung der Kohlenhydrate.

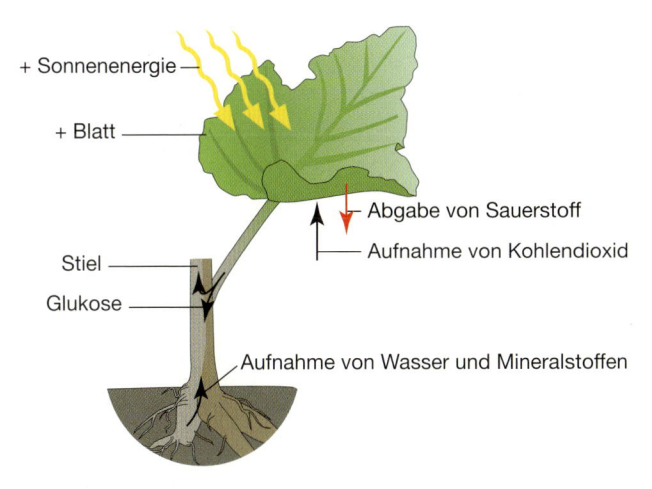

Bildung von Kohlenhydraten

Abhängig davon, aus wie vielen Molekülen Kohlenhydrate bestehen, werden sie in drei große Gruppen unterteilt. Hierbei wird nicht der Begriff Kohlenhydrat verwendet, sondern vorwiegend das Wort Zucker. So spricht man von Einfachzucker, Doppelzucker und Vielfachzucker.

Einfachzucker
Einfachzucker bestehen aus nur einem Baustein, den einfachsten Kohlenhydraten.

Darstellung	Name (lat. Bezeichnung)	Vorkommen
	Traubenzucker (Glukose)	Obst
	Fruchtzucker (Fruktose)	Obst, Honig
	Schleimzucker (Galaktose)	Milch und Käse, Milchprodukte

Doppelzucker
Doppelzucker sind aus zwei Molekülen der eben genannten Einfachzucker zusammengesetzt.

Darstellung	Name (lat. Bezeichnung)	Vorkommen
	Rohr- und Rübenzucker (Saccharose) umgangssprachlich: Haushaltszucker	Zuckerrohr, Zuckerrüben und mit Zucker gesüßte Speisen
	Milchzucker (Laktose)	Milch und Milchprodukte
	Malzzucker (Maltose)	Getreidekeime, daraus hergestellte Malzextrakte, Bier

Diese beiden Gruppen der Kohlenhydrate haben eine unterschiedliche Süßkraft, Fruchtzucker sowie Rohr- und Rübenzucker können am besten Speisen süßen. Der handelsübliche Zucker hat aber eine größere Energiemenge.

M *Merksatz*
Nicht alle Menschen vertragen Fruchtzucker (Fruktose) oder Milchzucker (Laktose). Das muss bei der Ernährung beachtet werden.

Vielfachzucker
Vielfachzucker sind relativ geschmacksneutral und besitzen daher keine Süßkraft. Sie bestehen aus vielen Kohlenhydratmolekülen.

Name (lat. Bezeichnung)	Vorkommen
Stärke	in Getreide, Kartoffeln und deren Produkte, Speisestärke
Amylose	im Innern eines Stärkekörnchens
Amylopektin	in der Außenschicht eines Stärkekörnchens
Dextrine	als Abbauprodukt der Stärke beim trockenen Erhitzen wie beim Backen, Toasten → Brotkrusten, Zwieback
Cellulose	in allen Pflanzen als Gerüstsubstanz
Glykogen	als kurzzeitige Energiereserve in der Leber gespeichert

Der Aufbau der genannten Kohlenhydrate wirkt sich auf ihre Verdaulichkeit aus. Einfachzucker brauchen nicht erst aufgespalten zu werden. Sie gelangen schneller ins Blut und setzen Energie frei, welche aber ebenso schnell wieder verbraucht ist. Vielfachzucker dagegen müssen erst in Doppel- und Einfachzucker aufgespalten werden. Durch diesen längeren Prozess wirken sie auch länger sättigend.

Aufgaben der Kohlenhydrate
Die Hauptaufgabe der Kohlenhydrate ist die Energielieferung für die Muskel-, Gehirn- und Nervenzellen. So setzt 1 g Kohlenhydrate 17 kJ Energie frei. Die normale Körpertemperatur zwischen 36 °C und 37 °C kann dadurch konstant gehalten werden. Eine Energiereserve (Glykogen) wird in der Leber oder in den Muskeln kurzzeitig gespeichert und wenn es

Bedeutung der Ernährung – Was unseren Körper gesund hält

benötigt wird zu Einfachzucker abgebaut. Kohlenhydrate können auch zu Fett umgebaut und als Depotfett gespeichert werden. Dies geschieht, wenn mehr Kohlenhydrate als vom Körper benötigt werden, aufgenommen werden. Das kann eine Ursache von Fettleibigkeit sein.

Energielieferung für Nervenzellen, Muskeln und Gehirn

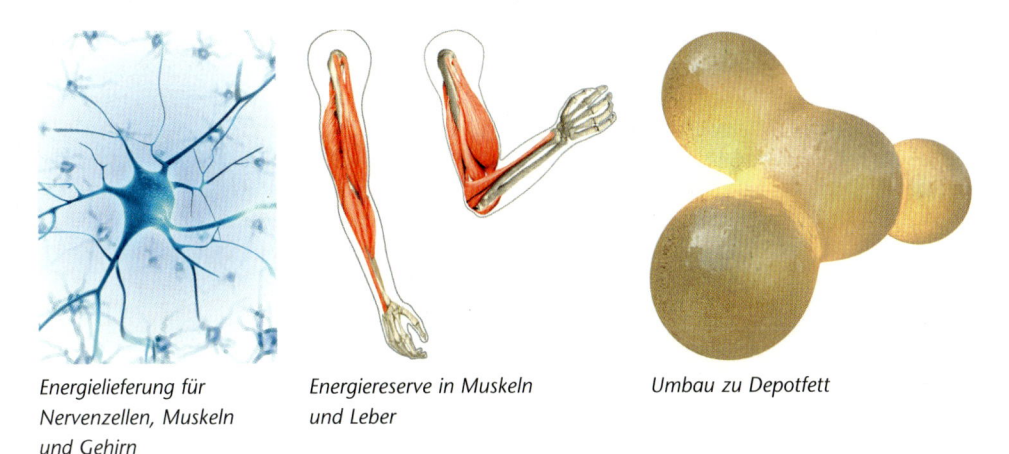

Energiereserve in Muskeln und Leber

Umbau zu Depotfett

Kohlenhydratreiche Lebensmittel

Zucker

Als Zucker wird der im Handel erhältliche Rohrzucker und auch der häufiger erhältliche Rübenzucker bezeichnet. Die zuckerhaltigen Rüben wachsen auch in Deutschland und müssen daher nicht importiert zu werden.
Durch Raffinieren (Reinigung) entstehen weiße Zuckerkristalle. Zucker ist in verschiedenen Formen zu finden, z.B. als Raffinade (Rieselzucker fein oder grob), Würfel-, Kandis- und Puderzucker, aber auch als Brotaufstrich (Rübensirup). Er wird durch seine Eigenschaften sehr vielfältig in der Küche eingesetzt. Man verwendet ihn zum Süßen von Speisen und Getränken oder zur Geschmacksbetonung pikanter Speisen wird eine Prise Zucker hinzugegeben. Durch Erhitzen über 100 °C kann Karamell und Zuckercouleur hergestellt werden.

Zuckerrohr

Zuckerrübe

Merksatz
Zucker löst sich schneller auf, wenn Getränke oder Speisen noch heiß sind. Säuerliche Speisen sollten jedoch erst gezuckert werden, wenn sie gekocht sind.

Zur Verzierung von Kuchen, Torten und Gebäck wird Zucker in Glasuren verwendet als Zuckerschrift, Zuckerfiguren oder zum Bestreuen. Eine weitere Eigenschaft des Zuckers ist die Hygroskopie, d. h., er kann freies Wasser binden und ist daher als Konservierungsmittel geeignet. Konfitüren, Marmeladen und Gelees sind deshalb länger haltbar.

Zucker sollte vor allem als Würzmittel betrachtet werden, da ein übermäßiger Genuss zu Übergewicht führen kann. Außerdem fördert er die Kariesbildung an den Zähnen, weil die im Mund vorhandenen Milchsäurebakterien den Zucker in Säuren zerlegen können, die den Zahnschmelz angreifen bzw. entkalken und Löcher in den Zähnen entstehen lassen.

Informationen
Seit dem Jahr 2011 sind in der EU als Lebensmittelzusatzstoff Stevia und Steviaprodukte zugelassen und somit erhältlich. Es wird aus dem sogenannten Honigkraut gewonnen, einer Pflanze aus Südamerika. Sie hat eine enorme Süßkraft und soll unglaubliche 300-mal süßer sein als Zucker, hat aber kaum bzw. keine Kilojoule (Kilokalorien).

Entsprechend des Ernährungskreises bzw. der Ernährungspyramide sollen kohlenhydrathaltige Lebensmittel, die vor allem Vielfachzucker wie Stärke enthalten, als Grundlage der Sättigung dienen. Diese Lebensmittel enthalten auch sehr viele Ballaststoffe (vgl. Teil 2, Kap. 1.1, S. 103). Die wichtigsten werden im Folgenden vorgestellt.

Getreide
Die in der EU am meisten verwendeten Getreide sind Weizen, Roggen, Hafer, Gerste, Reis und Mais.

Weizen   *Roggen*   *Gerste*

Bedeutung der Ernährung – Was unseren Körper gesund hält

Hafer   *Reis*   *Mais*

- Weizen und Roggen werden vor allem verarbeitet zu Brot, Brötchen und anderen Backwaren, aber auch zu Nudeln.
- Hafer wird zu Haferflocken ausgewalzt und ist Bestandteil von Müsli oder wird zum Backen verwendet. Gerste wird zum Bierbrauen verwendet, aber auch zur Herstellung von Grütze und Graupen.
- Reis stammt ursprünglich aus Asien. Er wird vorwiegend als Beilage für warme Speisen verwendet oder als Hauptspeise wie Milchreis und Risotto. Man kann Reis in Langkorn- und Rundkornreis unterscheiden. Im Handel wird er lose verpackt oder im Kochbeutel angeboten. Es gibt außerdem Sorten wie Duft-, Basmati- oder Thaireis. Diese werden vor allem für asiatische Gerichte als Beilage verwendet. Man sollte sich an die Zubereitungsangaben, wie Wassermenge und Garzeit, der Verpackungen halten, sonst erhält man die verschiedenen Reissorten nicht in der richtigen Konsistenz.
- Mais kann man roh im Salat verwenden. Er ist aber auch eine Hauptzutat in der mexikanischen Küche. Als Süßigkeit wird Mais zu Popcorn verarbeitet. Gebackenes aus Maismehl wird schneller altbacken als andere Produkte.

Typisches Gebäck aus Mais sind Tortillas aus der mexikanischen Küche.

Der größte Teil eines Getreidekorns ist der Mehlkörper, der das Kohlenhydrat „Stärke" enthält. Alle anderen Bestandteile enthalten wichtige Vitamine, Mineralstoffe, Eiweißstoffe und Ballaststoffe.

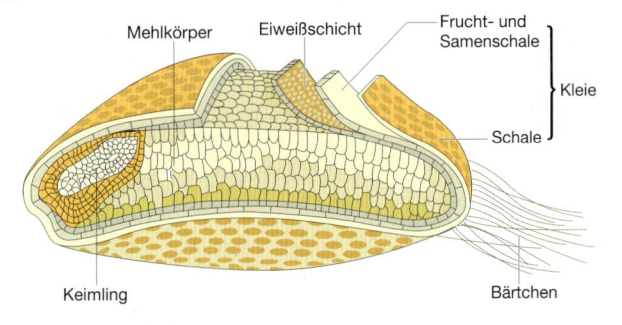

Wird das ganze Korn mit allen seinen Teilen vermahlen, dann bleiben diese wichtigsten Nährstoffe im Mehl erhalten. Sie werden Vollkornmehle genannt. Diese Mehle und Vollkornprodukte sind besser für eine gesunde Ernährung geeignet als Auszugsmehle (Weißmehle), bei denen nur der Mehlkörper vermahlen wurde. Allerdings sind Weißmehle für die Herstellung von Feingebäck günstiger.

D *Definition*
Der Anteil an Mineralstoffen wird auf der Verpackung mit der Typenzahl angegeben. Sie besagt, wie viel mg Mineralstoffe in 100 g Mehl enthalten sind.

A *Aufgabe*
In Rezepten zum Brot backen werden verschiedene Mehle benötigt.
Welche Informationen enthalten folgende Angaben auf der Verpackung?

- *Weizenmehl, Type 405*
- *Dinkelmehl, Type 1050*
- *Weizenmehl, Type 550*
- *Roggenmehl, Type 1370*

Kartoffeln

Die Kartoffelknolle wird in Europa als Speise seit 300 Jahren verwendet. Hauptsächlich dienen Kartoffeln als Sättigungsbeilage. Nach ihren Eigenschaften beim Kochen werden sie in drei Gruppen, den sogenannten Kochtypen, eingeteilt. Bei der Zubereitung verschiedener Kartoffelgerichte sollten die Kochtypen berücksichtigt werden. Im Handel steht die Bezeichnung des Kochtyps auf der Verpackung.

Bezeichnung	Kocheigenschaften	Geeignete Verwendung
festkochend	sind feinkörnig, weniger stärkehaltig, fest, bleiben feucht, platzen nicht auf	Pell-, Salz-, Bratkartoffeln, Kartoffelsalat
vorwiegend festkochend	sind feinkörnig, stärkehaltiger, nach dem Kochen mäßig feucht, platzen etwas auf	Pell-, Salz-, Bratkartoffeln, Rösti
mehlig-kochend	sind grobkörnig, sehr stärkehaltig, nach dem Kochen trocken, platzen meist stark auf	Kartoffelpüree, -suppen, -eintöpfe, -puffer, -gratins, -klöße, Pommes frites

Bedeutung der Ernährung – Was unseren Körper gesund hält

Pellkartoffeln ist die Speise, die am energie- und fettärmsten ist, aber reich an Kohlenhydraten, Vitaminen, Mineralstoffen und – im Gegensatz zu allen frittierten und gebratenen Varianten – am leichtesten verdaulich. Kartoffeln sollten nicht roh gegessen werden, da sie erst nach dem Kochen verdaulicher sind.

1.2.2 Fette

Fette bestehen ebenso wie Kohlenhydrate aus den Grundelementen Kohlenstoff (C), Wasserstoff (H) und Sauerstoff (O). Ein Fettmolekül entsteht aus der Reaktion eines Moleküls Glycerin mit drei Molekülen Fettsäure. Der Gehalt an Fettsäuren bestimmt die Eigenschaft eines Fettes. Die Fettsäuren können eine lange oder kurze Molekülkette bilden. Ungesättigte Fettsäuren können noch andere wichtige Atome aufnehmen, gesättigte dagegen nicht. Einige Fettsäuren, wie die Linolsäure, Omega-3- und Omega-6-Fettsäuren, sind essenziell, da sie vom menschlichen Körper nicht selbst hergestellt werden können, sondern nur über die Nahrung aufgenommen werden. Fette erfüllen die gleiche Hauptaufgabe wie Kohlenhydrate, sind also Brennstoffe im Körper, weil sie Energie liefern. Gegenüber den Kohlenhydraten haben die Fette einen noch höheren Energiewert. Zum Vergleich:

Informationen
1 g Kohlenhydrate = 17 kJ
1 g Fett = 39 kJ

Fette sind außerdem Trägersubstanzen für die Vitamine A, D, E, K und das Provitamin Karotin. Diese Vitamine werden deshalb als fettlöslich bezeichnet, da die Nährstoffaufnahme dieser Vitamine im Darm nur mithilfe von Fett möglich ist. Als Depotfett wird gespeichertes Fett bezeichnet. Es dient so als Schutz vor Kälte, als Polster gegen Stöße und als Schutz für die beweglichen Organe. Die in den Fetten enthaltenen verschiedenen ungesättigten Fettsäuren können den Blutfettspiegel senken und der Bildung von Blutgerinnseln entgegenwirken, aber auch die Blutgefäße elastisch halten. Da Fette gute Geschmacksträger sind, werden sie oft reichlich in stark verarbeiteten, industriell hergestellten Lebensmitteln verwendet. Für die Aufnahme von Fett gilt jedoch ebenfalls, dass zu große Mengen zu Übergewicht führen.

Fetthaltige Lebensmittel

Fette können nach drei Gesichtspunkten unterschieden und wie folgt eingeteilt werden:

- Nach der **Herkunft** in pflanzliche oder tierische Fette (z. B. Rapsöl und Schmalz)
- Nach der **Beschaffenheit** in flüssige, halbfeste oder feste Fette (z. B. Öle, Margarine, Kokosfett)
- Nach der **Sichtbarkeit** in sichtbare oder versteckte Fette (z. B. Speck und Schokolade)

A *Aufgabe*
Bestimmen Sie die Fette in den abgebildeten Lebensmitteln nach Herkunft, Beschaffenheit und Sichtbarkeit.

Bild 1   Bild 2   Bild 3

Bild 4   Bild 5   Bild 6

Die am häufigsten verwendeten Fette in der Küche sind Öle, Butter und Margarine.

Öle
Öle werden vor allem aus fettreichen Samen, zum Teil auch aus fettreichen Pflanzenteilen (z. B. dem Fruchtfleisch der Oliven) gewonnen. Die Samen werden zunächst gebrochen und dann gemahlen. Danach werden sie kalt gepresst, sodass das Öl herausfließt. Beim Extraktionsverfahren, bei dem die Ölgewinnung größer ist, wird das Mahlgut auf ca. 70 °C bis 80 °C erwärmt und das Fett mithilfe von Lösungsmitteln (z. B. Leichtbenzin) herausgelöst. Häufig werden die Öle noch raffiniert, d. h. gereinigt, sodass sie klar aussehen.
Die Frucht des Ölbaumes, die Olive, ist seit dem Altertum die bekannteste Frucht zur Ölgewinnung. Sie gedeiht nur im Mittelmeerraum und wurde einst als „flüssiges Gold" bezeichnet, da das Öl vielfältigste Anwendung findet. Die meisten einheimischen Öle werden aus den Samen von Sonnenblumen, Raps, Flachs (Leinöl) und Mais (Maiskeimöl) gewonnen. Aber auch aus vielen Nusssorten, Kürbiskernen und Hülsenfrüchten (z. B. Soja, Erdnüsse) lassen sich Öle pressen. Diese Öle sind ebenso wie die kalt gepressten Öle zwar meist teurer, der Geschmack ist allerdings häufig viel aromatischer.

Bedeutung der Ernährung – Was unseren Körper gesund hält

Beispiele für wichtige Öllieferanten

Olive   Raps   Leinsamen   Kürbiskerne   Sojabohnen

Für die Ernährung sind Öle wegen ihres Gehaltes an ungesättigten Fettsäuren von Bedeutung. Trotzdem sollten Öle bei der Speisenzubereitung wie alle anderen Fette sparsam verwendet werden, da sie einen hohen Energiewert haben.

Butter
Butter ist ein Milchprodukt, das vor allem aus Kuhmilch hergestellt wird. Sie wird aus dem Rahm der Milch gewonnen, der durch Zentrifugieren von der Milch abgetrennt wird. Butter kann je nach Herstellungsverfahren als Sauerrahmbutter (Michsäurebakterien werden dem Rahm zugesetzt), Süßrahmbutter (enthält keinen Zusatz an Milchsäurebakterien) oder mildgesäuerte Butter (nach der Reifung werden dem Süßrahm Milchsäurebakterien zugesetzt) verkauft werden. Butter ist als Brotaufstrich, aber wegen des Geschmacks auch zur Herstellung warmer Speisen, z. B. beim Dünsten von Gemüse, geeignet. Sie wird abgepackt, meist mit dem Gewicht von 250 g, verkauft.

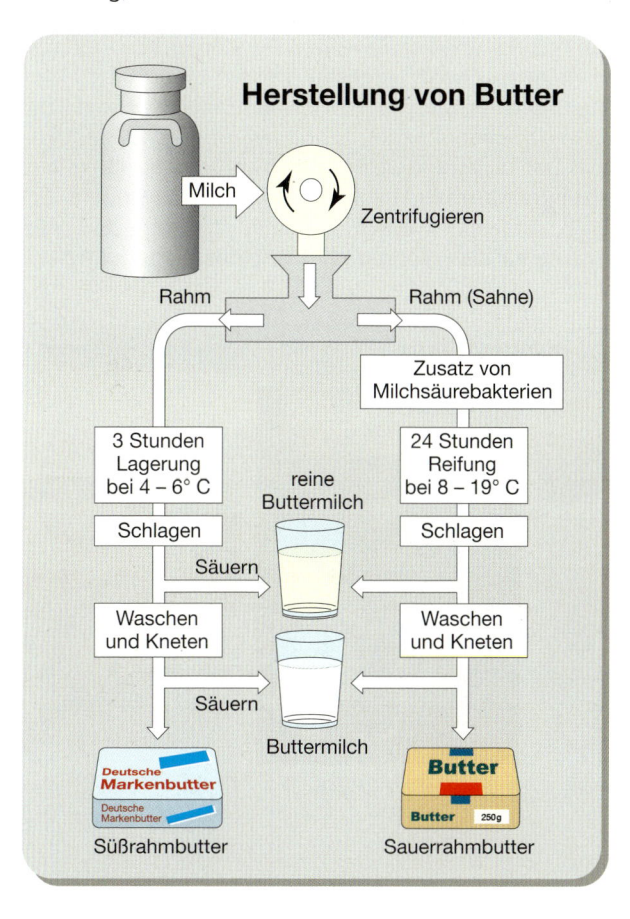

Herstellung von Butter

Milch → Zentrifugieren → Rahm / Rahm (Sahne)

Rahm (Sahne) → Zusatz von Milchsäurebakterien

- Rahm: 3 Stunden Lagerung bei 4 – 6° C → Schlagen → Säuern → reine Buttermilch → Waschen und Kneten → Säuern → Buttermilch → **Süßrahmbutter** (Deutsche Markenbutter)
- Rahm (Sahne) mit Milchsäurebakterien: 24 Stunden Reifung bei 8 – 19° C → Schlagen → reine Buttermilch → Waschen und Kneten → Buttermilch → **Sauerrahmbutter** (Butter 250g)

> **A Aufgabe**
> *Erläutern Sie anhand der Abbildung die Herstellung von Butter.*

Margarine
Margarine ist eine Wasser-Fett-Emulsion. Das Fett besteht meist aus pflanzlichen Ölen und gehärteten Fetten. Weitere Inhaltsstoffe sind Wasser, Salz, Milch und der Zusatz der Vitamine A, D, E, Carotin sowie Lezithin, die als Emulgatoren dienen, sodass sich Fette und Wasser vermischen können. Bei der Herstellung wird durch Kneten und Kühlen eine butterähnliche Masse erzeugt. Margarine eignet sich vor allem zum Braten und Backen, aber auch als Brotaufstrich.

> **M Merksatz**
> *Halbfettbutter und Halbfettmargarine haben einen geringeren Fettanteil, dafür aber einen hohen Wasseranteil, daher sind sie weder zum Braten und Kochen noch zum Backen geeignet.*

1.2.3 Eiweiße

Eiweiße bestehen wie Kohlenhydrate und Fette aus den Elementen Kohlenstoff (C), Wasserstoff (H) und Sauerstoff (O). Zusätzlich enthalten sie Stickstoff (N), manchmal auch Schwefel (S) und Phosphat (P). Zwanzig verschiedene Aminosäuren sind die Grundbausteine der Eiweiße. Aus dieser Anzahl der Aminosäuren ergeben sich unzählige verschiedene Möglichkeiten für die Zusammensetzung von Eiweißen. Der Körper benötigt acht essenzielle Aminosäuren, damit körpereigenes Eiweiß aufgebaut werden kann. Es gibt kaum ein Lebensmittel, das diese acht Aminosäuren vollständig in sich trägt. Daher ist es notwendig, dass pflanzliche und tierische Eiweiße gemeinsam gegessen werden, um die Vollständigkeit der acht Aminosäuren zu erreichen. Das tierische Eiweiß ist hochwertiger, da die essenziellen Aminosäuren in recht ähnlicher Menge wie im menschlichen Körper enthalten sind. Es kann dadurch mehr körpereigenes Eiweiß aufgebaut werden als durch pflanzliche Eiweißlieferanten. Dennoch sind pflanzliche Eiweiße für die Ernährung unverzichtbar.

Beispiel
Beispiele für sich gut ergänzende tierische und pflanzliche Eiweißlieferanten (vgl. auch S. 121).

Pellkartoffeln und Quark    *Bohnentopf mit Rindfleisch*    *Fischfilet mit Kartoffelbrei*

Bedeutung der Ernährung – Was unseren Körper gesund hält

> **Aufgabe**
> Finden Sie selbst passende Beispiele für Gerichte, die essenzielle tierische und pflanzliche Eiweiße beinhalten. Stellen Sie diese in der Klasse vor.

Eiweiße dienen dem menschlichen Körper vor allem als Baustoff für Muskel-, Knochen- und Blutzellen. Außerdem sind sie an vielen weiteren Vorgängen im Körper beteiligt, so z. B. beim Sauerstofftransport in die Körperzellen, bei der Regelung des Hormonhaushaltes oder beim Aufbau der Gene. So vielfältig wie Ihre Zusammensetzungsmöglichkeiten sind, so vielfältig sind auch die Aufgaben während verschiedener Körpervorgänge. Fleisch, Geflügel, Eier, Milch, Milchprodukte und Fisch sind gute Eiweißlieferanten. Pflanzliche Eiweiße finden sich vor allem in Hülsenfrüchten, Kartoffeln und Getreide und deren Produkte.

Tierische Eiweißlieferanten

Fleisch

Fleisch ist das Muskelfleisch von Tieren. Am meisten verwendet werden Rind-, Kalb- und Schweinefleisch. Rindfleisch erkennt man an der dunkelroten Färbung. Es ist grobgefasert und das Fett sieht gelblich aus. Kalbfleisch dagegen ist rosa und feingefasert. Schweinefleisch sieht rosa oder hellrot aus und ist mit weißem Fett durchzogen.

Rindfleisch   *Kalbfleisch*   *Schweinefleisch*

Fleisch kann gebraten, gekocht, geschmort, gegrillt, gepökelt oder geräuchert werden. Dazu eignen sich aber jeweils nur bestimmte Fleischstücke. Einige Beispiele sind in folgender Tabelle aufgeführt:

Garverfahren	Rind	Schwein
Braten	Filet, Roastbeef, Oberschale	Filet, Kotelett, Nacken
Kochen	Flachrippen, Mittelbrust, Beinscheiben	Hüfte, Eisbein, Bauchfleisch
Schmoren	Oberschale, Schwanzstück, Nacken	Nacken, Oberschale, Dicke Rippe
Grillen	Filet, Rumpsteak, Hohe Rippe	Kotelett, Nacken, Eisbein

Fleisch von frei lebenden Tieren, die in der Regel durch die Jagd erlegt werden, wird Wildfleisch oder Wildbret genannt. Einheimisches Wildfleisch stammt meist vom Hirsch, Reh und Wildschwein. Es ist besonders fettarm. Fleisch wird auch vom Schaf/Lamm, Ziege, Pferd, Kaninchen, Hasen und sogar vom Känguru im Handel angeboten.

Wurstwaren

Wurstwaren enthalten zum Teil Fleisch, andererseits werden auch Innereien oder Blut (für Blutwurst) zur Herstellung verwendet. Meistens haben sie einen hohen Fettgehalt. Man sollte sie nur in Maßen verzehren und dabei fettarme Sorten bevorzugen.

Bezeichnung	Beispiele	Herstellungsprozess	Hinweise
Brühwürste	Bockwurst, Wiener Würstchen, Jagdwurst	Nach dem Vermischen der Zutaten werden die Würste bei etwa 70 °C gebrüht.	nur kurze Haltbarkeitsdauer, kühl lagern, Würste müssen schnell verbraucht werden
Kochwürste	Blutwurst, Leberwurst, Grützwurst	Der größte Teil der Zutaten wird vor der Wurstherstellung gegart, danach nochmals erhitzt und im Anschluss eventuell geräuchert.	kühl lagern und alsbald verbrauchen
Dauerwürste/ Rohwürste	Salami, Landjäger, Mettwurst	Die Zutaten werden vermischt und die Wurst wird haltbar gemacht durch Räuchern, Lufttrocknen oder die Verwendung von Milchsäurebakterien; muss nach der Herstellung meist noch reifen.	auch ohne Kühlung lange haltbar

Geflügel

Geflügel kann in Haus- und Wildgeflügel unterschieden werden. Zu dem am häufigsten verwendeten Hausgeflügel zählen Huhn, Pute, Ente und Gans. Huhn und Pute sind sehr eiweißhaltig und fettarm. Gans und Ente sind wesentlich fetthaltiger. Jedoch enthält das Gänsefett auch wichtige Vitamine und Fettsäuren, die wichtig für eine gesunde Ernährung sind. Zum Wildgeflügel zählen u. a. die einheimische Wachtel, das Rebhuhn und der Fasan. Heute können diese Arten auch auf Geflügelfarmen gezüchtet werden, ebenso die exotischen Strauße.

Wachtel   *Rebhuhn*   *Fasan*

Bedeutung der Ernährung – Was unseren Körper gesund hält

Bei der Verarbeitung ist die Einhaltung der Hygienevorschriften für den Umgang mit Geflügelfleisch besonders wichtig:

Hinweise zur Verarbeitung von Geflügel

- TK-Geflügel im Kühlschrank auftauen lassen.
- Geflügel nach dem Auftauen nicht wieder einfrieren.
- Auftauflüssigkeit weggießen.
- Umverpackung sofort entsorgen.
- Geflügel vollständig durchgaren.
- Arbeitsplatz, Arbeitsmittel und Geräte gründlich reinigen, möglichst desinfizieren.

TIPP

Diese Maßnahmen sind notwendig, um keine Salmonellenvergiftung zu verursachen. Dies gilt ebenso für die Verarbeitung von rohen Eiern in der Küche, aber auch für Frischfisch und Fleisch, besonders Hackfleisch (vgl. Teil 1, Kap. 1.2, S. 11).

Informationen
Salmonellen können durch verunreinigte Lebensmittel in den Körper gelangen und sich dort stark vermehren. Eine Erkrankung mit diesen Mikroorganismen ruft heftige Durchfälle, Erbrechen, Übelkeit sowie Fieber, Kopf- und Gliederschmerzen hervor. Die Dauer der Erkrankung kann bis zu acht Tage betragen. Besonders gefährdet sind Kinder, Erkrankte und ältere Personen, bei denen die Erkrankung im schlimmsten Fall zum Tod führen kann.

Eier
Eier enthalten neben Eiweiß auch Fett und vor allem wichtige Mineralstoffe und Vitamine. Sie werden im Handel aus Boden-, Freilandhaltung oder ökologischer Haltung (d.h. biologischer Haltung) angeboten. Erkennbar ist dies am Stempel, den jedes Ei der Güteklasse A tragen muss. Dieser Erzeugercode informiert über das Herkunftsland, das Bundesland und die Betriebsnummer des Legebetriebes. Sind die Eier verpackt, muss zusätzlich die Gewichtsklasse, das Mindesthaltbarkeitsdatum, die nötigen Lagerbedingungen, die Packstelle und die Anzahl der Eier angegeben werden.

Haltungsform	
0 =	Ökologische Erzeugung
1 =	Freilandhaltung
2 =	Bodenhanung
3 =	Käfighaltung

Herkunftsland	
AT =	Österreich
BE =	Belgien
DE =	Deutschland
IT =	Italien
NL =	Niederlande
ES =	Spanien

Betriebsnummer

Stallnummer

1-DE-02234572

Bundesland	
01 =	Schleswig-Holstein
02 =	Hamburg
03 =	Niedersachsen
04 =	Bremen
05 =	Nordrhein-Westf.
06 =	Hessen
07 =	Rheinland-Pfalz
08 =	Baden-Württemberg
09 =	Bayem
10 =	Saarland
11 =	Berlin
12 =	Brandenburg
13 =	Meckenburg-Vorp.
14 =	Sachsen
15 =	Sachsen-Anhalt
16 =	Thüringen

Quelle: BMELV

Frische Eier kann man z. B. mit der Schwimmprobe von alten Eiern unterscheiden. Das frische Ei sinkt im Wasserglas auf den Boden, da die Luftblase noch klein ist. Ältere Eier sinken nicht herab, da sich die Luftblase durch die Verdunstung von Flüssigkeit im Laufe der Zeit vergrößert hat. So hebt ein ca. drei Wochen altes Ei das flache Ende und ein Ei, das älter als fünf Wochen ist, schwimmt an der Wasseroberfläche.

Frische Eier erkennt man beim Aufschlagen daran, dass das Eiweiß geleeartig über dem hochgewölbten Eidotter steht. Bei älteren Eiern fließt das Eiklar wässrig auseinander.

M *Merksatz*
Lagert man Eier im Kühlschrank mit der Spitze nach unten, können sie länger frischhalten.

Gekochte Eier kann man bis zu einer Woche im Kühlschrank lagern. Eier können sehr vielseitig in der Küche verwendet werden. Für ein weich gekochtes Frühstücksei und für alle Gerichte, die rohe Eier enthalten, nimmt man nur ganz frische Eier, denn je älter Eier sind, desto größer ist die Möglichkeit, dass sie salmonellenbelastet sind. In der Gemeinschaftsverpflegung sollten deshalb generell keine Eierspeisen mit rohen Eiern angeboten werden.
Eiweiß oder Eiklar verwendet man insbesondere zum Backen. Geschlagenes Eiweiß, der Eischnee, dient zum Lockern vor allem bei Teigmassen.

TIPP *Hinweise zur Herstellung von Eischnee*
- *Eiweiß sauber vom Eigelb trennen, sonst lässt sich kein Eischnee schlagen.*
- *Die Gefäße und Geräte müssen sauber sein, sonst wird die Masse nicht fest.*
- *Eischnee sofort weiterverwenden, sonst verflüssigt sich das Eiweiß wieder.*
- *Eischnee vorsichtig unterheben.*

A *Aufgabe*
Üben Sie das Trennen von Eiern. Beachten Sie dabei, dass jedes Ei einzeln in ein Gefäß aufgeschlagen wird. So schließt man aus, dass ein schlechtes Ei mit den anderen in Berührung kommt.

Eigelb kann Soßen und Suppen verfeinern. Gibt man das Ei in die kochende Flüssigkeit, so flockt es aus (z. B. Eierflockensuppe). Beim Legieren (Sämigmachen) wird nur das Eigelb vorsichtig mit heißer Flüssigkeit verrührt und in die heiße Suppe oder Soße gegeben, ohne dass diese noch einmal aufkocht. Bepinselt man Gebäck vor dem Backen mit Eigelb, erhält es danach eine schöne, bräunlich glänzende Oberfläche.
Hartgekochte Eier lassen sich für Salate, Brotaufstriche oder als Garnitur für kalte Platten verwenden. Hackbraten kann man ebenfalls mit gekochten Eiern füllen. Neben der vielseitigen Verwendung von Eiern, liegt einer ihrer Vorteile auch darin, dass sie sehr schnell, also zeitsparend, zubereitet werden können und kostengünstig sind.

Bedeutung der Ernährung – Was unseren Körper gesund hält

Merksatz
Der Verzehr von Eiern sollte drei Stück pro Woche nicht überschreiten. Menschen, bei denen zu hohe Blutfettwerte festgestellt wurden, sollten den Eierkonsum auf ein, höchstens zwei Stück pro Woche beschränken. Das in den Eiern enthaltene Cholesterin und Fett kann sich in den Blutgefäßen ablagern und erheblich zur Arterienverkalkung beitragen.

Milch und Milchprodukte

Milch und Milchprodukte werden meist aus Kuhmilch gewonnen, aber auch Schafs- oder Ziegenmilch und daraus hergestellte Lebensmittel findet man im Handel. Milch und Milchprodukte enthalten nicht nur Eiweiß, sondern sind auch die bedeutendsten Calciumlieferanten für den menschlichen Körper. Im Handel werden Vorzugsmilch (eine filtrierte und verpackte Rohmilch), Frischmilch und H-Milch angeboten. Rohmilch ist meist nur vom Bauernhof direkt erhältlich und muss innerhalb von vier Tagen verbraucht werden.

Das Haltbarmachen von Milch und Milchprodukten geschieht mittels Wärmebehandlung: Pasteurisieren, Ultrahocherhitzen oder Sterilisieren. Sie können so über Tage, Wochen und Monate haltbar gemacht werden. Frischmilch wird beispielsweise pasteurisiert und ist ungeöffnet bis zu zehn Tage haltbar. H-Milch wird ultrahocherhitzt und homogenisiert und ist ungeöffnet bis zu acht Wochen haltbar. Das Homogenisieren verhindert das „Aufrahmen" von Milch, da die Fetttröpfchen unter hohem Druck zerkleinert und gleichmäßig in der Milch verteilt werden. Es setzt sich kein Rahm (Milchfett) mehr an der Oberfläche ab.

Milch wird außerdem in Fettgehaltsstufen angeboten:

- Vollmilch (3,5 % bis 3,8 % Fett)
- Fettarme Milch (1,5 % bis 1,8 % Fett)
- Entrahmte Milch (0,1 % bis 0,5 % Fett)

Wichtige Milchprodukte sind Käse, Joghurt, Sahne, Buttermilch, Sauermilchprodukte und Kefir. Für Menschen mit einer Laktoseunverträglichkeit (Laktose = Milchzucker) können diese milchverarbeiteten Produkte verträglicher sein. Vor allem langgereifte Käsesorten enthalten weniger Laktose.

Informationen
Käse wird in vielen verschiedenen Sorten von Frischkäse, Weichkäse, über Sauermilchkäse bis Schnittkäse und Hartkäse angeboten. Für eine ausgewogene Ernährung sollte man den Fettgehalt beachten. Dieser bezieht sich auf den Anteil an Fett in der Trockenmasse eines Käses, d. h., wenn dem Käse jegliches Wasser entzogen wäre. Er wird in Prozenten angegeben. Da die Trockenmasse bei Schnitt- und Hartkäse höher ist als bei Frischkäse, sind diese Sorten immer fettiger als die gleiche Menge Frischkäse.

Beispiel
Angabe auf der Packung: 45 % Fett in Trockenmasse bedeutet

- *bei Schnittkäse 25 g Fett auf 100 g,*
- *bei Frischkäse nur 12 g Fett auf 100 g.*

Fisch

Fisch liefert neben hochwertigem Eiweiß auch Vitamin B und Mineralstoffe. Einer der wichtigsten ist das Jod, welches in Seefischen vorkommt. Jod ist überaus wichtig für die Schilddrüse, da dort Hormone gebildet werden, die an sehr vielen Körperfunktionen teilnehmen.

Informationen

I *Die Schilddrüse befindet sich im Hals. Bei Mangel an Jod kann sich die Schilddrüse vergrößern und durch einen Kropf am Hals sichtbar werden, außerdem können u. a. Kreislauf-, Haut- oder Gewichtsprobleme auftreten.*

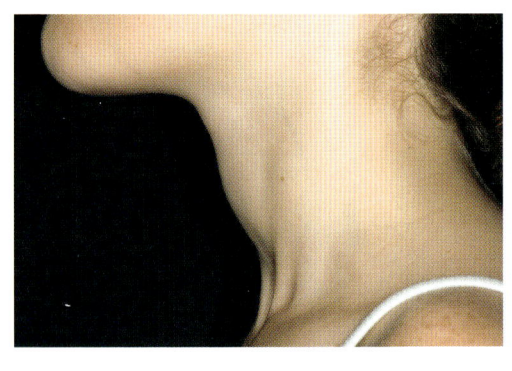

Das Fett von Fischen ist wertvoll, weil es mehrfach ungesättigte Fettsäuren enthält. Die bekanntesten sind die Omega-3-Fettsäuren. Diese wirken positiv auf die Blutgefäße und können Herzerkrankungen vorbeugen. Wegen der genannten Vorteile sollte Fisch mindestens zweimal pro Woche auf dem Speiseplan stehen. Er ist außerdem wesentlich leichter verdaulich als Fleisch. Fische werden nach ihrer Herkunft und dem Fettgehalt unterschieden.

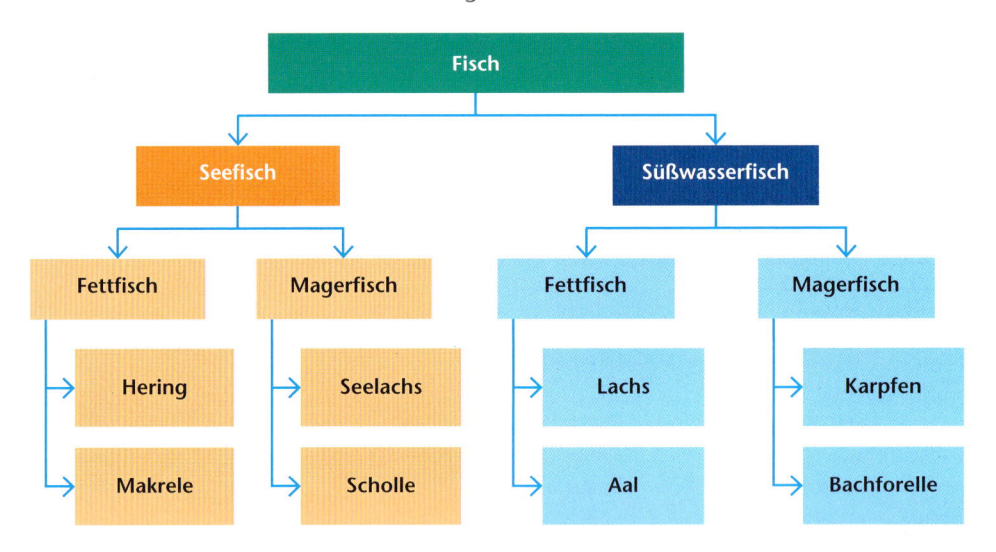

```
                          Fisch
                 ┌──────────┴──────────┐
              Seefisch             Süßwasserfisch
             ┌────┴────┐            ┌────┴────┐
         Fettfisch  Magerfisch   Fettfisch  Magerfisch
            │          │            │          │
          Hering    Seelachs       Lachs     Karpfen
            │          │            │          │
         Makrele    Scholle         Aal     Bachforelle
```

A *Aufgabe*
Suchen Sie Abbildungen der oben genannten Fische sowie Gerichte, die aus ihnen zubereitet werden. Erstellen Sie mithilfe eines Präsentationsprogramms eine Übersicht, die Sie in der Klasse vorstellen. Lassen Sie die Fische nach Herkunft und Fettgehalt einordnen. Stellen Sie weitere Fische vor, die im Handel angeboten werden.

Geeignete Garverfahren für Fisch sind Dünsten, Braten und Grillen, außerdem kann er geräuchert werden. Am besten ist es, frischen Fisch zu verwenden. Diesen erkennt man an folgenden Merkmalen:

- Keine Druckstellen
- Klare Augen
- Rote Kiemen
- Eine straffe Haut
- Kein starker Fischgeruch

Bedeutung der Ernährung – Was unseren Körper gesund hält

Fisch wird vor der Zubereitung nach der **3-S-Regel** behandelt:

Säubern	kurz unter kaltem, fließendem Wasser säubern; eventuell vorher entschuppen und ausnehmen
Säuern	mit Zitronensaft oder Essig säuern; ca. 10 min einwirken lassen
Salzen	erst kurz vor dem Garen salzen

Aufgabe
Lassen Sie sich von einem Koch zeigen, wie Fisch ausgenommen und filetiert wird.

Merksatz
Alle wirbellosen Meerestiere – genannt Meeresfrüchte – haben auch einen hohen Eiweißgehalt. Es lassen sich schmackhafte, meist mediterrane Gerichte herstellen. Jedoch reagieren manche Menschen allergisch auf Meeresfrüchte.

Pflanzliche Eiweißlieferanten

Wertvolle pflanzliche Eiweißlieferanten sind alle Hülsenfrüchte, aber auch Getreide und Kartoffeln und deren Produkte. Sie ergänzen tierische Eiweiße ausgezeichnet. In der Küche werden von Hülsenfrüchten vor allem Bohnen, Erbsen und Linsen verwendet. Aus Sojabohnen wird Tofu hergestellt, der als Fleischersatz für die vegetarische Ernährung verwendet wird. Erdnüsse zählen auch zu den Hülsenfrüchten, sind aber sehr reich an Fett.

1.2.4 Wasser

Wasser ist eine Verbindung aus zwei Elementen Wasserstoff (H) und einem Element Sauerstoff (O), daher wird es chemisch als H_2O bezeichnet. Wasser bedeckt drei Viertel der Erdoberfläche und befindet sich in einem ewigen Kreislauf von Verdunstung, Wolkenbildung, Niederschlag, Versickerung, bevor es erneut an die Oberfläche tritt und wieder verdunstet. Für die Ernährung muss es zu Trinkwasser aufbereitet werden. Das ist oft sehr aufwendig und erklärt, warum die Preise für Wasser immer wieder steigen.
Wasser erfüllt vier Aufgaben im Körper. Als Baustoff erhält es die Zellen in einem Quellzustand, außerdem ist es Bestandteil der Blut- und Lymphflüssigkeit. Das Wasser sorgt als Lösungsmittel dafür, dass die Nährstoffe im Dünndarm gelöst sind und so durch die Darmwand ins Blut und die Lymphe gelangen können. Nährstoffe und Sauerstoff müssen in die Zellen transportiert werden, aber auch Stoffwechselendprodukte müssen zu den Ausscheidungsorganen gelangen. Dies geschieht mittels Körperflüssigkeiten, d. h. Wasser ist auch ein Transportmittel. Beim Schwitzen gelangt Wasser durch die Schweißdrüsen auf die Haut und verdunstet dort. Die Haut kühlt durch diesen Vorgang ab, überflüssige Wärme entweicht und der Körper überhitzt nicht. Das Wasser dient somit auch als Wärmeregulierer.

Der menschliche Körper besteht zu ca. 65 % aus Wasser. Deshalb braucht er Wasser als:

- Baustoff
- Lösungsmittel
- Transportmittel
- Wärmeregulierer

Täglich sollte ein erwachsener Mensch ca. 2,5 l Flüssigkeit zu sich nehmen, da er etwa die gleiche Menge durch Schwitzen, Atmen, Harn und Kot wieder ausscheidet. Die Trinkmenge richtet sich bei Kindern nach ihrem Alter.

Referenzwerte für die Nährstoffzufuhr – Wasser

Alter	Richtwert pro Tag
1 bis 4 Jahre	820 ml
4 bis 6 Jahre	940 ml
7 bis 9 Jahre	970 ml
10 bis 12 Jahre	1.170 ml
13 bis 14 Jahre	1.330 ml

Quelle: Auszug aus den Referenzwerttabellen der Deutsche Gesellschaft für Ernährung e. V. (DGE), Österreichische Gesellschaft für Ernährung (ÖGE), Schweizerische Gesellschaft für Ernährungsforschung (SGE), Schweizerische Vereinigung für Ernährung (SVE), abgerufen am 31.03.2013 unter www.dge.de/modules.php?name=Content&pa=showpage&pid=5&page=2.

Man sollte darauf achten, dass Kinder regelmäßig und ausreichend trinken, ebenso bei kranken und älteren Menschen, da das Durstgefühl nachlassen kann. Es bietet sich bei letzteren an, ein Trinkprotokoll zu führen. Die Trinkmenge muss außerdem erhöht werden bei körperlicher Aktivität, bei Hitze und bei Erkrankungen. Wasserreiche Lebensmittel sind in allererster Linie die Getränke. Unter den festen Lebensmitteln haben Obst (z. B. Trauben, Erdbeeren, Apfelsinen) und Gemüse (z. B. Gurken, Tomaten, Melonen) einen hohen Wasseranteil, aber auch Fisch und Fleisch. Beim Garen geht jedoch ein Teil des Wassers verloren. Solche Lebensmittel decken auch einen Teil des Wasserbedarfs. Zum Durstlöschen und am besten für die Gesundheit geeignet sind kalorienarme Erfrischungsgetränke. Dazu zählen alle Mineral-, Tafel- und Quellwasser, aber auch Fruchtschorlen und ungesüßte Früchte- und Kräutertees. Kalorienreiche Getränke haben meist einen hohen Zuckeranteil und können bei übermäßigem Genuss zu Übergewicht führen. Außerdem können sie Ursache für Karies sein. Kaffee, Kakao, Tee und Energydrinks sollten nur als Genussmittel Verwendung finden, ebenso alle alkoholischen Getränke. Nach ihren Inhaltsstoffen können Erfrischungsgetränke wie folgt eingeteilt werden:

Erfrischungsgetränk	Inhaltsstoffe
Mineralwasser	enthält Mineralien, auch mit Kohlensäure möglich
Quellwasser	entstammt direkt aus Quellen
Tafelwasser	Mischung aus Trink-, Mineral- und Quellwasser

Bedeutung der Ernährung – Was unseren Körper gesund hält

Erfrischungsgetränk	Inhaltsstoffe
Saft aus Obst oder Gemüse	wird aus 100 % Direktsaft gewonnen, Gemüsesaft kann Salz und Gewürze enthalten
Nektar	zwischen 25 % und 50 % Fruchtsaft oder Fruchtmark, Wasser und Zucker oder Süßstoffe
Fruchtsaftgetränk	zwischen 6 % und 30 % Fruchtanteil, noch höherer Anteil von Wasser und Zucker oder Süßstoffe
Gemüsetrunk	zwischen 25 % und 40 % Fruchtanteil
Limonade	zwischen 3 % und 15 % Fruchtanteil sowie Süßstoffe, Aromen und Farbstoffe, meist mit Kohlensäure
Brause	Wasser, Zucker, Aromen und Farbstoffe
Light-Getränke	enthalten kaum oder gar keinen Zucker, sondern nur Süßstoffe

Aufgabe
Erstellen Sie eine Übersicht von Getränken mit selbst gewählten Beispielen. Unterscheiden Sie dabei kalorienarme und kalorienreiche Erfrischungsgetränke sowie alkoholfreie und alkoholische Genussmittel.

1.2.5 Vitamine und Mineralstoffe

Vitamine
Vitamine sind organische Verbindungen. Die einzelnen Vitamine wurden von der früheren Wissenschaft mit Buchstaben, teils mit Zahlen benannt. Man unterscheidet fettlösliche und wasserlösliche Vitamine. Die Vitamine A, D, E und K sind fettlöslich und werden nur in Verbindung mit Fett vom Körper aufgenommen, außerdem werden sie dort gespeichert (vgl. S. 111). Zu viele dieser Vitamine können dem Körper ebenso schaden wie ein Vitaminmangel. Die wasserlöslichen Vitamine sind das Vitamin C (Ascorbinsäure), der Vitamin-B-Komplex sowie Biotin, Folsäure, Niacin und Pantothensäure (Vitamin B5). Da wasserlösliche Vitamine nicht gespeichert werden, kann sich nur ein Mangel bemerkbar machen.
Vitamine sind Wirkstoffe und daher an vielen Körpervorgängen, vor allem dem Zellstoffwechsel, beteiligt. Folgende Beispiele zweier Vitamine verdeutlichen die Vielfalt der Wirkungsweise.

Beispiele
- *Vitamin D wird gebraucht, damit der Mineralstoff Calcium in die Knochen gelangen kann.*
- *Vitamin C wird benötigt, damit der Eisenstoffwechsel funktioniert, der Bindegewebsaufbau stattfindet und der Widerstand gegen Infektionen gestärkt wird.*

Die verschiedenen Vitamine können in allen Lebensmitteln vorkommen. Die Ausnahme ist Vitamin C, das nur in pflanzlichen Lebensmitteln zu finden ist. Eine abwechslungsreiche Ernährung kann daher den Bedarf an Vitaminen decken.

> **A Aufgabe**
> Sammeln Sie Bilder von verschiedenen Lebensmitteln. Ermitteln Sie, welche Vitamine am meisten enthalten sind. Erstellen Sie in Gruppenarbeit eine Collage mit diesen Bildern, die zeigt, welche Lebensmittel ein bestimmtes Vitamin enthält.

Mineralstoffe

Mineralstoffe sind anorganischen Ursprungs. Sie werden nach der Menge ihres Vorkommens eingeteilt.

Mengenelemente	Calcium Magnesium Chlorid Natrium Kalium Phosphat
Spurenelemente	Cobalt Kupfer Selen Eisen Mangan Zink Jodid Molybdän

Für den menschlichen Körper sind sie:

- Baustoff, z. B. wirken Calcium und Phosphat beim Aufbau von Knochen mit
- Reglerstoff, z. B. sorgen Kalium und Natrium für die Spannung in den Geweben
- Bestandteile von organischen Verbindungen, z. B. befindet sich Eisen im roten Blutfarbstoff, Jod im Schilddrüsenhormon

Ähnlich den Vitaminen sind die einzelnen Mineralstoffe in den verschiedensten Lebensmitteln zu finden. Durch eine ausgewogene Nahrungsaufnahme wird der Bedarf abgesichert.

> **A Aufgabe**
> Fertigen Sie wie zu den Vitaminen (s. o.) eine Collage zu den Mineralstoffen an.

Vitaminreiche und mineralstoffreiche Lebensmittel

Als wichtige Vertreter dieser Gruppe werden Obst und Gemüse vorgestellt, da die anderen Lebensmittelgruppen, in denen Vitamine und Mineralstoffe enthalten sind, bereits vorgestellt wurden (vgl. S. 107ff)
Obst und Gemüse unterscheiden sich darin, dass als Obst essbare Früchte und Samen bezeichnet werden, die von mehrjährigen Pflanzen stammen. Im Gegensatz dazu werden alle essbaren Pflanzenteile einjähriger Pflanzen – also auch Wurzeln, Blätter usw. – als Gemüse bezeichnet. Ausnahme sind Spargel und Rhabarber, welche mehrjährig wachsen. Handelsübliche Obst- und Gemüsearten können wie folgt eingeteilt werden (Wildobst und -gemüse werden hier außer Acht gelassen).

Obst

Einteilung	Ausgewählte Beispiele
Steinobst	Pflaume, Kirsche, Aprikose, Pfirsich, Nektarine, Mirabelle, Zwetschge
Kernobst	Apfel, Birne, Quitte
Schalenobst	Haselnuss, Walnuss, Paranuss, Mandel, Pistazie, Makadamianuss
Beerenobst	Erdbeere, Brombeere, Johannisbeere, Stachelbeere, Weintraube
Südfrüchte	Banane, Apfelsine, Mandarine, Ananas, Feige, Grapefruit, Zitrone

Gemüse

Einteilung	Ausgewählte Beispiele
Fruchtgemüse	Bohne, Tomate, Gurke, Paprika, Zucchini, Melone, Aubergine, Kürbis
Wurzelgemüse	Möhre, Radieschen, Rettich, Sellerie, Rote Bete, Kohlrübe, Meerrettich
Zwiebelgemüse	Speisezwiebel, Porree, Schnittlauch, Frühlingszwiebel, Knoblauch
Kohlgemüse	Weißkohl, Rotkohl, Blumenkohl, Kohlrabi, Rosenkohl, Brokkoli, Wirsing, Grünkohl
Salat-/Blattgemüse	Kopfsalat, Eisbergsalat, Feldsalat, Chicorée, Spinat, Artischocken, Mangold
Stängelgemüse	Rhabarber, Spargel

Neben dem Vitamin- und Mineralstoffgehalt sind bei Obst und Gemüse auch der Anteil an Ballaststoffen und sekundären Pflanzenstoffen von Bedeutung. Diese können positiv auf den Bluthochdruck, Blutzucker und Cholesterinspiegel wirken und auch das Krebsrisiko senken.

Merksatz
Kräuter sind meist Vitamin-C-haltig. Vor allem frische Kräuter sollten in der Küche daher reichlich verwendet werden (vgl. Kap. 2.2.3, S. 156f).

Obst und Gemüse können roh oder gegart verwendet werden. Geeignete Garverfahren sind Dünsten und Dämpfen. Möglich sind auch Kochen, Grillen, Braten und Frittieren. Beim Braten und Frittieren entstehen allerdings sehr fettreiche und damit kalorienreiche Gerichte.

1.3 Ernährungsmodelle und Ernährungsformen

1.3.1 Ernährungsmodelle

Im Folgenden wird eine Auswahl der gängigsten Modelle für eine ausgewogene Ernährung vorgestellt. Solche Modelle werden von Gesundheitsämtern, verschiedenen Ernährungsgesellschaften, Verbänden und weiteren nationalen und internationalen Institutionen nach neusten wissenschaftlichen Erkenntnissen entwickelt. Grundsätzliches hat sich dabei in der Entwicklung jedoch nicht verändert: Die Ernährungsmodelle dienen der Anschauung. Der

Vorteil liegt darin, einen schnellen Überblick über Lebensmittel und deren Mengenanteil für eine gesunde Nahrungsaufnahme zu erhalten.

Ernährungspyramide

Zweidimensionales Modell

Die Basis der zweidimensionalen Variante der Ernährungspyramide bildet nach aktuellem Stand die Gruppe der Getränke, die vor allem kalorienarm sein sollten, z. B. Mineralwässer, ungesüßte Kräuter- und Früchtetees oder Fruchtschorlen. Laut Empfehlung sollte jeder Erwachsene 1,5 l bis 2,5 l täglich an Flüssigkeiten zu sich nehmen.

Die nächste Stufe der Pyramide umfasst die vitamin- und mineralstoffreichen Nahrungsmittel Obst und Gemüse, die zumeist kalorienarm sind. Fünf Portionen, die jeweils einer Handvoll entsprechen, sollte jeder Mensch im Laufe des Tages zu sich nehmen.

Die aid-Ernährungspyramide

© aid infodienst. Idee: S. Mannhardt, www.aid-ernaehrungspyramide.de

M *Hinweis*
Eine Handvoll Obst und Gemüse bedeutet für jeden Menschen eine individuelle Portionsgröße, egal ob Kinderhand oder die Hand eines Erwachsenen.

Auf der dritten Ebene befinden sich die überwiegend stärkehaltigen und ballaststoffreichen Lebensmittel wie Kartoffeln und Getreide sowie deren Produkte. Diese Nahrungsmittel sind die „Sattmacher", vor allem wenn es Vollkornprodukte sind. Die vierte Stufe enthält tierische Lebensmittel, für die der hohe Gehalt an Eiweiß kennzeichnend ist. Neben Fleisch, Fisch und Ei ordnen sich Milch und Milchprodukte ein. Auf der nächsten Ebene befinden sich die fettreichen Lebensmittel pflanzlicher und tierischer Herkunft. Die Spitze der Ernährungspyramide bildet die Gruppe der Lebensmittel, die durch ihren hohen Gehalt an Zucker und Fett sehr kalorienreich sind, z. B. Süßigkeiten, Torten und Kuchen. Die Spitze nimmt den kleinsten Platz ein, d. h. diese Lebensmittel sollten bei der Nahrungsaufnahme ebenfalls den geringsten Anteil ausmachen, also nur als Genussmittel verzehrt werden. Je größer das Pyramidensegment einer Lebensmittelgruppe ist, desto größer sollte der Anteil dieser Gruppe bei der Ernährung sein.

Dreidimensionales Modell

Die Dreidimensionale Lebensmittelpyramide der DGE teilt die Lebensmittel in die Gruppen:

- Getränke
- Pflanzliche Lebensmittel
- Tierische Lebensmittel
- Öle und Fette

Jeder Gruppe ist eine Seite zugeordnet. Innerhalb jeder Gruppe befinden sich an der Basis die ernährungsphysiologisch jeweils günstigen Nahrungsmittel, während sich die weniger geeigneten an der Spitze befinden.

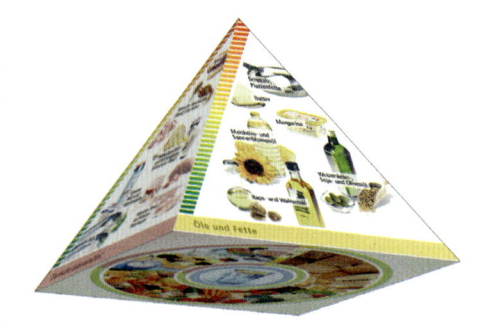

(Dreidimensionale Lebensmittelpyramide, Copyright: Deutsche Gesellschaft für Ernährung e. V., Bonn)

Bedeutung der Ernährung – Was unseren Körper gesund hält

Die Farbkennzeichnung in den Ampelfarben gibt unterstützend zur Anordnung der Lebensmittel (Basis vs. Spitze) über die ernährungsphysiologische Qualität Auskunft:

- Rot = innerhalb der jeweiligen Lebensmittelgruppe weniger essen
- Gelb = innerhalb der jeweiligen Lebensmittelgruppe mäßig essen
- Grün = innerhalb der jeweiligen Lebensmittelgruppe häufiger essen

Am Boden der Pyramide ist als Ergänzung der Ernährungskreis dargestellt. Er verbildlicht, in welchen Mengen die Lebensmittelgruppen verzehrt werden sollten.

Der Ernährungskreis

Der Ernährungskreis zeigt die Grundlagen einer vollwertigen Ernährung und ist eine bildliche Darstellung der Verzehrempfehlung nach den Regeln der Deutschen Gesellschaft für Ernährung e. V. (DGE). Die Lebensmittel sind in sieben Gruppen eingeteilt, ebenfalls nach ihrem Nährstoffgehalt. Im Unterschied zur zweidimensionalen Pyramide nehmen die kohlenhydratreichen, ballaststoffreichen Lebensmittel auf den ersten Blick den größten Platz ein, danach Gemüse und Obst. Fasst man Obst und Gemüse als eine Gruppe zusammen, entspricht das Segment anteilig der Pyramide (vgl. Dreidimensionales Modell).

Die eiweißreichen Milchprodukte sollten gegenüber der Gruppe Fleisch, Fisch und Ei überwiegen. Unabhängig von den anderen Lebensmittelmengen sollte die tägliche Flüssigkeitszufuhr in jedem Fall 1,5 l bis 2,5 l betragen, daher befindet sich diese Gruppe in der Mitte des Kreises. Für die anderen Gruppen gilt: Je größer der Kreisausschnitt ist, desto größer ist der Anteil dieser Nahrungsmittel beim Essen.

1.3.2 Ernährungsformen

Die Nahrungsaufnahme ist häufig an die gesellschaftlichen Gegebenheiten gekoppelt. Die Art und Weise der Ernährung ist meist auch ein Ausdruck der aktuellen Zeit und Umstände, aber auch Weltanschauungen oder traditionelle Werte spielen eine Rolle. Während in unserer heutigen Gesellschaft das „Dicksein" vor allem mit dem Klischee von Faulheit und wenig Disziplin behaftet ist, bedeutet es in afrikanischen Ländern ein Ausdruck von Wohlstand. Dies galt bis vor ca. 300 Jahren übrigens auch in Europa.

Die medizinische Wissenschaft ist überzeugt, dass eine ausgewogene Ernährung und ausreichende Bewegung den Körper in Schwung halten und vielen sogenannten Zivilisationskrankheiten vorbeugen können, deren häufigste Ursache das Übergewicht ist. Seit Längerem populäre Ernährungsformen sind z. B.:

Bezeichnung	Ursprung	Hauptanliegen	Bemerkung
Vollwerternährung	von Werner Kollath entwickelt, 1942 in Buchform erschienen	• Verwendung von möglichst schadstofffreien und naturbelassenen Lebensmitteln • eine Hälfte der Kost besteht aus gegarten Lebensmitteln, die andere Hälfte zu je einem Viertel aus frischem Obst und Gemüse sowie Vollkorn, Schalenobst und Rohmilch • dient der Beachtung der Nachhaltigkeit in der Natur und Agrarwirtschaft	nicht zu verwechseln mit der vollwertigen Ernährung nach den Regeln der DGE, aber sehr ähnlich

Bezeichnung	Ursprung	Hauptanliegen	Bemerkung
Trennkost (auch Haysche Trennkost)	begründet und entwickelt von dem Amerikaner William Howard Hay im Jahre 1907	Lebensmittel werden in säureüberschüssige und basenüberschüssige eingeteilt; Kohlenhydrate und Eiweiße werden getrennt aufgenommen, es soll versucht werden, den Körper im Säure-Basen-Gleichgewicht zu halten	• wird von vielen als Diät zur Gewichtsreduzierung betrachtet • wird von der DGE kritisch betrachtet, da die vollständige Nährstoffaufnahme nicht gewährleistet ist, sollte nicht dauerhaft angewendet werden
Vegetarische Ernährung	bekannte Ursprünge bereits im antiken Griechenland und Indien vor der Zeitenwende (meist aus religiösen oder philosophischen Gründen); 1867: Gründung der ersten deutschen vegetarischen Vereinigung	eine vorwiegend pflanzliche Ernährung, eventuell mit tierischen Produkten wie Eiern, Milch, Milchprodukten, Honig; Fleisch und Fisch sind absolut ausgeschlossen	Einteilung der Vegetarier nach zusätzlich verzehrter Kost in: • Ovo-Vegetarier (lat. *ovo*: vom Ei): zusätzlich Eier • Lacto-Vegetarier (lat. *lacto*: Milch geben): zusätzlich Milch und Milchprodukte • Ovo-Lacto-Vegetarier: zusätzlich Eier und Milchprodukte • Veganer: verzichten grundsätzlich auf alle aus Tieren hergestellten Nahrungsmittel oder deren Produkte; diese Form ist im Gegensatz zu den ersteren gesundheitlich bedenklich, vor allem für kleine Kinder, Schwangere, Stillende und Senioren

A *Aufgabe*
Recherchieren Sie über andere Ernährungsformen, vor allem über jene, die derzeit in Mode sind. Bereiten Sie Vorträge darüber in der Klasse vor. Führen Sie anschließend eine Diskussion, in der die einzelnen Formen nach ihrem gesundheitlichen Wert beurteilt werden.

1.4 Das richtige Maß

Im Laufe des Lebens ergibt sich ein unterschiedlicher Nährstoff- und Energiebedarf beim Menschen, da sich der Körper und der Stoffwechsel durch das Wachstum und den Alterungsprozess verändern. Daher ist es notwendig, die Ernährung diesen Bedingungen anzupassen, um den Körper in den einzelnen Lebensphasen gut zu versorgen.

1.4.1 Nährstoffbedarf und Ernährung von Kindern

In der Schwangerschaft
Schon in der Schwangerschaft kann die zukünftige Mutter einen guten Grundstein für eine optimale Entwicklung des Kindes legen. Sie sollte sich an die Regeln einer vollwertigen Ernährung halten. Es besteht ein erhöhter Eiweißbedarf durch das Wachstum des Babys. Der Mineralstoff Calcium wird für den Skelettaufbau ebenfalls vermehrt benötigt. Milch und Milchprodukte vereinen beide Nährstoffe. Der größere Bedarf an Folsäure und Eisen kann meist durch zusätzliche Tabletteneinnahme (vom Arzt verschrieben) gedeckt werden.

Ernährung im ersten Lebensjahr (Säuglings- und Babyalter)
Die beste Ernährung für ein Neugeborenes ist die Muttermilch, da sie alle benötigten Nährstoffe in der richtigen Zusammensetzung enthält und gut verdaulich ist. Außerdem schützen Abwehrstoffe gegen Infektionskrankheiten. Gestillte Kinder leiden weniger an Durchfallerkrankungen oder Allergien, auch werden der Überernährung und Übergewicht als Folge davon vorgebeugt. Eine stillende Mutter braucht am Tag ca. 2.700 kJ zusätzlicher Energie, die vorwiegend durch einen Mehrbedarf an Eiweiß, Vitaminen und Mineralstoffen gedeckt wird. Es ist wichtig zu wissen, dass alle von der Mutter aufgenommenen Stoffe an das Baby weitergereicht werden, wenn sie stillt. Eine ausgewogene Ernährung ohne besonders blähende Speisen (z. B. Kohl und Hülsenfrüchte) ist wichtig. Dabei sollten anregende Getränke wie Tee- und Kaffeegetränke sowie Alkohol, Nikotin und Drogen gemieden werden.

Merksatz
Eine Diät darf während der Stillzeit nicht durchgeführt werden, damit die in den Fettpolstern eingelagerten Schadstoffe nicht in die Muttermilch gelangen.

Informationen
Vorteile des Stillens

- *Die Milch ist optimal auf die Bedürfnisse und das Alter des Säuglings abgestimmt.*
- *Die Milch ist jederzeit in der richtigen Temperatur ohne Mehraufwand „verfügbar".*
- *Stillen senkt das Risiko für Durchfallerkrankungen und die Entwicklung von Allergien sowie Übergewicht.*
- *Stillen vertieft die Beziehung zwischen Mutter und Kind.*

Wird das Baby mit industriell hergestellter Säuglingsmilch ernährt, muss diese dem Alter des Kindes entsprechen. Im Handel werden Anfangsnahrungs- und Folgemilchprodukte angeboten. Dabei ist es ratsam bei einer Produktreihe zu bleiben. Die Dosierungsvorschriften und die Hygiene sind bei der Zubereitung unbedingt einzuhalten. Alle Gegenstände, die zur Milchzubereitung und Fütterung benötigt werden, müssen hygienisch sauber gereinigt werden, z. B. durch Auskochen oder Kaltsterilisieren.

Hinweise zum Füttern mit der Flasche

- *Vor dem Füttern sollte die Trinktemperatur geprüft werden. Dazu wird ein Tropfen auf den Handrücken fallen gelassen; bei angenehmer Wärme ist die Temperatur nicht zu heiß zum Füttern.*
- *Das Baby zum Füttern am besten auf den Arm legen.*
- *Der Sauger muss vollständig mit Milch gefüllt sein und darf keine Luft enthalten.*

- Das Saugerloch muss nach oben zeigen.
- Nach dem Füttern sollte das Baby vorsichtig auf die Brust der Mutter gelegt werden. Der Kopf liegt auf der Schulter; den Rücken des Babys sanft streicheln oder klopfen, damit es eventuell verschluckte Luft ausstoßen kann.
- Dauernuckeln von Milch oder gesüßten Teegetränken ist schlecht für die Zahnentwicklung des Kindes.

Der Übergang vom Stillen zur Flaschennahrung und zu festen Mahlzeiten darf nur langsam und mit jeweils geringen Mengen der neuen Nahrung begonnen werden. Die folgende Tabelle zeigt die Zeiträume und die anzubietende Nahrung.

Zeitraum	Nahrungserweiterung	Beispiel	Beschaffenheit der Nahrung
Ab etwa dem vierten Monat	Brei aus Karotten, Kartoffeln, Äpfeln		halbflüssig, püriert, ungewürzt, ohne Klümpchen
Zwischen dem sechsten und achten Monat	Gemüse-, Kartoffel-, Fleischbrei; Fingerspeisen aus Käse, Bananen, Weißbrot am besten zum Mittagessen		halbpüriert und sehr kleingeschnitten oder zerdrückt
Ab dem achten Monat	zusätzlich: milchfreier Obst-, Getreidebrei am Nachmittag, Vollmilchgetreidebrei am Abend, Fingerspeisen aus Obst- und Gemüsestücken, z. B. Äpfel, Pfirsiche, Karotten		kleinstückiges Obst, Gemüse, Fleisch bzw. in mundgerechte Stücke geschnittene Fingerspeisen

Bedeutung der Ernährung – Was unseren Körper gesund hält

Zeitraum	Nahrungserweiterung	Beispiel	Beschaffenheit der Nahrung
Ab dem zehnten Monat	Gemüse, Fleisch mit Kartoffeln, zusätzlich: Reis, Nudeln, Obststücke		wie ab dem achten Monat; Beginn des selbstständigen Essens des Kindes fördern
Ende des ersten Lebensjahres	allgemeinübliches Familienessen		keine stark gewürzten, gesalzenen, zuckerhaltigen und fettreichen Speisen

Aufgaben
1. Erkundigen Sie sich, welche Nahrungsmittel für die Ernährung
    a) ab dem vierten Monat,
    b) zwischen dem sechsten bis achten Monat,
    c) ab dem achten und
    d) ab dem zehnten Monat
    geeignet sind.
    Erstellen Sie eine Liste industriell gefertigter Mahlzeiten der oben genannten Zeiträume.
2. Entwickeln Sie eigene Vorschläge für gesunde Menüs. Bereiten Sie solche Mahlzeiten selbst zu und verkosten Sie diese.
3. Schneiden Sie Fingerspeisen in mundgerechte Stücke und in ansprechende Formen.

Ernährung von Kindergarten- und Schulkindern

Mit Beginn des zweiten Lebensjahres kann ein Kind die in der Familie üblichen Mahlzeiten auch essen. Ernährungsgewohnheiten werden anerzogen und von den Erwachsenen abgeschaut. Es ist besonders wichtig, darauf zu achten, dass die Ernährung einem der vorgestellten Ernährungsmodelle entspricht. Sätze wie „Es wird gegessen, was auf den Tisch kommt.", „Es wird gegessen, bis der Teller leer ist." oder „Du musst viel essen, damit du groß und stark wirst." usw. sind veraltet und sollten über Bord geworfen werden, da sie Kinder falsche Essensregeln vermitteln. Vielmehr sollte darauf Rücksicht genommen werden, dass bei Kindern das natürliche Sättigungsgefühl noch vorhanden ist und sie sehr gut wissen, wann sie satt sind. Es ist von Vorteil, wenn sie sich die Portionen selbst nehmen dürfen. Insgesamt sollten es täglich drei größere und zwei kleinere Zwischenmahlzeiten sein.

Der Nährstoffbedarf zum Erwachsenen unterscheidet sich darin, dass Kleinkinder durch ihre Wachstumsphasen mehr Eiweißstoffe brauchen, damit sich Muskeln und Knochen gut entwickeln können. Ebenso ist es notwendig, dass Kleinkinder ausreichend trinken. Sie sollten ca. einen drei viertel Liter Flüssigkeit zu sich nehmen, Kindergartenkinder knapp einen Liter (vgl. Kap. 1.2.4, S. 122). Geeignete Getränke und Durstlöscher – auch für die Schule – sind verdünnte Säfte und nur geringfügig gesüßte Frucht- und Kräutertees.

M *Merksatz*
Kräutertees können auch eine pharmazeutische Wirkung haben, daher sollten bestimmte Sorten nicht häufiger oder nicht über längere Zeit getrunken werden. Die Auswahl sollte abwechslungsreich sein.

Für Schulkinder sollte nicht nur das Frühstück einen guten Start in den Tag ermöglichen, sondern auch das Pausenbrot. Beim Frühstück muss daher ausreichend Energie aufgenommen werden, um in der Schule konzentriert und leistungsfähig lernen zu können. Zu empfehlen sind vor allem Vollkornprodukte, denn sie enthalten die sättigenden Kohlenhydrate, aber auch Ballaststoffe. Milchprodukte liefern wichtiges Eiweiß, aber auch Calcium für Knochen und Zähne. Müsli, das man leicht selbst aus Haferflocken, Nüssen, frischem Obst oder Trockenfrüchten zusammenmischen kann, vereinen die benötigten Nährstoffe gut. Der Vitamin- und Mineralstoffbedarf kann durch Obst und Gemüse (auch Obst- und Gemüsesäfte) gedeckt werden. Zur geschmacklichen Abrundung können fettarme Wurstsorten verwendet werden oder auch ab und zu ein Ei.

Für das Frühstück muss ausreichend Zeit eingeplant werden, sodass das Kind in Ruhe essen kann. Das Kind sollte nicht allein am Tisch sitzen, auch wenn andere Familienmitglieder zu anderen Zeiten außer Haus müssen. Das Pausenbrot sollte ansprechend gestaltet sein, denn das Auge isst mit. Man sollte Brotaufschnitt und -aufstrich wählen, der dem Kind schmeckt, trotzdem sollte er abwechslungsreich sein. Es ist darauf zu achten, dass die Portionen handlich und nicht zu groß für das Kind sind.

Schnitten oder Brötchen können leicht auseinanderfallen, daher werden sie am besten einzeln in Butterbrotpapier gewickelt oder in Frühstückstüten aus Papier gepackt. Da Brot Gerüche anzieht, wird so außerdem vermieden, dass etwas durchweicht oder alles gleich schmeckt, z. B. nach Apfel oder Gurke. Obst und Gemüse können auch in kleineren Kunststoffdosen mitgegeben werden. In jedem Fall sollten täglich Obst und Gemüse als erfrischender sowie vitamin- und mineralstoffreicher Pausensnack mitgegeben werden. Beim Belegen der Brote mit Wurst sollte beachtet werden, dass man keine Sorten wählt, die bei Temperaturen außerhalb des Kühlschranks schnell verderben. Geeignet sind daher eher dünne Scheiben von Dauerwurstsorten (auch wenn sie fettiger sind) sowie Hartkäsescheiben. Manche Brotdosen verfügen über einen Kühlakku, der besonders im Sommer von Vorteil ist. Zum Säubern der Hände kann man noch eine bunte Serviette mit in die Dose legen.

Süßigkeiten vermeidet man am besten, da sie durch den hohen Zuckeranteil zwar schnell Energie bringen, diese aber auch ebenso schnell verbraucht wird. Süßigkeiten sollten lieber zu Hause in kleinen Mengen gemeinsam und mit Genuss verzehrt werden.

TIPP *„Studentenfutter"*
Eine Alternative zu Süßigkeiten kann selbsthergestelltes „Studentenfutter" sein. Man mischt nach Belieben verschiedene Nusssorten wie Mandeln und Erdnüsse und gibt etwa ein Viertel bis ein Drittel Rosinen oder anderes Trockenobst, z. B. Aprikosen, dazu. Davon werden kleine Portionen als Snack mitgegeben.

Bei der Ernährung von Jugendlichen muss bedacht werden, dass sie wachstumsbedingt und auch durch den meist höheren Bewegungsdrang im Vergleich zu den Erwachsenen ebenso viel Energie aufnehmen können.

1.4.2 Nährstoffbedarf und Ernährung von Erwachsenen und Senioren

Nährstoffbedarf und Ernährung von Erwachsenen

Der Nährstoffbedarf eines Erwachsenen wird ausreichend gedeckt, wenn eines der Ernährungsmodelle (vgl. Kap. 1.3.1, S. 125ff) berücksichtigt wird. Der Energiebedarf von Menschen ist unterschiedlich. Er ist abhängig von der körperlichen Aktivität, dem Geschlecht und dem Alter. Den Energiebedarf eines normalgewichtigen, gesunden Menschen kann man mit verschiedenen Faktoren berechnen.

Energiebedarf

	Erklärung	Berechnung	Beispiel
Grundumsatz	benötigte Energiemenge eines liegenden Menschen im Ruhezustand, mit dünner Bekleidung, zwölf Stunden nach der letzten Mahlzeit und einer Umgebungstemperatur von ca. 20 °C zur Erhaltung der Lebensfunktionen	für einen Tag (24 h): Körpergewicht × 4 kJ × 24 h	65 kg × 4 kJ × 24 h = 6.240 kJ
+ Leistungsumsatz	zusätzlich benötigte Energiemenge für alle weiteren körperlichen Aktivitäten, vor allem der Bewegung. Wichtig ist die Kenntnis des Aktivitätsgrades PAL; so z. B. PAL 1,4/1,5 für sitzende Tätigkeit oder PAL 2,4 für sehr anstrengende körperliche Tätigkeit	mit PAL 1,4 = 2 kJ: Körpergewicht × 2 kJ × 24 h	65 kg × 2 kJ × 24 h = 3.120 kJ
= Gesamtenergieumsatz (Energiebedarf)	setzt sich aus Grundumsatz und Leistungsumsatz zusammen, wobei der PAL beachtet werden muss	Grundumsatz + Leistungsumsatz = Gesamtenergieumsatz (Energiebedarf)	6.240 kJ + 3.120 kJ = 9.360 kJ

Der Gesamtenergieumsatz sollte gedeckt werden aus:

- 55 % Kohlenhydrate (Energie: 1 g = 17 kJ), vor allem aus Vielfachzucker
- 33 % Fette (Energie: 1 g = 39 kJ), möglichst aus Fetten mit ungesättigten Fettsäuren
- 15 % Eiweiß (Energie: 1 g = 17 kJ), zu 65 % aus pflanzlichen Eiweißen

Mithilfe der Energiemengen der drei Hauptnährstoffe und den angegebenen Prozentzahlen sowie des errechneten Gesamtenergieumsatzes lässt sich der Bedarf eines normalgewichtigen Menschen anhand des Dreisatzes (vgl. Teil 1, Kap. 6.1.2, S. 81) auf das Gramm genau berechnen.

Beispiel Kohlenhydratbedarf
1. Satz: 100 % = 9.360 kJ (errechneter Gesamtenergieumsatz aus obiger Tabelle)
2. Satz: 1 % = 9.360 kJ : 100 % = 93,60 kJ
3. Satz: 55 % = 93,60 kJ × 55 % = 3.456 kJ : 17 kJ/g = 345 g
345 g Kohlenhydrate sollten täglich aufgenommen werden.

Die Menge an Kohlenhydraten, die in den einzelnen Lebensmitteln enthalten sind, lässt sich mithilfe einer Nährwerttabelle ermitteln (vgl. Anhang, S. 176). Aus der Tabelle lassen sich außerdem die Werte für die Nährstoffe Fett, Eiweiß, Wasser, Mineralstoffe, Vitamine und die Ballaststoffe entnehmen. Es sind sehr viele Lebensmittel angegeben, die im Alltag verwendet werden. Die Nährwertangaben beziehen sich jeweils auf 100 g von Lebensmitteln. In der letzten Spalte ist die übliche Menge für eine Portion angegeben. Mit diesen Angaben lassen sich mittels Dreisatz die Mengen der Nährstoffe berechnen und die Portionen der Lebensmittel, die man zu einer Mahlzeit oder täglich zu sich nehmen kann, ohne dass zu viel oder zu wenig gegessen und getrunken wird.

A *Aufgaben*
1. Stellen Sie Ihren eigenen Energiebedarf fest.
2. Stellen Sie mithilfe der Nährwerttabelle im Anhang, S. 176, einen abwechslungsreichen Speiseplan auf, der Ihren Kohlenhydrat-, Fett-, Eiweiß- und Gesamtenergiebedarf deckt.

Nährstoffbedarf und Ernährung von Senioren

Mit zunehmendem Alter ändern sich der menschliche Körper und die Psyche wesentlich. Sichtbare Änderungen im Erscheinungsbild sind z. B. graue Haare, Falten oder eine gebeugte Haltung. Veränderungen der Psyche (durch Gefühle bestimmt) werden u. a. durch zunehmende Wetterfühligkeit, nachlassendes Gedächtnis oder eine geringere seelische Belastbarkeit bemerkbar. Die körperliche Veränderung beinhaltet auch einen gewissen Muskelabbau, der Stoffwechsel verlangsamt sich. Das muss bei der Ernährung berücksichtigt werden, dies bedeutet, dass die Energiemenge der Nahrung geringer werden muss, trotzdem müssen viele Nährstoffe wie Wasser, Vitamine und Mineralstoffe in unveränderter Menge zugeführt werden.

Die Lebensmittel müssen im Verhältnis zu der enthaltenen Energie sehr viele essenzielle Nährstoffe enthalten, d. h. sie müssen nährstoffdicht sein. Diese Anforderungen werden erfüllt durch:

Lebensmittel	Beispiel
Vollkornprodukte (auch fein gemahlen)	Haferflocken, Vollkornnudeln, Parboiled-Reis
Kartoffeln	Kartoffelbrei
Gemüse (frisch/roh, TK-Ware)	Tomaten, Möhren, Salat
Obst (frisch/roh, TK-Ware)	Bananen, Beeren, Äpfel
Milchprodukte	Quark, Joghurt, Käse
Fleisch (fettarm)	Filet, Steak, Schinken
Fisch (fettreich)	Hering, Makrele, Lachs
Eier (durchgegart)	Rührei, gekochte Eier

Bedeutung der Ernährung – Was unseren Körper gesund hält

Lebensmittel	Beispiel
Hülsenfrüchte	Bohnen, Erbsen, Linsen
Nüsse (gehackt, gemahlen)	Haselnüsse, Mandeln, Walnüsse
Pflanzenöle	Rapsöl, Sonnenblumenöl, Olivenöl, Leinöl

Bei der Nahrungszusammenstellung kann man sich z. B. an den Empfehlungen und dem Ernährungskreis der DGE orientieren (vgl. Kap. 1.3, S. 127). In der Tabelle sind aus allen sieben Gruppen einige Lebensmittelempfehlungen mit Angaben der entsprechenden Mengen zusammengestellt.

Gruppe 1	Getreideprodukte und Kartoffeln	200 g bis 300 g feines Vollkorn- oder Graubrot, ersatzweise ein Teil Getreideflocken; 200 g bis 250 g Kartoffeln oder Nudeln bzw. 150 g bis 180 g Naturreis (gekochtes Gewicht) am Tag
Gruppe 2	Gemüse	400 g Gemüse, davon 200 g gekochtes, 100 g rohes Gemüse und eine Portion Salat am Tag
Gruppe 3	Obst	zwei Portionen (250 g) Obst, auch TK-Produkte, Obstkonserven und Saft zählen dazu
Gruppe 4	Milch und Milchprodukte	200 ml bis 250 ml Milch oder Joghurt (1,5 % Fett) und zwei Scheiben fettarmer Käse (60 g) am Tag
Gruppe 5	Fisch, Fleisch, Wurst, Eier	pro Woche: 300 g bis 600 g Fisch und Fleisch (drei kleine Fleischportionen und drei kleine fettarme Wurstportionen), zwei Seefischmahlzeiten, zwei bis drei Eier
Gruppe 6	Fette und Öle	15 g bis 30 g Streichfett (Butter und Margarine), 10 g bis 15 g Zubereitungsfett (Raps-, Olivenöl)
Gruppe 7	Getränke	ca. 1,5 l Flüssigkeit aus Mineralwasser, Kräuter- und Früchtetee, verdünnte Fruchtsäfte, in Maßen Kaffee, grüner und schwarzer Tee

Mahlzeiten
Ältere Menschen können Mahlzeitenpausen schlechter überbrücken, sie sind deutlich geschwächt, anfälliger für Kreislaufbeschwerden und Unfälle. Außerdem können Senioren aufgrund schnellerer Sättigung oft nur kleinere Portionen zu sich nehmen.

Merksatz
Ursachen für zu wenig oder falsche Ernährung im Alter sind Schwierigkeiten beim Kauen, ein trockener Mund, Schluckstörungen, Veränderungen im Magen-Darm-Trakt, nachlassendes Durstempfinden, mehrfache Medikamenteneinnahme oder auch fehlende Gesellschaft beim Essen.

Regelmäßigere Mahlzeiten werden daher immer wichtiger. Je nach persönlichem Rhythmus sollten dies fünf bis sechs kleine Mahlzeiten sein. Nachstehend sind Vorschläge für verschiedene Mahlzeiten am Tag angeführt.

Frühstück	• Brot mit Butter oder einer hochwertigen Margarine sowie süßer Belag wie Marmelade, Honig, Pflaumenmus oder herzhafter Belag wie etwas magerer Käse oder fettarme Wurst • Haferflockensuppe oder Milchsuppe mit Obst oder Obstpüree → zum Frühstück sollte generell Obst gereicht werden
Zwischenmahlzeit	• Fruchtbuttermilch • Joghurt • eine Banane → sollte leicht sein, damit für das wichtige Mittagessen etwas Hunger bleibt
Mittagessen	• Königsberger Klopse mit Gemüse und Reis • Gulasch mit grünem Salat und weichen Nudeln • Seelachs gebraten/gedünstet mit Gurkensalat und Kartoffeln • verschiedene Eintöpfe (zwei- bis dreimal in der Woche) → Eintöpfe liefern eine ausgewogene Kombination von Lebensmitteln, viel Flüssigkeit und sind eine gute Alternative bei Kauproblemen
Nachmittagsmahlzeit	• Vollkornbrot mit Quark und Marmelade, dazu Obst • ein Stück Käsekuchen oder Apfelkuchen • ein Schälchen Quark, leicht gesüßt mit aufgetautem TK-Obst • zwei Vollkornkekse und eine halbe Banane • Fruchtbuttermilch → verbinden Senioren gern mit etwas Süßem, das Süße sollte aber nährstoffdicht sein
Abendessen	• ein oder zwei Scheiben Mischbrot, Butter, Käse und Salat • eine Scheibe feines Vollkornbrot, eine Portion Hering in Tomatensoße und ein kleiner Salat • eine Scheibe Vollkornbrot, Margarine, ein hartgekochtes Ei garniert mit Petersilie und dazu Tomaten → sollte eine große Portion Gemüse enthalten, muss die Menge an Milchprodukten ausgleichen, kann auch Fisch enthalten
Spätmahlzeit	• ein Knäckebrot mit Quark und etwas Obst • eine kleine Portion Joghurt und etwas Obst • ein Glas Buttermilch und ein Stück Obst • eine halbe Scheibe Vollkornbrot mit etwas Käse und etwas Obst → hilft gegen einen zu niedrigen Blutzuckerspiegel in der Nacht, denn ältere Menschen unterzuckern sehr schnell, wenn die nächtliche Mahlzeitenpause zehn oder zwölf Stunden beträgt. Die wichtige Spätmahlzeit liefert sowohl schnell verfügbare Kohlenhydrate als auch Energie und Nährstoffe.

Getränke

Auch Senioren sollten täglich die Flüssigkeitsmenge von 1,5 l, in Form von Getränken zu sich nehmen. Das bereitet oftmals Probleme für den Einzelnen, da das Durstgefühl im Alter nachlässt. Außerdem scheuen sich viele Senioren vor dem häufigen Toilettengang, haben Angst, die Toilette nicht rechtzeitig zu erreichen oder sind so erzogen worden, dass man in bestimmten Situationen (z. B. beim Essen) nicht trinken darf. Das Trinken ohne Durst kann man mit den Senioren trainieren und somit einen festen Trinkrhythmus finden. Hilfreich dabei ist ein Trinkplan.

Bedeutung der Ernährung – Was unseren Körper gesund hält

TIPP

Trinkplan für einen Tag
- *Nach dem Aufstehen ein Glas Tee.*
- *Zum Frühstück Tee.*
- *Zur Zwischenmahlzeit ein Glas Mineralwasser (ohne oder nur mit wenig Kohlensäure – wird meist besser vertragen), kann mit einem Drittel Saft vermischt werden.*
- *Zum Mittag eine Apfelschorle.*
- *Zum Nachmittag zwei Tassen Milchkaffee.*
- *Zum Abendessen zwei Tassen Kräutertee.*
- *Am Abend ein Glas Mineralwasser.*

Das regelmäßige Trinken kann durch einige Maßnahmen unterstützt werden, z. B. durch das wiederholte vorsichtige Anreichen von Getränken. Dort, wo der Senior sich häufig aufhält (Bett, Esstisch, Küchentisch, am Fernseher), sollte man Getränke aufstellen und leergetrunkene Gläser sofort wieder auffüllen. Die benötigte Tagesmenge kann am Morgen bereitgestellt werden, um den Senior zu motivieren, wenn er beobachten kann, wie viel er im Laufe des Tages schon geschafft hat.

Weitere Besonderheiten bei der Ernährung im Alter
Das ausreichende Trinken beugt Verstopfungen vor. Vollkornprodukte, wasserreiches Obst und Gemüse sowie Trockenfrüchte (Pflaumen, Aprikosen, Feigen, Datteln) unterstützen den Prozess ebenfalls, ebenso regelmäßige Gymnastikübungen. Bei Kauproblemen kann harte Brotrinde abgeschnitten werden, Trockenfrüchte können eingeweicht werden, Obst und Gemüse kann püriert werden. Fällt das Schlucken schwer, sollten feste Lebensmittel generell püriert oder weichgedrückt werden.

Merksatz
Appetitlosigkeit kann körperliche und seelische Ursachen haben, daher sollte die Ursache unbedingt herausgefunden werden, um die richtigen Maßnahmen ergreifen zu können.

1.4.3 Ernährung bei Stoffwechselerkrankungen

Stoffwechselerkrankungen haben verschiedene Ursachen. Neben Veranlagung oder Infektionen können es auch über Jahre hinweg ungünstige Ernährungsweisen, u. a. bedingt durch Hektik und Stress, falsche Einstellungen zum Essen oder Bewegungsmangel sein. Die Folgeschäden machen sich nach Jahren bemerkbar, vor allem im Alter. Eine Ernährungsumstellung bzw. Einschränkung von bestimmten Lebensmitteln heilt zwar kaum eine dieser Erkrankungen, sie kann aber hilfreich sein, um bestimmte Symptome zu lindern oder den Krankheitsverlauf zu verlangsamen. Die beste Methode ist jedoch das Vorbeugen mit einer ausgewogenen Ernährung und viel Bewegung – und zwar ein Leben lang.
Im Folgenden sind einige Beispiele von Stoffwechselerkrankungen und die dazu geeigneten Ernährungsmöglichkeiten genannt.

Diabetes mellitus
Die Ursache Diabetes mellitus (volkstümlich „Zuckerkrankheit" genannt) ist die Schädigung der Bauchspeicheldrüse durch eine Infektion (Typ-1-Diabetes) oder eine Insulinresistenz durch jahrelanges Übergewicht, Fehlernährung und Bewegungsmangel (Typ-2-Diabetes,

auch „Altersdiabetes" genannt). Das Hormon Insulin, das die Bauchspeicheldrüse produziert, wird benötigt, um die Leber- und Muskelzellen für die Kohlenhydrate (Glukose) im Körper „aufzuschließen", damit sie für die Energiegewinnung genutzt werden können.

Während bei der Typ-1-Diabetes das Insulin nur von außen durch Spritzen zugeführt wird, kann bei der Typ-2-Diabetes je nach Ausprägung die Behandlung unterschiedlich sein, und zwar mittels Diät, mittels Diät und Tabletten oder mittels Diät, Tabletten und Insulinzugabe.

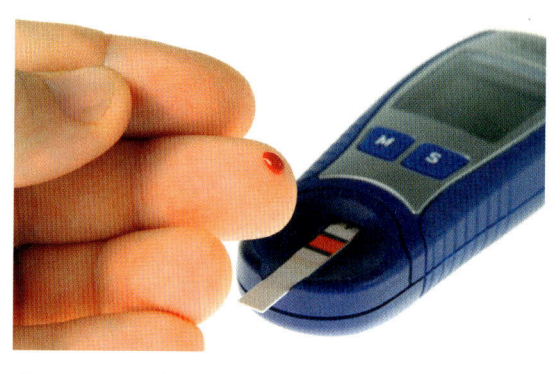

Als Diät kommt eine auf die Gesamtkalorien berechnete Reduktionskost infrage, deren Energiemenge sich zu ca. 50 % aus Kohlenhydraten, zu ca. 30 % aus Fett und zu ca. 20 % aus Eiweißen zusammensetzen soll. Gemieden werden sollten auf jeden Fall gesüßte Getränke und Zucker. Dabei rechnet der Diabetiker die Kohlenhydrate über Broteinheiten (BE) oder Kohlenhydratportionen (PE) ab. 10 g bis 12 g Kohlenhydrate entsprechen jeweils einer Einheit. Durch den Arzt erhält der Patient eine genaue Information über die zu verzehrenden Broteinheiten. Dabei entspricht eine Broteinheit etwa einer dünnen Scheibe Brot, 250 g Joghurt oder einem mittelgroßen Apfel. Leider sind auf den wenigsten Lebensmittelpackungen Broteinheiten (BE) angegeben, sondern meist nur die Menge von Kohlenhydraten in 100 g. Diabetiker müssen sich daher die Einheiten selbst berechnen oder sich entsprechende Tabellen, z. B. aus dem Internet, zulegen. Ziel der Ernährung sollte es sein, das Gewicht zu reduzieren oder zu halten. Ausreichend Bewegung ist daher dabei unerlässlich.

Informationen
Folgeschäden von Diabetes sind Durchblutungsstörungen im Körper. An den Füßen können offene Stellen entstehen und nur schlecht verheilen. Es entsteht ein sogenannter „offener Fuß". Eine sorgfältige Fußkontrolle und Pflege ist notwendig.

Aufgabe
Suchen Sie sich Tabellen, in denen Lebensmittel in Broteinheiten (BE) angegeben sind. Schreiben Sie Ihre Lieblingsspeisen auf und ermitteln Sie mithilfe der Tabellen, wie viele Broteinheiten diese Speisen enthalten.

Gicht
Die Erkrankung entsteht, wenn sich Harnsäurekristalle in den Gelenken und Weichteilen absetzen, weil eine Schwäche des Ausscheidungsmechanismus der Niere vorliegt oder eine übermäßige Aufnahme von Purinen erfolgte. Harnsäure ist das Endprodukt des Stoffwechsels der Purine, welche essenzielle Bestandteile der menschlichen, tierischen und pflanzlichen Zellen ist. Die abgelagerten Kristalle verursachen in den betroffenen Gelenken schmerzhafte Entzündungen, die chronisch werden können. Die Gelenke können anschwellen und sich verformen.

Bedeutung der Ernährung – Was unseren Körper gesund hält

TIPP

Grundsätze für die richtige Lebensweise bei Gicht

- Täglich 2 l nichtalkoholische Getränke.
- Verringerung der Harnstoffzufuhr (Purine).
- Normalisierung des Körpergewichts.
- Senkung des Alkoholkonsums.

Am wirksamsten ist eine streng purinarme Diät von 300 mg Harnsäure pro Tag und wöchentlich maximal 2.000 g. Das bedeutet das Meiden von purinreichen Nahrungsmitteln, um Gichtschübe zu verhindern.

- Purinreiche Lebensmittel sind Innereien, Fleisch, Fisch, Hülsenfrüchte, aber auch Rosenkohl und Brokkoli.

- Purinarme Nahrungsmittel sind Obst und Obstsäfte, Milch und Milchprodukte, Kartoffeln und Gemüse (außer Hülsenfrüchte und Kohl).

- Purinfrei sind Weißmehl und geschälter Reis (die Randschichten des Getreidekorns enthalten auch Purine). Haushaltszucker, Butter, Margarine, Pflanzenöl und Eier enthalten ebenfalls kein Purin.

Harnsäuregehalt ausgewählter Lebensmittel und Getränke

Lebensmittel	Portion in g	Harnsäure pro Portion in mg	Getränke	Portion in ml	Harnsäure pro Portion in mg
Brötchen	45	18	Apfelsaft	200	16
Mischbrot	50	22	Bohnenkaffee	125	0
Joghurt	150	0	Cola	200	40
Gouda	50	8	Tee	125	0
Äpfel	100	15	Pils	330	33
Erdbeeren	150	37	Wein	200	0
Blumenkohl	150	68	Weißbier	500	75
Kopfsalat	30	3	Tomatensaft	200	10
Pellkartoffeln	240	25	Milch	200	0
Lachsschinken	30	38	Mineralwasser	0	0
Putenfleisch mit Haut	150	329	Orangensaft	200	24
Bratwurst	150	155	Multivitaminsaft	200	32
Forelle, gegart	150	510	Malzbier	200	10
Thunfisch	100	254	Diätbier	500	50

A **Aufgaben**
1. Recherchieren Sie purinarme Lebensmittel.
2. Erstellen Sie in Partnerarbeit einen Essensplan für einen Gichtpatienten für ein Wochenende oder eine ganze Woche. Stellen Sie Ihre Ergebnisse in der Klasse vor.

1.4.4 Ernährung bei Allergien

D *Definition*
Unter einer Allergie versteht man die übersteigerte Reaktion des Immunsystems auf bestimmte Stoffe, die sogenannten Allergene.

Das menschliche Abwehrsystem, welches sonst vor Krankheitserregern und Schadstoffen schützt, reagiert auf eigentlich harmlose Stoffe in einer nicht angemessenen Stärke. Reaktionen auf Allergene können vielfältig sein, z. B. Ausschläge, Blasenbildung, Schwellungen im Gesicht, aber auch Atemnot bis hin zum Kreislaufkollaps. Allergiker sollten deshalb den Allergiepass und Notfallmedikamente bei sich tragen.

Ursachen von Allergien werden in der ständig steigenden Belastung von Fremdstoffen in der Umwelt, aber auch in den veränderten Lebens- und Ernährungsgewohnheiten der Menschen und in der übertriebenen Hygiene in den ersten Lebensjahren von Kindern gesehen. Generell kann jeder Stoff aus der Umwelt zum Allergieauslöser werden. Die beste Vorbeugung ist das Meiden der entsprechenden Stoffe. Es werden nach dem jeweiligen Aufnahmemechanismus folgende Formen unterschieden:

- Inhalations-Allergie, z. B. Einatmen von Pollen
- Arzneimittel-Allergie, z. B. Reaktion auf Penicillin
- Insektengift-Allergie, z. B. durch einen Bienenstich
- Kontakt-Allergie, z. B. Hautkontakt mit Nickel
- Nahrungsmittel-Allergie, z. B. durch Sojaprodukte

Bei einer Nahrungsmittelallergie wird die Abwehrreaktion also durch den Verzehr allergenhaltiger Nahrungsmittel, z. T. auch durch darin enthaltene Zusatzstoffe, ausgelöst. Dies muss bei der Lebensmittelauswahl und Nahrungszubereitung streng beachtet werden. Selbst geringste Mengen können zu starken Reaktionen führen.

Eine Erleichterung für den Verbraucher zur Lebensmittelauswahl schuf das Bundesministerium für Ernährung, Landwirtschaft und Verbraucherschutz mit einer Regelung zur Allergenkennzeichnung.

Seit November 2005 gibt es eine Kennzeichnungsregelung für verpackte Ware, die Allergikern die Auswahl allergenarmer Produkte erleichtert. Mit Inkrafttreten dieser Regelung müssen Lebensmittelhersteller die vierzehn häufigsten Allergieauslöser auf verpackter Ware im Zutatenverzeichnis oder im Produktnamen angeben. Diese Kennzeichnungspflicht gilt auch für alle allergen wirkenden Verarbeitungsprodukte dieser Allergene sowie die bei der Produktion eingesetzten Hilfsstoffe.

Quelle: Bundesministerium für Ernährung, Landwirtschaft und Verbraucherschutz, Allergenkennzeichnung auf verpackten Lebensmitteln ist Pflicht, abgerufen am 31.03.2013 unter: http://www.bmelv.de/SharedDocs/Standardartikel/Ernaehrung/SichereLebensmittel/Kennzeichnung/Allergenkennzeichnung.html.

Bedeutung der Ernährung – Was unseren Körper gesund hält

Die anzugebenden Allergieauslöser sind:
- Eier
- Erdnüsse
- Fisch
- Glutenhaltiges Getreide
- Krebstiere
- Lupinen
- Milch (Milcheiweiß, Laktose)
- Mollusken (Weichtiere)
- Nüsse
- Schwefeldioxid und Sulfite
- Sellerie
- Senf
- Sesam
- Soja

Beispiele
Mollusken (Weichtiere) können Allergien auslösen.

Weinbergschnecken

Aus den Samen der Süßlupine wird Lupinenmehl hergestellt.

Lupine    Samen der Süßlupine

Aufgabe

Erarbeiten Sie in der Klasse das Fallbeispiel eines Lebensmittelallergikers. Überprüfen Sie daraufhin verschiedene Lebensmitteletiketten und erstellen Sie eine Liste mit Produkten, die der Patient unbedingt meiden muss.

Informationen

Neben Allergien gibt es auch Unverträglichkeiten bei Lebensmitteln. Eine sehr bekannte ist die Zöliakie. Dabei ist die Dünndarmschleimhaut chronisch entzündet durch das im Getreide vorhandene Klebereiweiß (Gluten). Nährstoffe können wegen der Entzündung nur schlecht aufgenommen werden. Die Erkrankung ist meist erblich bedingt. Es muss lebenslang auf klebereiweißhaltige (glutenhaltige) Lebensmittel verzichtet werden.

1.4.5 Ernährung bei Übergewicht

Das Übergewicht entsteht durch zu viel aufgenommene Energie aus Kohlenhydraten und Fetten, die in Form von Depotfett, vor allem am Bauch, Oberschenkeln und Po abgespeichert wird. Neben erblicher Veranlagung, unausgewogener Ernährung, z. B. bei Stress oder Kummer, führen auch falsch anerzogene Essgewohnheiten und mangelnde Bewegung über längere Zeiträume zu unliebsamen Fettpolstern. Meist beginnt dann ein Teufelskreis, denn jedes Kilo mehr verlangt bei Bewegung auch mehr Anstrengung, die ein zur Bequemlichkeit neigender Mensch eher ungern unternimmt. Auf diese Weise sammeln sich schnell weitere Kilo an, sodass noch mehr Anstrengung beim Abbau nötig ist.

Daher ist die Umstellung auf eine kalorienreduzierte Mischkost notwendig. Das Ziel sollte es sein, sich nach dem Modell der Ernährungspyramide oder des Ernährungskreises zu ernähren, damit gesichert ist, dass alle sechs Nährstoffe in ausreichendem Maß aufgenommen werden und es zu keinen Mangelerscheinungen kommt. Im Gegensatz zur Vollkost liegt die tägliche Menge an Kalorien bei der kalorienreduzierten Mischkost bei etwa 1.200 kcal bis 1.500 kcal. Bei der Vollkost sind es bei einem normalgewichtigen Menschen etwa 2.000 kcal (ca. 9.200 kJ) pro Tag.

Informationen

Umrechnungswert
1 kcal = 4,184 kJ
1 kJ = 0,239 kcal

Die tägliche Trinkmenge sollte mindestens 1,5 l bis 2 l betragen und möglichst nur aus energiefreien oder energiearmen Getränken bestehen. Die Mahlzeiten können am Anfang auf fünf kleine Mahlzeiten verteilt werden, später genügen drei Mahlzeiten am Tag. Man sollte dies der Situation und dem Lebensrhythmus anpassen.

Aufgabe

Stellen Sie mithilfe der Nährwerttabelle im Anhang, S. 176, einen Speiseplan für einen Tag auf, der die Gesamtmenge von ca. 6.000 kJ nicht überschreiten soll. Achten Sie dabei auf Ausgewogenheit und Abwechslung. Stellen Sie Ihre Ergebnisse in der Klasse vor.

Bedeutung der Ernährung – Was unseren Körper gesund hält

Es ist von Vorteil einen Arzt oder Ernährungsspezialisten zurate zu ziehen. Dieser ist in der Lage mithilfe eines Messgerätes den genauen Körperfettanteil zu messen. Dadurch kann nachgewiesen werden, ob wirklich nur Fett abgebaut wird. Es ist nicht wünschenswert, wenn durch die fettreduzierte Ernährung auch Muskelmasse abgebaut wird, da Muskeln zur Energieverbrennung benötigt werden. Manchmal sind schnell verlorene Kilo auch nur Wasserausscheidungen, ohne dass sich der Körperfettanteil tatsächlich verringert hat. Der Arzt kann mithilfe der Körperfettmessung also genauere Hinweise zur Ernährung geben.

Der Übergewichtige selbst braucht vor allem Geduld, denn so wie sich über einen längeren Zeitraum das Fett angesammelt hat, braucht es auch einen längeren Zeitraum, das Fett wieder abzuschmelzen. Das Denken und die psychische Verfassung spielen dabei auch eine Rolle. Der sogenannte „innere Schweinehund" ist ein starker Drang des Gehirns, alles positiv Abgespeicherte auch beizubehalten, z. B. süße Belohnungen. Wenn Diäten scheitern, dann meist an diesen eingefahrenen Verhaltensweisen, aber auch durch den „Erfolgsdruck" der Umgebung.

Die Ernährungsumstellung und die Änderung der Essgewohnheiten sollten also schrittweise erfolgen. Gemeinsam mit dem Patienten kann eine Liste aufgestellt werden, wann und was dieser isst und welche Mengen er zu sich nimmt. Danach kann überlegt werden, an welchen Stellen es kalorienarme, aber ebenso schmackhafte Alternativen gibt, oder ob bei großen Mengen einer Lieblingsspeise nicht auch Mäßigung und bewusstes Genießen möglich ist. Kleinere Veränderungen sind eher umsetzbar als radikale. Strikte Verbote bewirken meist das Gegenteil, egal ob bei Kindern oder Erwachsenen. Bewegung und sportliche Betätigung fördern den Muskelaufbau und helfen dabei, Fett schneller abzubauen. Wichtig ist ein schrittweiser Beginn mit gezielter Bewegung, möglichst unter Anleitung.

Aufgabe
Überprüfen Sie, ob Ihr eigenes Essverhalten den Vorgaben der Ernährungsmodelle entspricht und alle Nährstoffe beinhaltet. Erstellen Sie dazu eine Liste, was Sie beispielsweise am vergangenen Wochenende gegessen haben. Suchen Sie nach schmackhaften Alternativen, wenn Sie herausfinden, dass Ihr eigenes Essverhalten besonders kalorienreiche Lebensmittel beinhaltet.

2 Lebensmittelzubereitung – Man ist, was man isst

2.1 Lebensmittel einkaufen

Vor dem Einkauf

Vor dem Einkauf sind einige Überlegungen zu tätigen, nach denen dann ein Einkaufszettel erstellt wird. Mögliche Vorüberlegungen:

- Für welchen Zeitraum wird eingekauft, z. B. eine Mahlzeit, einen Tag oder eine Woche?
- In welchen Mengen werden Lebensmittel gebraucht, z. B. Möhren für einen Eintopf, einen Salat oder einen Kuchen?
- Welche Zutaten sind noch ausreichend vorhanden, z. B. Mehl und Zucker?
- Gibt es ausreichende Lagermöglichkeiten für Lebensmittel aus größeren Einkäufen, z. B. Platz im Tiefkühlschrank?

Eine genaue Planung hilft zu vermeiden, dass Lebensmittel weggeworfen werden müssen, weil sie nicht richtig gelagert werden oder vollständig verbraucht werden können. Eine Erleichterung für die Nahrungszubereitung ist ein Essensplan für eine Woche. Es wird damit die Möglichkeit geboten, gemeinsam zu entscheiden, was gekocht wird. Verschiedene Wünsche, ob vegetarisch oder mit Fisch, ob Eintopf oder Dessert, können so berücksichtigt werden. Auf diese Weise findet sich für jeden mindestens ein Essen nach eigenem Geschmack. Nachdem der Plan aufgestellt ist und berechnet wurde, welche Mengen benötigt werden, kann man die Vorräte überprüfen und eine Einkaufsliste schriftlich oder digital erstellen.

Beispiel

Wochentag	Möhren	Vorhanden	Nötig insgesamt	Einkaufszettel
Montag	Eintopf	2 Stck.	1 kg	800 g
Mittwoch	Möhrensalat			
Samstag	Möhrenkuchen			

Es lohnt sich, den Einkauf mit einem Einkaufszettel so vorzubereiten, denn es schützt vor unüberlegten und zu vielen Einkäufen, hilft dabei, Geld zu sparen und ist Gedankenstütze zugleich.

Lebensmittelzubereitung – Man ist, was man isst

Während des Einkaufs
Eine Möglichkeit, Geld zu sparen, ist das Vergleichen von Preisen. Waren mit höheren Preisen befinden sich meist in Griff- bzw. Augenhöhe. Billigere Angebote befinden sich am häufigsten im unteren Bereich der Supermarktregale. Wichtig beim Einkauf ist das sofortige Überprüfen der Waren. Bei losem Obst und Gemüse achtet man auf die äußerliche Unversehrtheit der Schale und darauf, dass keine Druckstellen oder gar Schimmel vorhanden sind. Bei verpackten Waren wird die Verpackung kontrolliert, z. B. ob sie geschlossen ist, ob Konservendosen frei von Dellen sind oder dass man Deckel von Gläsern nicht eindrücken kann, wenn sie vakuumiert sind. Außerdem wird auf dem Etikett überprüft, ob das Mindesthaltbarkeitsdatum noch nicht überschritten ist oder bis wann das Verbrauchsdatum gilt. Lebensmitteletiketten müssen nach deutschem Gesetz folgende Angaben gut lesbar enthalten:

1. Verkehrsbezeichnung,
2. Name und die Anschrift des Herstellers,
3. Verzeichnis der Zutaten (Aufzählung der Stoffe, die der Packung zugegeben wurden) und - freiwillig - eine Nährwerttabelle,
4. Mindesthaltbarkeitsdatum,
5. Mengenangaben.

Inhalt	Weitere Hinweise
Verkehrsbezeichnung	ermöglicht genaue Unterscheidung von ähnlichen Produkten
Zutatenverzeichnis	entsprechend ihres Mengenanteils zum Zeitpunkt ihrer Verwendung beim Herstellungsprozess werden die Zutaten in absteigender Folge angegeben; auf dem Etikett hervorgehobene Zutaten müssen im prozentualen Anteil angegeben werden
Füllmenge	wird in Masse- oder Hohlmaßen angegeben (z. B. kg, ml usw.); Abtropfgewicht bedeutet Inhalt ohne Flüssigkeit
Mindesthaltbarkeitsdatum (MHD)	wird meist in Tag, Monat und Jahr angegeben, Lebensmittel ist bei sachgerechter Lagerung, z. B. bei bestimmten Temperaturen, verzehrbar ohne gesundheitliches Risiko
Verbrauchsdatum	für leicht verderbliche Ware, Lebensmittel dürfen danach nicht mehr verkauft werden, späterer Verzehr birgt gesundheitliches Risiko
Allergenkennzeichnung	seit 2005 müssen 14 der häufigsten Allergene angegeben werden
Angabe/Name des Herstellers	wichtig für Reklamationen
Nährwertkennzeichnung/ GDA-Kennzeichnung	ist noch freiwillig, Angabe nur verpflichtend, wenn ein Nährstoff besonders hervorgehoben wird

Im Dezember 2011 ist die EU-Verbraucher-LebensmittelinfoVO (EU-Verordnung Nr. 1169/2011) in Kraft getreten. Sie regelt in allen Mitgliedsstaaten der EU einheitliche Lebensmittel- und Nährwertkennzeichnungen und löst die nationalen Verordnungen ab. Ab dem 13. Dezember 2014 müssen die neuen Regelungen zur Lebensmittelkennzeichnung zwingend angewendet werden, die Nährwertkennzeichnung wird dann ab dem 13. Dezember 2016 verbindlich.

Informationen
Preise sollen laut Gesetzgeber einfach und schnell verglichen werden können, daher muss neben der Preisangabe für eine Ware auch der Preis für 100 g oder 1 kg/l dieser Ware ausgezeichnet werden. Diese Information befindet sich meist am Regal bzw. hängt über der Ware (bei größeren Posten, z. B. Saftflaschen).

Nach dem Einkauf
Die eingekauften Waren müssen bis zu ihrem Verbrauch sachgemäß gelagert werden. Allgemein gilt, sie trocken, dunkel und meist kühl zu lagern.

Lebensmittelzubereitung – Man ist, was man isst

Aufgaben
1. Wiederholen Sie die sachgemäße Lagerung von Lebensmitteln aus Teil 1, Kap. 1.3, S. 12.
2. Ordnen Sie folgenden Lebensmitteln den richtigen Ort für die Lagerung zu.

Bild 1 Bild 2 Bild 3 Bild 4 Bild 5

Bild 6 Bild 7 Bild 8 Bild 9

Bild 10 Bild 11 Bild 12 Bild 13

2.1.1 Jahreszeitliche Angebote

Obst und Gemüse sollten entsprechend der Erntesaison eingekauft und verarbeitet werden. Meist haben sie einen Preisvorteil, weil zur gleichen Zeit eine große Menge der gleichen Ware angeboten wird. Der wichtigste Grund aber liegt darin, dass zu diesem Zeitpunkt der höchste Gehalt an wichtigen Inhaltsstoffen vorhanden ist und der nötige Reifegrad, der sich vor allem in einem guten und aromatischen Geschmack zeigt. Bei der Erzeugung in Gewächshäusern wird außerdem viel Energie verbraucht, ebenso bei der Lagerung in entsprechenden Reifelagern. Die Hauptsaison für die meisten Frucht- und Gemüsesorten, die im mitteleuropäischen Klima gedeihen, liegt im Zeitraum zwischen Juni und Anfang/Mitte Oktober.

Teil 2: Ernährung

Heimisches Obst und Gemüse: Wann gibt es was?

Saisonkalender für einheimisches Obst und Gemüse

Sehr geringe Klimabelastung: Freilandprodukte

Geringe bis mittlere Klimabelastung: „Geschützter Anbau" (Abdeckung mit Folie oder Vlies, ungeheizt); Lagerware; Produkte aus ungeheizten oder schwach geheizten Gewächshäusern

Hohe Klimabelastung: Produkte aus geheizten Gewächshäusern

www.verbraucherzentrale.de

Impressum:
Verbraucherzentralen Nordrhein-Westfalen, Bayern, Hessen, Niedersachsen, Saarland und Schleswig-Holstein.

Fachliche Beratung: Leibniz-Institut für Gemüse- und Zierpflanzenbau, Großbeeren und Erfurt, Dr. C. Feller; Universität Bonn, INRES-Gartenbauwissenschaft, Dr. M. Blanke

Gestaltung: FP-Werbung / PocketPlaner.de

Stand:
2. überarb. Auflage Sept. 2010

Gefördert vom Bundesministerium für Ernährung, Landwirtschaft und Verbraucherschutz

© Verbraucherzentrale NRW, Düsseldorf

Obst

	Jan.	Feb.	März	April	Mai	Juni	Juli	Aug.	Sep.	Okt.	Nov.	Dez.
Äpfel												
Aprikosen												
Birnen												
Brombeeren												
Erdbeeren												
Heidelbeeren												
Himbeeren												
Johannisbeeren												
Kirschen, sauer												
Kirschen, süß												
Mirabellen												
Pfirsiche												
Pflaumen												
Quitten												
Stachelbeeren												
Tafeltrauben												

Gemüse

	Jan.	Feb.	März	April	Mai	Juni	Juli	Aug.	Sep.	Okt.	Nov.	Dez.
Blumenkohl												
Bohnen												
Brokkoli												
Chicorée												
Chinakohl												
Grünkohl												
Gurken: Salat-, Mini-Gurken												
Gurken: Einlege-, Schälgurken												
Erbsen												
Kartoffeln												
Knollenfenchel												
Kohlrabi												
Kürbis												
Möhren												
Pastinaken												
Porree												
Radieschen												
Rettich												
Rhabarber												
Rosenkohl												
Rote Bete												
Rotkohl												
Schwarzwurzel												
Sellerie: Knollensellerie												
Sellerie: Stangensellerie												
Spargel												
Spinat												
Spitzkohl												
Steckrüben (Kohlrüben)												
Tomaten: geschützter Anbau												
Tomaten: Gewächshaus												
Weißkohl												
Wirsingkohl												
Zucchini												
Zuckermais												
Zwiebeln: Bund-, Lauch-, Frühlings-												

Salate

	Jan.	Feb.	März	April	Mai	Juni	Juli	Aug.	Sep.	Okt.	Nov.	Dez.
Eissalat												
Endiviensalat												
Feldsalat												
Kopfsalat, Bunte Salate												
Radicchio												
Romanasalate												
Rucola (Rauke)												

Saisonkalender Heimisches Obst und Gemüse (Verbraucherzentralen NRW, Bayern, Hessen, Niedersachsen, Saarland und Schleswig-Holstein. September 2010)

Lebensmittelzubereitung – Man ist, was man isst

Passende Rezepte für Saisonobst und -gemüse findet man in fast unendlicher Vielfalt in Kochbüchern, Zeitschriften oder im Internet.

Aufgabe
Sammeln Sie Rezepte, probieren Sie diese aus und erstellen Sie ein saisonales Kochbuch.

Den „Geschmack des Sommers" kann man durch die Konservierungsmethoden Einfrieren, Einkochen, Säuern, Einzuckern oder Trocknen festhalten. Einheimisches Obst und Gemüse, das auch im Winter erhältlich ist, z. B. bestimmte Apfelsorten oder Möhren, ist länger lagerfähig und wird in Lagern unter günstigen Bedingungen bis zum Verkauf aufbewahrt.

2.1.2 Regionale Angebote

Kurze Transportwege von Lebensmitteln sind in jedem Fall umweltschonender und die dadurch geringeren Lagerzeiten bei empfindlichem Obst und Gemüse wirken sich positiv auf die dann angebotene Qualität aus. Man sollte darauf achten, Lebensmittel vor allem aus der Region zu kaufen.

Bauernhöfe betreiben häufig eine Direktvermarktung ihrer Produkte in den eigenen Hofläden oder auf Wochenmärkten. Es geht nicht „frischer", als Obst und Gemüse selbst zu ernten. Außerdem kann man sich nach eigenem Geschmack das Beste auswählen und sofort die Qualität an Ort und Stelle prüfen. Die Möglichkeiten nicht nur Obst und Gemüse, sondern auch andere landwirtschaftliche Produkte direkt vom Erzeuger zu erwerben, sind eine gute Alternative, wenn man keinen eigenen Nutzgarten besitzt.

Das ursprünglich aus Österreich stammende Konzept der Gemüse-Selbsternte wird zunehmend auch in Deutschland umgesetzt. Informationen über nahe Standorte kann man schnell aus dem Internet erhalten. Bei Obst werden häufig Erdbeeren, Kirschen, Heidelbeeren, Himbeeren sowie Äpfel zum Selbstpflücken angeboten. Mit beginnender Saison sollte man sich also erkundigen, wo nahe Felder oder Plantagen zu finden sind. Nebenbei kann solch ein gemeinsamer Ausflug mit Familie oder Freunden kurzweilig und erholsam sein, da man an der frischen Luft und vor allem in Bewegung ist.

Aufgabe
Suchen Sie nach Adressen von Bauernhöfen in Ihrer Region, die ihre Produkte selbst vermarkten. Erkundigen Sie sich, welche Obstplantagen in Ihrer Nähe eine Selbsternte anbieten und wann die Ernte beginnt.

2.1.3 Verbraucherschutz

In Deutschland gibt es viele Regelungen, wie mit Lebensmitteln umzugehen ist. Verbraucherorganisationen, Gesundheitsämter, diverse Gesetze oder Kennzeichnungspflichten sollen helfen, den Verbraucher zu schützen. Dies soll ihm ein gewisses Maß an Sicherheit hinsichtlich der Erzeugung, Verarbeitung und Lagerung von Lebensmitteln gewährleisten. Der Verbraucherschutz beschränkt sich aber nicht nur auf die Lebensmittel, sondern nimmt sich auch anderer wirtschaftlicher Güter, z. B. Dienstleistungen, an. Die oberste Zuständigkeit für Verbraucherschutz und Verbraucherpolitik liegt beim Bundesministerium für Ernährung, Landwirtschaft und Verbraucherschutz in Berlin. Dem Ministerium unterstehen u. a. auch die Verbraucherzentralen, die in allen Bundesländern vertreten sind. Außerdem gibt es die Verbraucherzentrale Bundesverband e. V., die mit Mitteln des Bundesministeriums finanziert wird. Dieser Organisation unterstehen viele weitere Verbraucherverbände. In folgender Tabelle sind einige Organisationen und Verbände aufgeführt, die im Interesse der Verbraucher arbeiten.

Bundesministerium für Ernährung, Landwirtschaft und Verbraucherschutz	www.bmelv.de
Bundesverband der Verbraucherzentralen und Verbraucherverbände – Verbraucherzentrale Bundesverband e. V.	www.vzbv.de
Verbraucherzentrale Bundesverband e. V.	www.verbraucherzentralen.de
aid infodienst Ernährung, Landwirtschaft, Verbraucherschutz e. V.	www.aid.de
Deutsche Gesellschaft für Ernährung e. V.	www.dge.de

A *Aufgaben*
1. *Erstellen Sie eine Liste mit Namen, Adressen und Telefonnummern von Verbraucherschutzorganisationen, die in Ihrem Ort bzw. Ihrer Region zu finden sind, und an die Sie sich mit Fragen wenden können.*
2. *Besuchen Sie mit Ihrer Klasse eine Verbraucherzentrale und lassen Sie sich ausführlich über deren Arbeit informieren.*

Im Allgemeinen leisten Verbraucherschutzorganisationen und -verbände folgende Aufgaben:

- Information, Aufklärung und Beratung von Verbrauchern
- Unterstützung, z. B. bei Rechts- oder Gesundheitsfragen
- Wahrung und Vertretung von Interessen der Verbraucher gegenüber der Wirtschaftslobby und der Politik

Selbst informieren kann man sich auch über die Medien wie dem Fernsehen (Verbrauchermagazine) oder in entsprechenden Zeitschriften.

Die unabhängige Stiftung Warentest, 1964 vom deutschen Bundestag als „neutrales Warentestinstitut" gegründet, gibt zum Beispiel monatlich eine Zeitschrift heraus, in denen aktuelle Testergebnisse aus den verschiedensten Bereichen nachzulesen sind. Produkte mit sehr guten und guten Ergebnissen werden dann meist mit dem Logo versehen und somit werbewirksam verkauft.

Lebensmittelzubereitung – Man ist, was man isst

Weitere solcher Zeichen geprüfter Waren sind beispielsweise das Testurteil und Siegel des ÖKO-TEST-Magazins, das sich vor allem Lebensmitteln und Gesundheitsthemen widmet, oder das des Technischen Überwachungsvereins (TÜV), der vor allem Geräte, Maschinen und Kraftfahrzeuge, aber auch Spielzeuge auf Sicherheit überprüft.

Hinsichtlich des Umweltschutzes und der Nachhaltigkeit von Rohstoffen sind diese beiden Zeichen von Bedeutung:

- Der Blaue Engel kennzeichnet neben Produkten auch Dienstleistungen, die umweltschutzbezogene Eigenschaften haben, z. B. nur geringe Mengen an Schadstoffen aufweisen, die recycelt werden können oder wenig Energie benötigen. Lebensmittel sind dabei ausgeschlossen.
- Das staatliche Bio-Siegel kennzeichnet Agrarprodukte und Lebensmittel, die ökologisch erzeugt und auf ihre Bioqualität hin geprüft wurden. Diese Produkte dürfen u. a. nicht mit Gentechnik hergestellt oder mit chemisch-synthetischen Pflanzenschutzmitteln behandelt werden. Tiere müssen artgerecht gehalten werden.

2.2 Lebensmittel zubereiten

Bei der Lebensmittelzubereitung sollte bei der Auswahl der Nahrungsmittel und der Rezepte im Vorfeld darauf geachtet werden, dass die Grundsätze für eine ausgewogene Ernährung eingehalten werden.

2.2.1 Lebensmittel roh zubereiten

Roh zubereitet werden meist Salate, vor allem aus Obst und Gemüse, Sprossen oder Keimen, aber auch aus vorgegarten Lebensmitteln. Allgemein gilt für die Zubereitung von Lebensmitteln:

- Arbeitsplatz einrichten, alle Arbeitsmittel und Zutaten bereitstellen
- Hygieneregeln und Unfallschutz beachten (vgl. Teil 1, Kap. 1.2, S. 10ff und S. 17ff)
- Nur einwandfreie und frische Lebensmittel verwenden

Arbeitsmittel
Nützliche Arbeitsmittel für die Zubereitung von Rohkost sind:

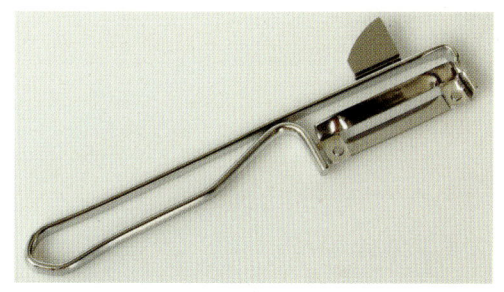

Sparschäler   *Mittelgroßes Küchenmesser*   *Gemüsemesser*

Tourniermesser    *Gemüsehobel*    *Reibe*

Elektrische Geräte, vor allem Zerkleinerer, sollten sinnvoll eingesetzt werden, d. h. man sollte vorher abwägen, ob für die Zubereitung kleinerer Mengen eine einfache Handreibe schneller griffbereit ist bzw. einfacher zu reinigen ist als ein elektrisches Gerät, bei dem meist mehrere Teile zu reinigen sind.

> **TIPP**
>
> *Hinweise zur Zubereitung roher Lebensmittel*
>
> - *Festes Obst und Gemüse werden vor der Zubereitung sehr gründlich unter kaltem, fließendem Wasser gewaschen.*
> - *Obst und Gemüse mit empfindlicher Struktur werden in kaltem, stehendem Wasser gewaschen.*
> - *Salat- und Blattgemüse werden mit Salatschleuder trocken geschleudert.*
> - *Rohe Lebensmittel gründlich putzen, dann erneut waschen.*
> - *Rohe Lebensmittel erst kurz vor dem Anrichten zerkleinern, um Nährstoffverluste zu minimieren.*
> - *Marinaden für Rohkost- bzw. Blattsalate erst kurz vor dem Servieren untermischen, da die Salate sonst wässrig werden.*
> - *Marinaden für Salate mit gegarten Lebensmitteln untermischen und mindestens eine Stunde durchziehen lassen, eventuell vor dem Servieren wiederholt abschmecken.*

Schnittformen für Gemüse

Scheiben    *Stücke*    *Streifen*

Lebensmittelzubereitung – Man ist, was man isst

Stifte  *Raspeln*  *Würfel*

Aufgabe
Bereiten Sie Rohkost zu. Üben Sie dabei die verschiedenen Schnittformen.

2.2.2 Lebensmittel garen

Für das Garen von Lebensmitteln ist es wichtig, das richtige Kochgeschirr zu verwenden, vor allem um Energie zu sparen. Daher ist Folgendes zu beachten:

- Gut schließbare Töpfe mit Deckel verwenden.
- Topf- und Pfannenböden sollten dem Durchmesser der Herdplatte entsprechen und weder größer noch kleiner als diese sein.
- Topf- und Pfannenböden müssen für die verschiedenen Herdarten (z. B. Gas- oder Induktionsherd) geeignet sein; Informationen sollten bereits vor dem Kauf eingeholt werden.
- Griffe sollten nicht wärmeleitend und auch für den Backofen geeignet sein.
- Topf- und Pfannengrößen sollten der Menge der Lebensmittel entsprechen.

Informationen
Gasherde lassen sich sehr gut in der Hitze regulieren. Elektroherde mit Kochplatten oder Glaskeramik-Kochfeldern können Lebensmittel noch nachgaren, wenn sie ausgeschaltet sind, da die Platten nicht sofort abkühlen. Das kann man sich zunutze machen, um Energie zu sparen.

Für das Garen von Lebensmitteln können verschiedene Verfahren angewendet werden. Darunter gibt es nährstoffschonende, die besonders für Obst und Gemüse geeignet sind. Andere Garprozesse wiederum sind geeignet, um Fleisch gar werden zu lassen. Die Garverfahren sind in folgender Tabelle dargestellt sowie eine Auswahl an Nahrungsmitteln, für die sie geeignet sind.

Garverfahren	Definition	Geeignet z. B. für	Bemerkung
Kochen	Garen in Flüssigkeit bei etwa 100 °C	Kartoffeln, Hülsenfrüchte, Quitten, Suppenfleisch	Ansetzen in siedender Flüssigkeit verringert das Auslaugen, Ansetzen in kaltem Wasser ermöglicht das Auslaugen, z. B. für Fleischbrühe
Garziehen (Pochieren)	Garen bei ca. 80 °C in reichlich wässriger Flüssigkeit	Klöße, Nudeln, Reis, Fisch	verhindert das Abkochen der äußeren Lebensmittelschicht, Form bleibt erhalten
Dämpfen	Garen der Lebensmittel durch Wasserdampf	Obst, Gemüse, Fisch	nährstoffschonend durch wenig Auslaugverluste, Töpfe mit Siebeinsatz verwenden
Dampfdruckgaren	Garen im Dampfdrucktopf bei ca. 120 °C, Gargut wird gekocht oder gedämpft	festes Gemüse, Kartoffeln, Fleisch, Fisch	Sicherheitshinweise für den Umgang mit dem Dampfdrucktopf beachten, zeitsparendes Verfahren
Dünsten	Garen bei ca. 100 °C in wenig eigenem Saft oder wenig Flüssigkeit/Fett	Obst, Gemüse, Fisch	nährstoff- und geschmacksschonend, auf richtige Flüssigkeitsmenge während des Garens achten
Schmoren	Garen durch Anbraten in Fett, danach weitergaren in wenig Flüssigkeit	vor allem Fleisch	erst im offenen Topf anbraten, dann wenig siedende Flüssigkeit zufügen
Braten	• Pfanne: Garen im heißen Fett, als Kurzbraten bezeichnet • Ofen: Bräunen in trockener Wärme durch Strahlung oder heiße Luft	• Pfanne: Fleischscheiben, Frikadellen, Fischstücke, Kartoffeln • Ofen: Fleisch, Geflügel	beim Kurzbraten in der Pfanne Fett nicht zu stark erhitzen und nur trockenes Bratgut zugeben, sonst besteht die Gefahr der Fettverpuffung
Überbacken	Bräunen der Oberfläche im Backofen mittels Oberhitze bei ca. 180 °C bis 200 °C	Aufläufe, meist bedeckt mit Käse, Eier-, Sahne-, Béchamelsoße oder Milch	Auflaufformen verwenden, Speisen werden nicht abgedeckt
Grillen	Garen mithilfe von Kontakt- oder Strahlungshitze	Fleisch, Geflügel, Fisch, Gemüse	um das Austrocknen der Randschichten zu vermeiden, Gargut mit etwas Fett bestreichen; keine gepökelte Ware grillen, da das Nitritpökelsalz krebserregende Nitrosamine bildet

Garverfahren	Definition	Geeignet z. B. für	Bemerkung
Frittieren	Garen in heißem Fettbad zwischen 150 °C und 180 °C	Kartoffeln, Kartoffelprodukte, Gemüse, Fisch	Gargut in kleinen Portionen zubereiten, gut abtropfen lassen, nur geeignete Frittierfette verwenden, die nach dreimaligem Gebrauch erneuert werden **Merksatz** **Es besteht Spritz- und Verpuffungsgefahr beim Einfüllen von feuchten oder TK-Produkten.**
Mikrowellengaren	Garen mittels wärmeerzeugender elektromagnetischer Wellen, die das Lebensmittel fast gleichzeitig an jeder Stelle erwärmen	meist vorgegarte Lebensmittel	zeitsparend, vorwiegend zum Aufwärmen oder Erhitzen geeignet, auch zum Auftauen von Lebensmitteln, nur mikrowellengeeignetes Geschirr verwenden, Lebensmittel abdecken

Aufgaben
1. *Suchen Sie nach einfachen und passenden Rezepten. Üben Sie das Garen mit den verschiedenen Verfahren. Bereiten Sie die Speisen in Partnerarbeit zu.*
2. *Besuchen Sie – eventuell gemeinsam – einen Kochkurs.*

2.2.3 Lebensmittel mit Kräutern und Gewürzen aufwerten

Kräuter und Gewürze dienen der Geschmacksverbesserung zubereiteter Speisen. Dadurch sind sie auch besonders für eine salzarme Ernährung geeignet.

Merksatz
Salz ist kein Gewürz, sondern ein Würzmittel, da es anorganischen Ursprungs ist. Ein stetig erhöhter Kochsalzkonsum kann sich im Alter negativ auf den Blutdruck auswirken. Menschen, die bereits an Bluthochdruck erkrankt sind, sollten generell den Salzkonsum einschränken.

Kräuter und Gewürze wirken positiv auf die Verdauung und erhöhen somit die Bekömmlichkeit von Mahlzeiten. Kräuter spielen auch im medizinischen Bereich eine Rolle. Sie können z. B. Bestandteil von Aufgussgetränken, Tinkturen oder Salben sein. Von Kräutern werden nur die oberirdischen Teile der Pflanzen entweder frisch, getrocknet oder gefroren verwendet. Eine Ausnahme ist die Petersilie, von der auch die Wurzel Verwendung in der Küche findet. Viele Kräuter können in den heimischen Gärten angebaut werden. Sie gedeihen auch in Balkonkästen oder in Blumentöpfen auf der Fensterbank.

TIPP

Kresse
Die Pflege von Kräutern, beginnend von der Aussaat bis zum Schnitt, bietet eine gute Möglichkeit, kleinere Kinder einzubeziehen. Gut geeignet ist beispielsweise die Kresse. Das Kraut ist reich an Vitamin C und kann auf Watte, Küchenpapier oder Vlies wachsen. Bereits nach etwa einer Woche kann geerntet werden. Kresse schmeckt sehr gut auf Butterbrot oder Frischkäsebrot.

Kräuter
Häufig verwendete Kräuter werden hier mit Wirkung und Verwendung vorgestellt.

Kräuter	Wirkung und Verwendung
Petersilie	• glatte oder krause Form • enthält Vitamin C • für Brühen, Suppen, Eierspeisen, Kartoffelgerichte • als Garnierung oder gehackt zum Bestreuen
Dill	• hilft gegen Blähungen • für Gurken- und Tomatensalate • für Quark • für gedünsteten Fisch • für eingelegte Gurken
Schnittlauch	• enthält Vitamin C • für Eierspeisen, Suppen • für Quark • für Radieschensalat

Lebensmittelzubereitung – Man ist, was man isst

Kräuter	Wirkung und Verwendung
Basilikum	• als grüne oder dunkelviolette Pflanze erhältlich • regt den Appetit an, fördert die Verdauung • für Speisen italienischer Küche • für Tomaten, Mozzarella, Auberginen und Hackfleisch
Majoran; auch Oregano (= wilder Majoran)	• wird mitgegart • für Fleisch, Bratkartoffeln, Tomatensoßen, Bohnen, Grützwurst

Gewürze

Gewürze werden fast nur in getrocknetem Zustand verwendet. Sie können aus allen Teilen einer Pflanze gewonnen werden. Außerdem wachsen Gewürze kaum in unseren Regionen, sondern stammen meist aus Asien und dem Orient.

Gewürze	Wirkung und Verwendung
Pfeffer	• Früchte des Pfefferstrauchs • passt zu fast allen Gerichten • schwarzer Pfeffer ist scharf • weißer Pfeffer ist milder

Gewürze	Wirkung und Verwendung
Paprika	- getrocknete, gemahlene Frucht der Paprikapflanze - für Fleisch, Fisch, Suppen, Soßen, Eintöpfe - im Handel von sehr scharf über würzig bis zu einer milden Note erhältlich
Kümmel	- Samen der Kümmelpflanze - fördert die Verdauung - hilft gegen Blähungen - für Kartoffelgerichte, Sauerkraut, Gemüse - als Zutat im Kräuterlikör
Zimt	- getrocknete Rinde des Zimtbaumes - für Weihnachtsplätzchen, Süßspeisen - als Verfeinerung von Kaffee- und Kakaogetränken - Bestandteil des Glühweingewürzes oder von Likören - als Stück Zimtrinde oder gemahlen erhältlich
Curry	- ist eine Gewürzmischung indischer Herkunft - kann gelblich bis rötlich aussehen und unterschiedlich scharf sein - für Fleisch, Fisch und Reisgerichte

3 Kinder für die Nahrungszubereitung begeistern

3.1 Kinder erleben Essen

Der Umgang und die richtige Auswahl an Nahrungsmitteln scheinen so einfach zu sein. Dennoch wird immer wieder darauf hingewiesen, dass Kinder – vor allem jene, die in Städten aufwachsen – nur selten wissen, wo die Lebensmittel herkommen, wie sie ursprünglich aussehen oder schmecken. Das mag ein Ausdruck der schnelllebigen Zeit sein, in der die Nachfrage nach all jenen Fertigprodukte besonders groß ist, die Zeit sparen und durch schnelles Aufwärmen in Herd oder Mikrowelle sofort essbereit sind. Auch die unzähligen Möglichkeiten, in größeren Städten fertige Speisen nach Hause zu bestellen, spiegeln die scheinbar gesellschaftliche und berufliche Notwendigkeit wider, die Nahrungszubereitung so wenig aufwendig wie möglich zu gestalten. Dennoch ist Folgendes Fakt: Je umfassender ein Lebensmittel industriell verarbeitet ist, desto mehr enthält es üblicherweise auch Zusatzstoffe wie Konservierungsstoffe, Geschmacksverstärker und Farbstoffe. Die Fertigprodukte haben zudem meist einen genormten Geschmack, also einen Einheitsgeschmack, der auch unsere Zunge zur eintönigen Geschmacksorientierung erzieht.

Ein frisch zubereitetes Essen bietet neben dem Geschmackserlebnis auch den Vorteil, dass nur der Koch allein bestimmt, welche Stoffe im Gericht sind. Dass eine ausgewogene Ernährung eine Grundlage für eine gesunde Lebensweise ist, sollten Kinder schon von klein auf lernen. Denn viele Gewohnheiten, so auch Essgewohnheiten, werden im Kindesalter geprägt und beeinflussen den Menschen meist ein Leben lang. Nachfolgend werden verschiedene Vorschläge und Tipps aufgeführt, wie man Kinder zu einer bewussten Ernährungsweise anleiten kann.

Hinweise für eine bewusste Ernährung

- Zusammen mit Kindern den Lebensmitteleinkauf machen, damit sie sehen, welche Lebensmittel wichtig sind. Die Nahrungsmittel dabei entsprechend der Ernährungspyramide auswählen.
- Kinder bei der Nahrungszubereitung mit einbeziehen, damit diese das Kochen Schritt für Schritt lernen.
- Größere Kinder können auch Mahlzeiten selbst zubereiten, wenn diese geübt sind. Das fördert das Selbstvertrauen.
- Wenn es im Arbeitsalltag nicht möglich ist, täglich gemeinsam zu kochen, können Eltern einen festen Termin bestimmen, denn Kinder lieben Rituale.
- Bei der Nahrungszubereitung können dem Kind die Arbeitsschritte und Maßnahmen zum Arbeitsschutz erklärt werden.
- Bei der Nahrungszubereitung können den Kindern Nahrungsmittel erklärt werden und wofür diese im Körper gut sind.
- Durch Kosten und Riechen und das Beschreiben der Düfte und des Geschmacks kann der Geruchs- und Geschmackssinn der Kinder trainiert werden. Spielend trainieren kann man diese Sinne, wenn Kinder mit geschlossenen Augen Nahrungsmittel kosten und erraten.

- Zum Kochen und Backen können auch andere Kinder eingeladen werden, das fördert die Geselligkeit, die soziale Kompetenz und regt zum selbstständigen Handeln an. Ein gemeinsames Mahl nach getaner Arbeit gehört selbstverständlich dazu.
- Kinder sollten nicht nur mit ihren Lieblingsspeisen ernährt werden, dies führt zur Einseitigkeit. Weniger fragen, mehr anbieten!
- Kinder sollten nicht zum (Auf-)Essen gezwungen, sondern es kann auf das natürliche Sättigungsgefühl des Kindes vertraut werden. Kinder haben ähnlich wie Erwachsene nicht jeden Tag den gleichen Appetit.
- Kinder können selbst die Speisen auf den eigenen Teller auflegen, sie nehmen sich selten zu viel.
- Man sollte versuchen, saisonal und abwechslungsreich zu kochen. So kann man „ungeliebtes Gemüse" in anderen Speisen anbieten; wenigstens sollte probiert werden, manchmal schmeckt es plötzlich besser.
- Zu den Hauptmahlzeiten und den Zwischenmahlzeiten sollte auch immer frisches Obst oder Gemüse angeboten werden.
- Süßigkeiten gemeinsam, bewusst und mit Genuss verzehren.
- Säfte, Limonaden, Cola usw. mit Mineralwasser verdünnen, besser jedoch von klein auf zum Durststillen an Mineralwasser und ungesüßte Früchtetees gewöhnen.
- Vorbildwirkung der Erwachsenen beachten, z. B. nicht sinnlos herumnaschen.
- Mahlzeiten frei von Stress und in angenehmer Situation ermöglichen.
- Essen bzw. Genussmittel weder als Belohnung noch als Bestrafung (z. B. Verbot) benutzen.
- Den Kindern ab und zu eigene Vorlieben gestatten, z. B. Fast Food, Eis, Cola. Strikte Verbote fördern nur unnötig das Verlangen, manchmal verlieren sich diese Vorlieben von selbst, wenn Kinder an eine ausgewogene Ernährungsweise gewöhnt sind.

Berücksichtigt man die Vorschläge, können Kinder die Nahrungsaufnahme und die damit verbundene Esskultur leicht erlernen und auch im Erwachsenenleben weiter anwenden.

3.2 Kinderleichte Rezepte

Bei der gemeinsamen Speisenzubereitung mit Kindern sollte eindringlich auf die Grundlagen der Nahrungszubereitung mit den entsprechenden Hygienevorschriften hingewiesen werden. Ebenso ist der Arbeitsschutz einzuhalten. Schutzmaßnahmen wie der Krallen- und Tunnelgriff oder die Benutzung des Fingerschutzes müssen gezeigt und vor allem unter Aufsicht geübt werden. Dies betrifft den Umgang mit Messern und Geräten, aber auch den Umgang mit dem Küchenherd.

A *Aufgaben*
1. Wiederholen Sie die Grundlagen der Unfallverhütung (vgl. Teil 1, Kap. 2, S. 17ff).
2. Erklären Sie die verschiedenen Unfallmaßnahmen, als würden Sie diese einem Kind erklären.

Kinder für die Nahrungszubereitung begeistern

Zur Arbeitserleichterung und Zeiteinsparung sollten folgende Punkte beachtet werden:

- Zu Beginn
    - Arbeitsplatz vorbereiten
    - Arbeitsmittel und Arbeitsgeräte bereitstellen
    - Zutaten abwiegen/abmessen und bereitstellen
- Nach dem Zubereiten
    - Arbeitsmittel und Geräte säubern und wegräumen
    - Arbeitsplatz reinigen

Häufig verwendete Abkürzungen und Maße in Rezepten sind:

TL	Teelöffel
EL	Esslöffel
MSP	Messerspitze
Pck.	Päckchen
Pr.	Prise (ist die Menge, z. B. Salz, die sich zwischen drei Finger fassen lässt)

Häufig verwendete Maßangaben sind:

⅛ l	= 125 ml	⅛ kg	= 125 g
¼ l	= 250 ml	¼ kg	= 250 g
½ l	= 500 ml	½ kg	= 500 g

Heutzutage gibt es unzählige Kochbücher, Rezeptzeitschriften und entsprechende Seiten im Internet, mit der eine Fülle an Mahlzeiten zubereitet werden können. Bevor man mit Kindern kocht, sollten die Rezepte selbst ausprobiert werden. Das gibt Sicherheit und ermöglicht gutes Gelingen. Zusätzliche Mühe erspart man sich, indem man diejenigen Rezepte bevorzugt, bei denen die meisten Zutaten bereits vorhanden sind. Aufgrund der Fülle an möglichen Rezepten wird im Folgenden nur eine Auswahl an einfachen, eben kinderleichten Rezepten vorgestellt. Diese wurden unter dem Gesichtspunkt der Vorbereitung eines Kindergeburtstages ausgewählt (vgl. dazu S. 167).

Rezepte für einen Kindergeburtstag

Getränke
Apfeltee
Zutaten: 1 l Wasser und eine Tasse getrockneter Apfelschalen
Alles zusammen kalt ansetzen und 10 bis 15 Minuten leise köcheln lassen.
Danach den Tee durch ein Sieb in eine Kanne gießen.

Sommerkuss (für 8 Personen)
Zutaten: 750 ml Wasser, 750 ml Apfelsaft, 3 EL beliebiger, loser Früchtetee, 1 EL Zitronensaft, Eiswürfel, eine Biozitrone zum Servieren

- Wasser zum Kochen bringen und den Früchtetee übergießen
- Das Ganze ca. 10 min ziehen lassen

- Danach durch ein Sieb in eine Glaskanne gießen und kalten Apfelsaft dazugeben
- Abkühlen lassen und danach in den Kühlschrank stellen, damit das Getränk gut durchkühlt
- Zum Servieren die Zitrone waschen, in Scheiben schneiden, Eiswürfel auf die Gläser verteilen, dazu je eine Zitronenscheibe, mit dem Getränk auffüllen, sofort servieren

Kakaogetränk (für 4 Personen)
Zutaten: 30 g Kakaopulver, 30 g Zucker, ½ Tasse Wasser, 1 l Milch; nach Geschmack eine Prise Zimt, eine Messerspitze Vanillemark

- Kakao, Zucker und Wasser verquirlen
- Milch zum Kochen bringen und das Kakaogemisch sofort unter ständigem Rühren zugeben und vom Herd nehmen
- Nach Geschmack verfeinern und in vier große Tassen füllen

Nach Belieben kann ein Teil der Milchmenge durch Wasser ersetzt werden.

Milchmixgetränke (für jeweils 4 bis 6 Personen)
Kakao-Banane-Mix
Zutaten: eine Banane, 800 ml Milch, 1 TL Kakao, ev. etwas Zucker; nach Geschmack eine Prise Zimt, eine Messerspitze Vanillemark, 1 EL Kokosraspel

- Banane, Kakao und ein Drittel der Milch in den Mixer geben und gut durchmixen
- Danach die restliche Milch zufügen und Vorgang kurz wiederholen
- Auf vier Gläser verteilen

Fruchtige Milch
Zutaten: 1 l Milch, 200 g bis 400 g gewaschene und geputzte Früchte der Saison, 2 EL Zitronensaft, nach Belieben 1 oder 2 EL Zucker oder Honig

- Alle Zutaten im Mixer vermischen
- Auf Gläser verteilen

Diese Getränke lassen sich auch mit Buttermilch und Joghurt zubereiten.

Essen
Möhren-Apfel-Salat (für 4 Personen)
Zutaten: 300 g Möhren, 200 g Äpfel, 1 bis 2 EL gehackte Nüsse, Zitronensaft und Zucker

- Möhren und Äpfel waschen und schälen
- Beide Zutaten reiben
- Nüsse zugeben
- Mit Zucker und Zitronensaft abschmecken

Obstsalat (für 4 Personen)
Zutaten: insgesamt 600 g Obst (aus Äpfeln, Birnen, Weintrauben, Pfirsichen, Aprikosen, gehäuteten Pflaumen), Saft aus einer Zitrone, 2 EL Zucker, 2 EL gehackte Nüsse, 3 EL Joghurt oder Sahne

- Obst waschen und in mundgerechte Stücke schneiden, mit Zitronensaft beträufeln
- Weintrauben in Hälften schneiden

Kinder für die Nahrungszubereitung begeistern

- Restliche Zutaten vermischen und zum Obst geben
- Nur kurz durchziehen lassen

Quarkkuchen (für eine Springform, 26 cm)
Zutaten für den Teigboden: 230 g Mehl, 80 g Margarine, 50 g Zucker, 1 Ei, 1 TL Backpulver
Zutaten für die Quarkmasse: 500 g Quark, 200 g Zucker, 500 ml Milch,1 Pck. Vanillepuddingpulver, 2 Eier, 125 ml Öl, 1 TL abgeriebene Zitronenschale einer Bio-Zitrone

- Zuerst die Zutaten für den Teig verkneten, kurz ruhen lassen
- Backform einfetten
- Teig ausrollen und in der Form verteilen
- Danach Quark, Zucker, Milch und Öl vorsichtig verrühren bis eine flüssige Masse entsteht
- Übrige Zutaten in die Masse geben
- Masse in die Form gießen
- Kuchen im vorgeheizten Ofen bei 180 °C ca. 55 min backen

Muffins (für 12 Stück)
Zutaten: 300 g Mehl, 80 g Zucker, 1 TL Backpulver, 2 EL Vanillezucker, 100 g Butter, 220 ml Milch, 2 Eier

- Butter zerlassen und mit der Milch verrühren
- Eier zugeben und vorsichtig verrühren
- Mehl und Backpulver vermischen, in die flüssige Masse sieben und dann kurz alles gut verrühren
- Papierförmchen in die Form setzen und mit jeweils einem Klecks Teig füllen
- im vorgeheizten Ofen bei 200 °C im oberen Bereich 20 bis 30 min backen

Muffins lassen sich gut verzieren mit Puderzuckerglasur, Kuvertüre, Nüssen oder Dragees.

Pizza (für ein Pizzablech)
Zutaten für den Teig: 500 g Mehl, 1 Pck. Trockenhefe, 80 ml Öl, ¼ l Milch, 1 TL Zucker, 1 Pr. Salz
Zutaten für den Belag: eine große Dose Pizzatomaten, 220 g grob geriebenen Käse, je ca. 100 g Belag nach Belieben, z. B. Kochschinken, Salami, Champignons, Zwiebel, Paprika
Zutaten zum Würzen: Basilikum und Oregano

- Mehl sieben und mit der Trockenhefe vermischen
- Zucker und Salz ebenfalls
- Handwarme Milch und Öl zugeben
- Teig verkneten
- Teigschüssel mit einem sauberen Tuch bedecken und an einem warmen Ort ca. 30 min gehen lassen
- Danach den Teig erneut verkneten, auf bemehlter Fläche ausrollen und auf das gefettete Backblech geben
- Erst die Pizzatomaten verteilen, mit Basilikum und Oregano würzen, dann den restlichen Belag verteilen
- Im vorgeheizten Ofen ca. 35 min backen

Tomatenauflauf (für 4 bis 6 Personen)
Zutaten: 1 kg gekochte Pellkartoffeln, 500 g Tomaten, 6 hartgekochte Eier, Öl, Salz, Pfeffer, ¼ l saure Sahne, 2 EL Semmelbrösel, 1 EL Butter

- Kartoffeln pellen
- Kartoffeln, Tomaten und Eier in Scheiben schneiden
- Alles abwechselnd in eine gefettete Auflaufform schichten
- jede Schicht etwas salzen und pfeffern
- Saure Sahne ebenfalls mit Salz und Pfeffer abschmecken und über den Auflauf geben
- Semmelbrösel aufstreuen und Butterflöckchen verteilen
- Im vorgeheizten Ofen ca. 40 min bei 160 °C backen

3.3 Das Auge isst mit

Eine schön angerichtete Speise kann ebenso den Appetit anregen wie ein guter Duft oder Geschmack. Selbst im Alltag lassen sich Speisen mit wenigen Handgriffen optisch verschönern. Die Basis für eine gute Optik ist ein gut gedeckter Tisch, der sofort eine angenehme Atmosphäre schafft (vgl. Kap. 4.1, S. 170).

TIPP

Hinweise für den Alltag

- *Verpackte Lebensmittel auf Teller oder in Schälchen geben.*
- *Gegarte Lebensmittel in Schüsseln oder Terrinen auftragen, statt in Töpfen.*
- *Beim Auflegen auf den Teller darauf achten, dass der Rand sauber bleibt; sonst mit einem Küchentuch den Rand abwischen.*
- *Nach dem Zubereiten sollte man die Salate in eine saubere Schüssel umfüllen, damit ein sauberer Rand bleibt.*
- *Für Salate wird das Salatbesteck bereitgelegt.*
- *Brot und Brötchen werden in den Brotkorb gelegt.*
- *Fischdosen können in Keramikgeschirr gestellt werden.*
- *Wurst und Käse werden fächerförmig oder gerollt auf einem Teller nach Sorten angeordnet, von links nach rechts beginnend, Vorlegegabel mit auflegen.*
- *Obst und Gemüse werden nach Sorten und Farben gleichmäßig angeordnet.*
- *Mit Petersilie oder anderen Kräutern, ob als Blättchen oder geschnitten, lassen sich Speisen schnell garnieren.*

A *Aufgabe*
Üben Sie mit verschiedenfarbigen Metaplankarten (runde oder eckige Form) das Anrichten von kalten Platten, indem Sie Fächerformen gleichmäßig auflegen.

Kinder für die Nahrungszubereitung begeistern

Kinder können beim Anrichten der Teller und Platten behilflich sein. Dadurch wird auch das ästhetische Empfinden gefördert, ebenso beim Garnieren. Geeignet zum Garnieren sind vor allem Obst und Gemüse, das frisch und formschön sein sollte. Bei der Verwendung von Äpfeln, Birnen, Bananen und Sellerie müssen die Schnittstellen mit Zitronensaft beträufelt werden, da sie sich sonst durch den Kontakt mit der Luft verfärben.

Anrichten mit Keramikformen für Fisch

Gleichmäßig aufgelegt: Wurst und Käse

Nach Farben und Sorten aufgelegtes Obst

Angerichtetes Gemüse

Für die Formgebung gibt es geeignete Hilfsmittel, die der Fantasie kaum Grenzen setzen. Einige dieser Küchenhelfer sind hier zu sehen.

Gerät	Verwendung
Garnier- und Ausstechformen	Obst und Gemüse, roh oder nicht zu weich gegart in dünne Scheiben schneiden und die gewünschte Form ausstechen

Gerät	Verwendung
Kugelausstecher	<ul><li>zur Herstellung von Obst- und Gemüsekugeln</li><li>für vollreifes Obst ungeeignet</li><li>aus Melonensorten, Kürbissen und Gurken erst die Kerne entfernen, dann das Fruchtfleisch ausstechen</li></ul>
Buntmesser	durch die geriffelte Schneide lassen sich Scheiben, Stifte oder Würfel mit Wellenform herstellen
Julienne-Schneider	<ul><li>damit können feine Streifen geschnitten werden</li><li>als Streudekoration auf Salaten wirken farbliche Kontraste, z.B. Möhre und Lauch oder Orangen- und Zitronenschalen</li></ul>
Kanneliermesser	man kann damit in Obst und Gemüse Furchen ritzen; werden danach Scheiben geschnitten, haben diese einen gezackten Rand, bei tief geschnittenen Furchen auch eine Sternform

Selbstverständlich lassen sich auch Süßspeisen mit Glasuren und Kuvertüren oder Farbtupfern aus Konfitüre und Fruchtpüree verzieren. Marzipan ist gut formbar und färbbar. Man kann mit etwas Übung schöne Figuren wie Blumen, Mäuse oder Käfer aus Marzipan modellieren. Kuchen und Muffins werden so zum Hingucker.

A Aufgaben
1. Leihen Sie Bücher zum Thema „Garnieren" oder „Verzieren" aus und suchen Sie einige Beispiele heraus, die Sie leicht umsetzen können. Üben Sie dann das Garnieren und das Verzieren.
2. Stellen Sie in Gruppenarbeit mit den oben genannten Hilfsmitteln verschiedene Garnierungen her. Organisieren Sie einen Wettbewerb innerhalb der Klasse, wer die schönsten Garnierungen anfertigt.

3.4 Besondere Anlässe

In diesem Kapitel werden zwei Möglichkeiten vorgestellt, kindgerecht besondere Anlässe zu planen und durchzuführen. Diese Vorschläge sind nicht nur für die Anwendung zu Hause geeignet, sondern lassen sich ebenso gut in Kindertagesstätten durchführen. Es ist auch angedacht, die Kinder vor allem bei der Nahrungszubereitung einzubeziehen.

3.4.1 Kindergeburtstag

Unabhängig von den Speisen erleichtern folgende Überlegungen und Punkte die Vorbereitung eines Kindergeburtstages. Dabei sollten die Eltern bestimmen, wie viele Kinder zu Gast sein werden. Eine einfache Regel lautet: Je jünger das Kind, desto weniger Gäste nehmen teil und umso kürzer wird das Fest. Kinder sollten trotzdem in die Vorbereitung einbezogen werden, um auch ihre Wünsche und Vorstellungen zu berücksichtigen.

Hinweise zur Vorbereitung eines Kindergeburtstages

- *Einladungen gestalten, mit Datum, Ort, Uhrzeit und Telefonnummer versehen.*
- *Liste schreiben, was gekauft werden muss bzw. was vorhanden ist.*
- *Plan für den Tag der Feier erstellen, um genügend Zeit zu haben, das Essen vorzubereiten, zu dekorieren, einzudecken usw.*
- *Ausgestaltung des Raumes oder des Gartens sowie die Gestaltung des Geburtstagstisches überlegen.*
- *Erstellen einer Übersicht, welche Spiele durchgeführt werden und ob oder welche Gewinne es dafür geben wird.*
- *Eventuell ein kleines Dankeschön für jedes Gastkind vorbereiten, z. B. eine Figur aus Salzteig basteln und anmalen, ein kleines Etui mit Buntstiften, Spitzer, Radiergummi usw.*
- *Planung einer „Schlecht-Wetter-Variante" bei einem Gartenfest.*
- *Heimweg der Gäste organisieren.*

Essen und Getränke
Für eine Feier am Nachmittag wird eher eine Vesper vorbereitet. Dafür geeignet sind Gebäck wie Muffins und Kekse. Als Geburtstagskuchen sind Rührkuchen, einfache Käsekuchen oder Obstkuchen geeignet.

Je jünger die Kinder sind, desto kleiner sollte der Kuchen in Stücke geschnitten werden. Es wird dadurch vermieden, dass zu viele angebissene Speisereste übrig bleiben, da Kinder oftmals die normalen Portionen nicht schaffen. Verziert man die Kuchen mit verschiedenen Lebensmittelfarben, sollte man wissen, ob unter den Gästen Allergiker sind, da nicht jeder die künstlichen Farbstoffe verträgt (vgl. Kap. 1.1, S. 104).

Eine erfrischende Note können ein Obstsalat oder Spieße mit verschiedenen Früchten bzw. Fruchtstückchen sein. Die Spieße können eventuell mit etwas Kuvertüre überzogen werden. Für das Kinderauge ansprechend können die Spieße auf einen halbierten Kohlkopf gesteckt werden, sodass man einen „Fruchtigel" erhält, der den Geburtstagstisch ziert. Als Augen werden zwei Rosinen mit kleinen Spießchen festgesteckt und als Nase eine halbe Erdbeere oder Physalis.

Gern getrunken werden Kakao, Früchtetees und Saftschorlen, aber auch Limonaden. Diese können durchaus mit Mineralwasser gemischt werden, dann sind sie nicht so süß und der Zuckergehalt wird gesenkt. Zwischendurch sollte man möglichst ungezuckerte Erfrischungsgetränke bereitstellen, denn Spiele und Bewegung können durstig machen.

Ein Kindergeburtstag ist durchaus geeignet, gemeinsam Speisen zuzubereiten. Für ein warmes Abendbrot ist eine selbstgemachte Pizza ideal. Den Teig sollte ein Erwachsener vorbereiten. Beliebter Belag sind Schinken, Salami, Champignons, Tomaten und Gemüsepaprika oder weitere Zutaten nach Wunsch, die vorher klein geschnitten wurden, z. B. in Streifen. Der Käse wird grob geraspelt. Die Kinder können dann den Teig selbst und nach eigenem Geschmack belegen. Zum Essen können auch verschiedene Gemüse – ebenfalls in Streifen geschnitten – gereicht werden, z. B. Möhren, Kohlrabi, Mairüben oder Gemüsepaprika. Dazu werden aus Frischkäse, Quark oder Joghurt angerührte Dips gereicht. Warme, vegetarische Gerichte können Aufläufe sein (z. B. Tomatenauflauf, vgl. S. 164).

Ein Essen mit Nudeln, z. B. Spaghetti mit Gemüse-Bolognese oder eine Gemüse-Lasagne, wäre ebenfalls eine vegetarische Alternative und ist schnell und einfach zuzubereiten. Außer Kakao sind alle oben genannten Getränke auch für das Abendbrot geeignet.

TIPP

Manche Kinder neigen dazu größeren Appetit zu haben, als sie essen können. Beim Essen kann freundlich darauf hingewiesen werden, dass genügend da ist und man sich bei Bedarf nachholen kann. Bleiben Reste übrig, räumt man diese ohne viel Aufhebens fort, denn manche Kinder sind schüchtern und fühlen sich verpflichtet, noch aufzuessen.

A

Aufgaben
1. Gestalten Sie in der Klasse gemeinsam ein Projekt zum Thema „Kindergeburtstag".
   a) Decken Sie einen Kindergeburtstagstisch ein.
   b) Bereiten Sie gemeinsam eine kindgerechte Vesper oder ein Abendbrot vor.
   c) Sammeln Sie zudem noch Vorschläge für Spiele und legen Sie sich dazu eine Mappe an.
   d) Probieren Sie die Spiele in der Klasse aus und überlegen Sie, für welches Alter diese geeignet sind.
2. Erstellen Sie einen Arbeitsplan zur Vorbereitung eines Kindergeburtstages für ein sechsjähriges Kind.

3.4.2 Internationaler Thementag

Eine tolle Möglichkeit für Kinder, etwas über ein anderes Land zu erfahren, ist, einen Thementag oder -nachmittag zu einem bestimmten Land zu gestalten. Der Höhepunkt kann ein gemeinsam vorbereitetes landestypisches Essen oder ein Buffet sein, an dem sich alle Teilnehmer einfinden. Kinder lassen sich dafür leicht begeistern.

Vorbereitung und Organisation
In der Gruppe sollte ein Termin und ein Thema festgelegt und über Menü oder Buffet entschieden werden. An jedes Kind wird ein Auftrag verteilt, z. B. bestimmte Informationen über ein Land wie Sprache, Einwohnerzahl oder Geschichte einzuholen. Eventuell kann sogar

Kinder für die Nahrungszubereitung begeistern

Musik organisiert werden. Wenn die Möglichkeit besteht, können Landsleute eingeladen werden, die über ihr Land berichten oder zeigen können, wie Spezialitäten ihrer Heimat zubereitet werden. Dabei sollte darauf geachtet werden, dass Rezepte ausgewählt werden, die auch mit Kindern leicht umsetzbar sind. Daraufhin können Verantwortlichkeiten festgelegt und je nach Gruppengröße schriftlich festgehalten werden. Außerdem sollte nicht vergessen werden, eine Einkaufsliste zu erstellen und die Tischdekoration zu planen. Auch dabei können die Kinder mit einbezogen werden.

Hinweise zur Durchführung

- *Arbeitsplan für diesen Tag erstellen.*
- *Verantwortlichkeiten überprüfen, wer den Tisch oder das Buffet eindeckt, wer welche Speise zubereitet usw.*
- *Speisen zubereiten.*
- *Eindecken und dekorieren.*
- *Beim Essen eignen sich die Landesinformationen als Thema zur Unterhaltung.*
- *Zum Abschluss gemeinsam aufräumen und abwaschen.*

TIPP

4 Gemeinsam schmeckt es besser – Mahlzeiten genießen

4.1 Tische eindecken

Bevor mit dem Eindecken begonnen wird, richtet man die Stühle am Tisch ordentlich aus, danach dreht man zur Arbeitserleichterung die Stühle auf dem linken hinteren Stuhlbein um 90° nach rechts außen. Danach wird das Tischtuch aufgelegt.

Eine schöne und saubere Tischdecke ist ein guter Ausgangspunkt für einen gut eingedeckten Tisch. Für den Alltag können Tischdecken gemustert oder auch bunt sein. Zu einem festlichen Essen wirkt eine einfarbige, eventuell glänzende Decke besser. Eine weiße Tischdecke wirkt edel und unterstreicht die Besonderheit des Anlasses. Das Taffeltuch sollte gut gebügelt sein. Die Bügelfalten sollten akkurat und geradlinig über den Tisch verlaufen. Die Tischdecke hängt gleichmäßig an den Tischseiten herunter und wird an den Ecken eingeschlagen (Bild 1). Bei runden oder ovalen Tischen wird ebenso auf einen gleichmäßigen Faltenwurf geachtet (Bild 2).

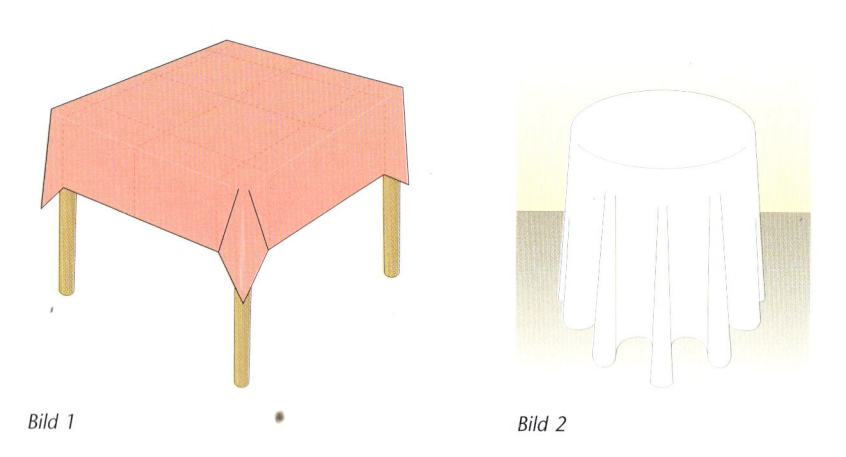

Bild 1   *Bild 2*

Als Tischschmuck kann eine kleine Blumenvase, ein Gesteck oder Ähnliches dienen. Eine optimale Höhe sind ca. 15 cm, damit man sein Gegenüber nicht nur gut sehen, sondern sich auch gut unterhalten kann. Die Tischdekoration sollte also nicht zu groß und ausladend sein, ebenso wenig „überquellen" und vor allem beim Essen nicht stören. Außerdem sollte sie dem Anlass entsprechen (vgl. Teil 1, Kap. 8, S. 98f).

Es gibt verschiedenstes Dekorationsmaterial: Mitteldecken, Bänder und Schleifen sind sehr typisch. Aber auch Naturmaterialien, die nicht immer gekauft werden müssen, sondern auch bei einem Spaziergang gesammelt werden können. Legt ein Gastgeber Wert auf eine bestimmte Sitzordnung, dann werden Tischkärtchen mit dem jeweiligen Namen benötigt. Diese lassen sich selbst basteln und können ebenso den Anlass widerspiegeln. Tischkärtchen können oberhalb des Gedecks in der Mitte aufgestellt werden.

Gemeinsam schmeckt es besser – Mahlzeiten genießen

Aufgaben
1. *Legen Sie in der Klasse Anlässe fest, für welche Sie Tische eindecken möchten.*
2. *Sammeln Sie in Partnerarbeit Ideen für verschiedene Dekorationen.*

Das Eindecken mit Geschirr und Besteck

Für ein einfaches, alltägliches Mittagsgedeck werden Messer und Gabel, eventuell ein Löffel benötigt. Für andere Gelegenheiten wie das Frühstück oder das Kaffeetrinken werden entsprechendes Besteck und Geschirr verwendet. Wichtig ist, dass alle Gedecke auf dem Tisch gleichmäßig ausgerichtet und genau gleich eingerichtet werden. Alle Muster zeigen in dieselbe Richtung. Das ergibt einen sehr geordneten Eindruck des gedeckten Tisches. Allgemein gilt, dass der Teller in der Mitte steht, die Gefäße für das Trinken rechts oberhalb. Man rechnet für jeden Platz ca. 60 cm oder kann sich auch nach der Größe der Platzdecken richten. Die folgenden Abbildungen zeigen Beispiele solcher Gedecke.

Frühstücksgedeck   *Mittagsgedeck mit Vorsuppe und Dessert*   *Kaffeetafel*

Für große, festliche Anlässe mit mehreren Gängen werden umfangreichere Gedecke benötigt. Manchmal gibt es im Haushalt dafür extra Platzteller, die man verwenden kann. Man plant dann für jeden Platz mindestens 60 cm, maximal 70 cm ein, je nachdem wie es die Tischgröße zulässt.

Hinweise zum Auflegen des Bestecks

- Besteck wird etwa einen Daumen breit von der Tischkante entfernt gelegt.
- Zwischenabstand der Besteckteile sollte nicht weiter als 5 mm sein.
- Besteck wird in umgekehrter Menüfolge von innen beginnend nach außen aufgelegt.
- Besteck nur am Griff berühren, niemals an den Stellen, von wo mit dem Mund das Essen aufgenommen wird, eventuell vorher polieren.
- Messerschneiden zeigen nach innen zum Teller.
- Der Dessertlöffel wird mit dem Griff nach rechts über die Dessertgabel gelegt, bei der Dessertgabel geschieht dies umgekehrt.
- Das Dessertbesteck wird über dem Dessertteller ausgerichtet.

Beispiel: Spezialbesteck

Ein häufiger verwendetes Spezialbesteck ist das Fischbesteck. Die Schneide des Messers ist stumpf und dient zum Abheben des Fisches von den Gräten.

Fischbesteck

Die benötigten Gläser werden rechts oben eingesetzt, direkt über dem Messer des Hauptganges und in gerader Linie zum Dessertbesteck (siehe Abbildung). Sollte es verschiedene Getränke zum Essen geben, werden diese leicht versetzt (in einem Winkel von ca. 45°) rechts unterhalb des ersten Glases gestellt. Mit dem nächsten Glas wird ebenso verfahren. Ein Brotteller wird links neben dem Gedeck aufgestellt.

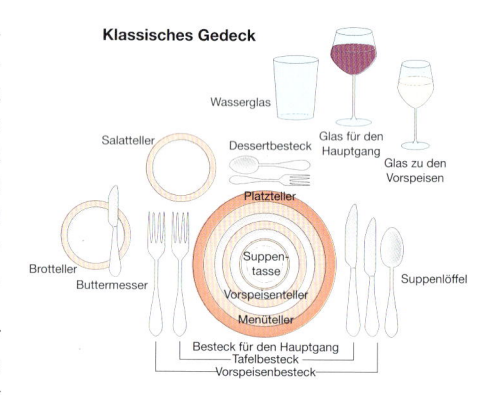

Klassisches Gedeck

Wasserglas, Glas für den Hauptgang, Glas zu den Vorspeisen, Salatteller, Dessertbesteck, Platzteller, Suppentasse, Vorspeisenteller, Menüteller, Brotteller, Buttermesser, Besteck für den Hauptgang, Tafelbesteck, Vorspeisenbesteck, Suppenlöffel

TIPP

Wenn bekannt ist, dass ein Linkshänder an der Mahlzeit teilnehmen wird, der das Besteck und die Gläser seitenverkehrt benutzt, sollte man so fair sein und dessen Platz entsprechend eindecken. Das erspart einen möglichen peinlichen Moment, wenn er bei jedem Gang das Besteck erst umtauschen müsste.

Servietten, ob aus Papier oder Stoff, gehören unbedingt auf den Tisch. Stoffservietten wirken besonders vornehm, sind also gut für festliche Anlässe geeignet. Für den Alltag genügen Papierservietten. Diese können auch in einem Serviettenständer auf dem Tisch stehen. Schöner jedoch sind gefaltete Servietten, die auf jedem Platz einzeln stehen oder liegen. Im Folgenden werden zwei einfache Formen Schritt für Schritt gezeigt.

A Aufgaben

1. Erlernen und üben Sie die beiden abgebildeten Falttechniken.

Einfacher Tafelspitz

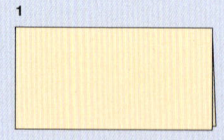

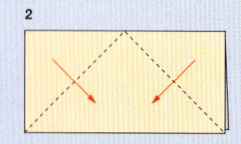

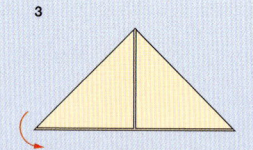

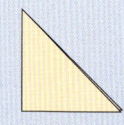

- Die offen liegende Serviette mit den Nahtkanten nach oben vor sich legen und in der Mitte nach unten falten, sodass ein Rechteck entsteht.
- Die linke und rechte obere Ecke des entstandenen Rechtecks zur Mitte hin zu einem Dreieck falten.
- Nun die linke untere Ecke zur rechten schlagen, die Serviette an der Spitze fassen und aufstellen (die Falze etwas aufschütteln).

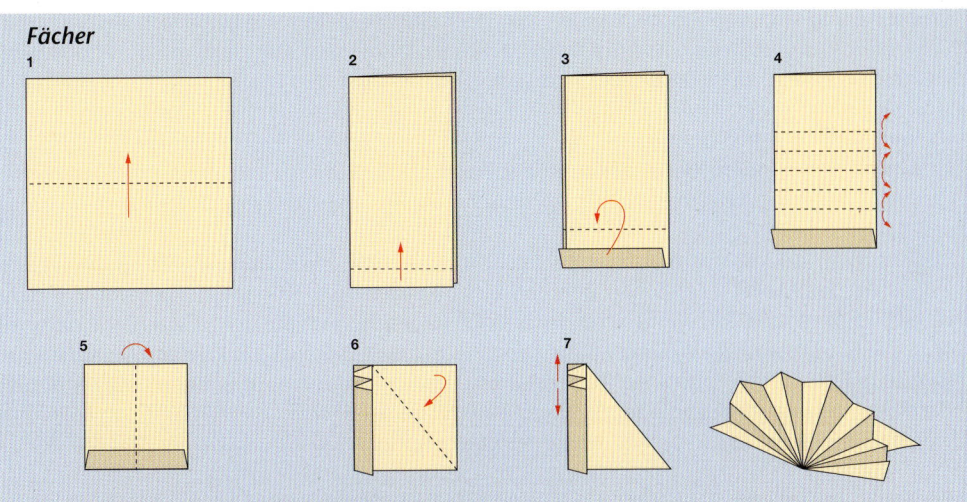

Gemeinsam schmeckt es besser – Mahlzeiten genießen

Fächer

- Die offen liegende Serviette mit den Nahtkanten nach oben vor sich legen und in der Mitte nach oben falten, sodass ein Rechteck entsteht.
- Die Serviette drehen, sodass die schmale Seite vor einem liegt und von dieser einen ca. 2 cm breiten Streifen nach oben falten.
- Diesen Streifen in der gleichen Breite nochmals nach oben falten.
- Die Serviette jetzt zu zwei Dritteln in gleichen Abständen mehrmals abwechselnd nach vorn und nach hinten falten, wie eine Ziehharmonika.

2. Leihen Sie sich weitere Bücher über das Serviettenfalten aus und suchen Sie sich einige Formen, die Sie ebenfalls erlernen.
3. Erklären Sie mit Ihren Worten die in Aufgabe 1 gezeigten Formen. Überlegen Sie, wie Sie es einem Kind erklären und zeigen würden.

4.2 Benehmen bei Tisch

Das erwünschte Benehmen bei Tisch ist Ausdruck der Esskultur. Das kann man schon von klein auf erlernen. Das Essen sollte gemeinsam beginnen, wenn alle am Tisch sitzen. Einen „Guten Appetit" zu wünschen ist der Beginn des Essens. Bei kleinen Kindern kann auch ein Tischspruch angewendet werden, z. B. „Piep, piep, piep – guten Appetit". Dabei fassen sich alle an den Händen und bewegen sie beim Sprechen auf und ab. In religiösen Familien werden die Mahlzeiten oft mit einem Tischgebet begonnen.

Besteht eine Mahlzeit aus mehreren Gängen, warten alle am Tisch bis jeder den nächsten Gang erhalten hat. Beim Essen kann außerdem durchaus gesprochen werden. Es ist darauf zu achten, dass der Mund leer ist, sonst besteht die Gefahr, dass man sich verschluckt. Das sollte Kindern immer wieder deutlich gemacht werden. Da das Essen so angenehm wie möglich eingenommen werden sollte, belässt man es beim Small Talk mit leichten Themen. Große

Probleme und wichtige Besprechungen legt man besser auf Termine außerhalb der Mahlzeit. Die Unterhaltung sollte in halber Lautstärke erfolgen. Beim Essen sollte zudem das Mobiltelefon ausgeschaltet sein. Es ist unpassend und unhöflich, bei Tisch ein Telefongespräch zu führen.

Kleinen Kindern fehlt für ausgedehnte, gemütliche Mahlzeiten meist noch die Ausdauer. Es ist ratsam, den Kindern dann schon vorher das Essen in Ruhe zu reichen oder ihnen, wenn sie die Mahlzeit beendet haben, das Aufstehen vom Tisch vorzeitig zu erlauben.

Des Weiteren sollte man am Tisch aufrecht sitzen und Löffel und Gabel zum Mund führen und keinesfalls umgekehrt. Ellenbogen gehören nicht auf den Tisch. Kinder merken sich z. B. sehr schnell: „Ellenbogen, Ellenbogen, sei doch nicht so ungezogen, auf dem Tisch darfst du nicht sein, alle Kinder essen fein!" Der richtige Umgang mit Besteck muss mit kleinen Kindern immer wieder geübt werden, bis es zur Routine wird. Das Schneiden von mundgerechten Stücken, das Falten von Salatblättern oder das Aufdrehen von Spaghetti am Tellerrand (man sollte nur wenige aufwickeln) lassen sich zu Hause leicht üben, denn nur Übung macht den Meister.

Servietten werden bis zur Hälfte auseinandergefaltet und mit der geschlossenen Kante Richtung Knie auf den Schoß gelegt. Eine Serviette kann auf diese Weise unauffällig genutzt werden, um z. B. ein zähes Stückchen Fleisch aus dem Mund verschwinden zu lassen. Bevor etwas getrunken wird, wischt und tupft man sich den Mund ab, damit keine fettigen Lippenabdrücke auf dem Glas zurückbleiben. Danach wird die Serviette wieder abgelegt.

Gläser fasst man an der unteren Hälfte an, um diese anzuheben. Gläser mit einem Stiel wie die verschiedenen Wein- oder Sektgläser werden nur am Stiel angehoben. Bei feierlichen Menüs werden oft Toasts ausgebracht. Es wird dann gewartet, bis der Gastgeber den Toast beendet. Meist wird mit den Gläsern noch angestoßen, dann dürfen alle trinken.

Alle weiter entfernten Speisen und Gegenstände, die man nicht selbst erreichen kann, ohne sich weit über den Tisch zu beugen, lässt man sich mit freundlichem „Bitte" und „Danke" reichen. In einem vornehmen Restaurant ist es allein Sache der Bedienung, die Teller – immer von rechts – zu reichen und wieder aus derselben Richtung abzuservieren. Von links werden Speisen nur präsentiert oder vorgelegt. Als Gast lehnt man sich nur leicht zurück und legt die die Hände locker auf den Oberschenkel, trotzdem bedankt man sich als Gast selbstverständlich für die Bedienung.

Bei einem größeren Menü taucht manchmal die Frage auf, welches Besteckteil wann und wofür benutzt wird. Als Faustregel gilt: Von außen beginnend wird für jeden Gang ein Besteck benutzt. Verschiedene Getränke werden zu jedem Gang in den entsprechenden Gläsern von rechts beginnend gereicht. Man beginnt in umgekehrter Reihenfolge das Besteck und die Gläser zu benutzen, als sie eingedeckt wurden.

A *Aufgaben*
Üben Sie den Umgang mit Besteck, indem Sie ein Salatblatt falten, Kuchen mit der Gabel teilen oder Fisch mit dem Fischbesteck essen.

Gemeinsam schmeckt es besser – Mahlzeiten genießen

4.3 Andere Länder, andere Sitten

Wer internationale Gäste zu Besuch hat oder von ausländischen Gastgebern eingeladen wird, hat die Chance, mehr über andere Kulturen zu erfahren und sie besser zu verstehen. Im Vorfeld ist es daher nicht verkehrt, einige Umgangsformen oder Tischsitten anderer Länder zu kennen. Im Folgenden wurde eine kleine Auswahl getroffen.

- Polnische Gastgeber erwarten Pünktlichkeit und ein kleines Gastgeschenk. Alle Speisen und Getränke sollte man zumindest kosten.
- In Italien und Spanien ist es üblich, dass man bei einer Einladung zum Essen ca. 15 min bzw. 30 min später kommt. Pünktlichkeit bringt die Gastgeber in Verlegenheit. Den Abschluss des Essens bildet in Italien der Espresso.
- In Frankreich ist es äußerst unhöflich, eine Einladung zum Essen abzulehnen. Eine halbe Stunde Verspätung ist auch hier nichts Ungewöhnliches. Das berühmte Baguette wird nur gebrochen, nicht geschnitten.
- Bei türkischen Gastgebern sind Alkohol oder ein Strauß Blumen als Gastgeschenk unangebracht. Beim Eintreten in die Wohnung sollte man die Schuhe ausziehen. Möchte man keinen Tee mehr trinken, wird der Löffel quer über das Glas gelegt. Zum Abschluss des Essens werden meist Kaffee und dazu ein Glas Wasser gereicht. Zuerst wird das Wasser getrunken, danach der Kaffee. Das Naseputzen ist am Tisch tabu, dafür geht man auf Toilette.
- In Russland wird sehr üppig aufgetischt. Man sollte von allem kosten. Es ist besser, ein Stück auf dem Teller liegenzulassen, wenn man nichts mehr möchte, dann wird nicht mehr nachgelegt. Zu jedem Essen wird Brot gereicht. Das Naseputzen am Tisch ist sehr unhöflich.
- In den USA sollten Gastgeschenke, vor allem Alkohol, blickdicht eingepackt sein. Der Unterschied beim Umgang mit dem Besteck liegt darin, zuerst alles mit Messer und Gabel zu zerteilen und dann nur mit der Gabel zu essen. Die freie Hand liegt locker auf dem Oberschenkel.
- In China und Japan werden die Essstäbchen auf das vorgesehene Bänkchen abgelegt. Zutiefst unhöflich ist das Aufspießen von Speisen, mit Stäbchen auf jemanden zeigen oder sie in eine Schüssel Reis stecken.

Kennt man sich mit den Regeln und Sitten aus, zeigt es, dass man den anderen Kulturen Achtung und Aufmerksamkeit entgegenbringt. Für den eigenen Gaumen ungewöhnliches oder wenig schmackhaftes Essen sowie fremdartige Sitten sollte man keinesfalls mit gerümpfter Nase oder Kopfschütteln kommentieren oder gar als lächerlich betrachten. Es hat Gründe, warum manches anders ist als im eigenen Land. Man würde nicht nur als ungebildet und unhöflich erscheinen, sondern sich selbst auch Chancen auf ein näheres Kennenlernen verspielen.

Aufgaben
1. Recherchieren Sie über weitere Umgangsformen und Tischsitten anderer Länder. Versuchen Sie auch, den Hintergrund zu erfassen.
2. Halten Sie dazu Vorträge in der Klasse.

Anhang: Nährwerttabelle

Nahrungsmittel	Eiweiß	Fett	Kohlen-hydrate	Gesamtbal-laststoffe	Energie	
100 g essbarer Anteil	g	g	g	g	kj	kcal
Getreide und Getreideerzeugnisse						
Getreide, Mehle, Mehlprodukte						
Amaranth (Samen)	15,0	3,0	57,0	–	1.540	365
Cornflakes	7,0	1,0	80,0	4,0	1.498	353
Haferflocken	13,0	7,0	59,0	10,0	1.470	348
Hirse	10,0	4,0	69,0	3,8	1.480	349
Mais, ganzes Korn	9,0	4,0	64,0	9,7	1.376	325
Mais, Stärkemehl	+	+	86,0	–	1.426	335
Reis, poliert	7,0	1,0	78,0	1,4	1.460	344
Reis, unpoliert	7,0	2,0	74,0	2,2	1.463	345
Roggenbrotmehl, Type 960	7,0	1,0	68,0	8,6	1.310	314
Roggenmehl, Type 2500	11,0	2,0	59,0	14,0	1.235	295
Weizen, ganzes Korn	11,0	2,0	60,0	13,3	1.265	298
Weizen, Stärkemehl	0,4	0,1	86,0	0,1	1.451	347
Weizengrieß	10,0	1,0	69,0	7,1	1.364	321
Weizenkeime	27,0	9,0	31,0	17,7	1.313	312
Weizenmehl, Type 1050	12,0	2,0	67,0	5,2	1.383	350
Weizenmehl, Type 480	10,0	1,0	71,0	4,0	1.415	338
Weizenmehl, Type 405	11,0	1,0	71,0	4,0	1.403	334
Weizenkleie	15,0	5,0	18,0	45,1	725	172
Brot und Backwaren						
Roggenbrot	6,0	1,0	46,0	6,2	920	217
Roggenmischbrot	6,0	1,0	44,0	6,1	893	210
Roggenvollkornbrot	7,0	1,0	39,0	8,1	818	193

Anhang: Nährwerttabelle

Nahrungsmittel	Eiweiß	Fett	Kohlen-hydrate	Gesamtbal-laststoffe	Energie	
100 g essbarer Anteil	g	g	g	g	kj	kcal
Weißbrot	8,0	1,0	49,0	3,2	1.009	238
Weizenmischbrot	6,0	1,0	43,0	4,6	875	208
Weizenbrötchen (Semmeln)	8,0	2,0	50,0	3,0	1.155	272
Weizentoastbrot	7,0	4,0	48,0	3,7	1.090	260
Weizenvollkornbrot	7,0	1,0	41,0	7,4	855	200
Grahambrot	8,0	1,0	40,0	8,4	845	199
Knäckebrot	9,0	1,0	66,0	15,0	1.335	314
Pumpernickel	7,0	1,0	37,0	9,3	771	182
Vollkornbrot mit Sonnenblumenkernen	9,0	4,0	40,0	5,0	965	231
Paniermehl	12,0	2,0	73,0	–	1.580	360
Salzstangen, Salzbrezeln	10,0	1,0	76,0	0,3	1.553	347
Zwieback, eifrei	10,0	4,0	73,0	3,5	1.540	370
Butterkeks	8,0	10,0	75,0	3,0	1.766	422
Teigwaren						
Eierteigwaren, Nudeln	12,0	3,0	70,0	3,4	1.501	354
Spaghetti, eifrei, roh	13,0	1,0	75,0	–	1.513	360
Vollkornnudeln, roh	15,0	3,0	64,0	8,0	1.435	342
Bäckerhefe, gepresst	17,0	1,0	–	–	328	78
Bierhefe, getrocknet	48,0	4,0	–	–	970	232
Kartoffeln und Kartoffelerzeugnisse						
Kartoffel	2,0	+	15,0	2,1	298	70
Kartoffel, mit Schale gekocht	2,0	+	15,0	1,7	298	70
Pommes frites, verzehrfertig	4,0	15,0	36,0	4,0	1.214	289
Pommes Sticks	7,0	32,0	55,0	–	2.212	530
Kartoffelchips	5,0	39,0	45,0	4,2	2.318	557
Kartoffelpuffer (Trockenprodukt)	6,0	+	73,0	6,2	1.365	321
Kartoffelknödel, gekocht	6,0	1	74,0	4,4	1.393	328
Kartoffelpüree (Trockenprodukt)	8,0	1	75,0	6,1	1.437	338
Kartoffelstärkemehl	1,0	+	83,0	–	1.426	326

Nahrungsmittel	Eiweiß	Fett	Kohlen-hydrate	Gesamtbal-laststoffe	Energie	
100 g essbarer Anteil	g	g	g	g	kj	kcal
Zucker, Zuckerwaren, Honig, Marmelade, Kakao						
Zucker	0	0	100,0	–	1.697	399
Rohzucker	0	0	97,0	–	1.655	390
Fondant (pastöse Zuckerware)	0	0	88,0	–	1.475	352
Bonbons, Karamellen	3,0	5	84,0	–	1.680	402
Honig	+	0	75,0	–	1.263	302
Marzipan	7,0	25,0	59,0	–	2.034	486
Nuss-Nougat-Creme	4,0	31,0	58,0	–	2.223	532
Bitterschokolade	5,0	30,0	47,0	15,0	1.999	479
Milchschokolade	9,0	32,0	54,0	–	2.241	536
Marmelade im Durchschnitt	+	0	60,0	–	1.020	244
Fette und Öle						
Butter	1,0	83,0	+	–	3.090	751
Butterschmalz	+	99,0	0	–	3.686	881
Schweineschmalz	+	99,0	0	–	3.760	900
Pflanzenmargarine	+	80,0	+	–	2.970	710
Distelöl (Saflöröl)	0	100,0	+	–	3.762	896
Maiskeimöl	0	100,0	0	–	3.760	900
Olivenöl	0	100,0	+	–	3.760	900
Sojaöl	0	100,0	+	–	3.762	896
Sonnenblumenöl	0	100,0	+	–	3.760	900
Kokosfett	+	100,0	+	–	3.760	900
Speisefette	+	99,0	+	–	3.760	900
Mayonnaise, 80 % Fett	1,0	80,0	3,0	–	3.078	736
Mayonnaise, 50 % Fett	1,0	52,0	5,0	–	2.026	484
Milch und Milchprodukte, Käse						
Vollmilch	3,3	3,5	4,7	–	272	65
Muttermilch	1,1	4,0	7,0	–	288	69
Magermilch	3,5	+	4,8	–	147	34
Joghurt, 3,5 % Fett	3,6	3,6	4,0	–	264	63

Anhang: Nährwerttabelle

Nahrungsmittel	Eiweiß	Fett	Kohlenhydrate	Gesamtballaststoffe	Energie	
100 g essbarer Anteil	g	g	g	g	kj	kcal
Joghurt, 1,5 % Fett	4,3	1,0	4,2	–	184	44
Magerjoghurt	3,5	+	4,9	–	157	37
Kefir	3,3	3,6	3,9	–	266	64
Buttermilch	3,3	1,0	4,0	–	172	41
Kondensmilch, 7,5 % Fett	6,5	7,5	9,9	–	553	132
Kondensmilch, 10 % Fett	8,8	10,0	12,5	–	737	176
Sauerrahm, 15 % Fett	3,0	15,0	3,0	–	678	162
Molke	1,0	+	5,0	–	106	25
Speisequark, 40 % Fett i. Tr.	11,0	11,0	3,0	–	664	159
Speisequark, 20 % Fett i. Tr.	13,0	5,0	3,0	–	457	109
Speisequark, mager	14,0	+	3,2	–	229	54
Emmentaler	29,0	31,0	+	–	1.651	398
Parmesan	36,0	26,0	+	–	1.561	375
Edamer, 45 % Fett i. Tr.	25,0	28,0	+	–	1.469	354
Gouda, 45 % Fett i. Tr.	26,0	25,0	+	–	1.373	331
Gorgonzola, 55 % Fett i. Tr.	19,0	31,0	+	–	1.492	360
Camembert, 60 % Fett i. Tr.	18,0	34,0	+	–	1.562	378
Camembert, 45 % Fett i. Tr.	21,0	22,0	+	–	1.185	285
Mozzarella, 40 % Fett i. Tr.	20,0	16,0	+	–	934	225
Romadur, 30 % Fett i. Tr.	24,0	14,0	+	–	910	218
Körniger Frischkäse, 20 % Fett i. Tr.	12,0	4,0	3,0	–	428	102
Schmelzkäse, 45 % Fett i. Tr.	14,4	23,0	+	–	1.103	263
Schmelzkäse, 30 % Fett i. Tr.	15,0	14,0	5,7	–	874	208
Hühnerei						
Hühnerei, Gesamtei (Inhalt)	13,0	11,0	1,0	–	646	155
Hühnerei, 57 g (33 g Eiklar, 18 g Eidotter)	7,0	6,0	+	–	355	85
Hühnereidotter	16,0	32,0	+	–	1.459	353
Hühnereiklar	11,0	+	1,0	–	208	49

Anhang: Nährwerttabelle

Nahrungsmittel	Eiweiß	Fett	Kohlen-hydrate	Gesamtbal-laststoffe	Energie	
100 g essbarer Anteil	g	g	g	g	kj	kcal
Fleisch und Fleischwaren						
Kalbfleisch, mager	21,0	1,0	+	−	392	92
Kalbskotelett	21,0	3,0	+	−	452	107
Kalbsleber	19,0	4,0	4,0	−	543	130
Rindfleisch, sehr mager	22,0	2,0	1,0	−	455	108
Keule (Schlegel)	21,0	5,0	+	−	519	123
Schulter	20,0	5,0	+	−	540	128
Brust	19,0	14,0	+	−	834	200
Rinderleber	20,0	3,0	5,0	−	515	123
Rinderzunge	16,0	16,0	+	−	860	207
Schweinefleisch, sehr mager	22,0	2,0	+	−	443	105
Schweinefleisch, mager	19,0	7,0	+	−	600	140
Schweinefleisch, mittelfett	17,0	21,0	+	−	1.083	261
Schweinefleisch, fett	10,0	37,0	+	−	1.655	396
Schweinekotelett	22,0	5,0	+	−	558	133
Schweineschnitzel	22,0	2,0	+	−	448	106
Schweineleber	21,0	5,0	1,0	−	549	130
Schweineniere	16,0	3,0	1,0	−	402	96
Gemischtes Hackfleisch						
(Rindfleisch, Schweinefleisch)	23,0	14,0	+	−	909	216
Hammelfleisch	19,0	13,0	+	−	806	194
Lammfleisch, mager	21,0	4,0	+	−	491	117
Geflügel						
Hühnerbrust	22,0	6,0	+	−	377	89
Hühnerschenkel mit Haut	18,0	11,0	+	−	723	173
Suppenhuhn	19,0	20,0	+	−	1.066	257
Hühnerleber	22,0	5,0	1,0	−	570	136
Ente	18,0	17,0	+	−	944	227
Gans	16,0	31,0	+	−	1.414	342
Truthahn, jung	22,0	7,0	+	−	632	151

Anhang: Nährwerttabelle

Nahrungsmittel	Eiweiß	Fett	Kohlen-hydrate	Gesamtbal-laststoffe	Energie	
100 g essbarer Anteil	g	g	g	g	kj	kcal
Truthahnbrust	24,0	1,0	+	–	446	105
Truthahnschenkel	21,0	4,0	+	–	482	114
Wild						
Hase	22,0	3,0	+	–	479	113
Hirsch	21,0	3,0	+	–	474	112
Rehrücken	22,0	4,0	+	–	512	122
Fleischwaren						
Bierschinken	15,5	19,2	+	–	982	234
Bratwurst	15,0	23,0	+	–	1.106	264
Cervelatwurst	16,9	43,2	+	–	1.910	456
Fleischwurst	13,2	27,1	0	–	1.241	296
Frankfurter Würstchen	12,0	23,0	1,0	–	1.072	256
Krakauer	18,0	6,0	1,0	–	545	130
Leberkäse	11,0	24,0	2,0	–	1.409	265
Leberstreichwurst	14,0	29,0	+	–	1.311	313
Mettwurst	16,0	34,0	+	–	1.530	366
Salami	26,0	40,0	+	–	1.922	459
Schinken, gekocht	19,0	20,0	+	0	1.105	263
Schinken, geräuchert	16,0	29,0	+	0	1.405	335
Speck, durchwachsen	9,0	65,0	+	0	2.690	641
Wiener Würstchen	18,0	22,0	+	–	1.120	268
Presswurst	15,0	13,0	+	–	805	193
Blutwurst (Rotwurst)	15,0	25,0	3,0	–	1.300	310
Geflügelwürste						
Truthahn/Pariser, Feine Extra	12,0	14,0	+	–	722	173
Truthahn/Frankfurter	14,0	18,0	+	–	904	216
Truthahn/Krakauer	18,0	5,0	+	–	491	117
Truthahn/Bratwürste	17,0	13,0	+	–	710	184
Andere Erzeugnisse aus Fleisch						
Gelatine	84,0	+	0	–	1.420	339

Nahrungsmittel	Eiweiß	Fett	Kohlen-hydrate	Gesamtbal-laststoffe	Energie	
100 g essbarer Anteil	g	g	g	g	kj	kcal
Bouillon	1,0	1,0	–	–	70	17
Suppenwürfel	16,0	22,0	+	–	1.075	259
Fisch und Fischwaren						
Hering	18,0	18,0	+	–	968	233
Kabeljau (Dorsch)	18,0	1,0	+	–	324	77
Rotbarsch (Goldbarsch)	18,0	4,0	+	–	442	105
Scholle	17,0	2,0	+	–	361	86
Seehecht	17,0	3,0	+	–	386	91
Seelachs	17,0	1,0	+	–	313	74
Thunfisch	22,0	16,0	+	–	939	226
Aal	15,0	25,0	+	–	1.162	280
Forelle	20,0	3,0	+	–	433	102
Hecht	18,0	+	+	–	344	81
Karpfen	18,0	5,0	+	–	484	115
Lachs	20,0	14,0	+	–	842	202
Aal, geräuchert	18,0	29,0	+	–	1.362	329
Ölsardinen, abgetropft	24,0	14,0	+	–	930	222
Thunfisch in Öl	24,0	21,0	+	–	1.185	283
Fischstäbchen, tiefgekühlt, paniert	16,0	7,0	20,0	–	840	201
Hülsenfrüchte, Samen und Nüsse						
Bohnen, weiß	21,0	2,0	35,0	23,2	1.007	237
Erbsen, trocken	23,0	1,0	41,0	16,6	1.152	271
Kichererbsen, trocken	19,0	6,0	44,0	15,5	1.295	307
Linsen	23,0	2,0	41,0	11,0	1.144	270
Sojabohnen, trocken	34,0	18,0	6,0	21,9	1.366	327
Sojabohnen im Glas	7,0	3,0	6,0	4,3	315	75
Sojamehl, vollfett	37,0	21,0	3,0	18,5	1.449	347
Sojasprossen	6,0	1,0	5,0	2,4	211	50
Erdnüsse, geröstet	26,0	49,0	9,0	11,4	2.424	585

Anhang: Nährwerttabelle

Nahrungsmittel	Eiweiß	Fett	Kohlen-hydrate	Gesamtbal-laststoffe	Energie	
100 g essbarer Anteil	g	g	g	g	kj	kcal
Haselnüsse	14,0	62,0	11,0	8,2	2.662	644
Kastanien (Maroni)	3,0	2,0	41,0	8,4	813	192
Kokosnüsse	5,0	37,0	5,0	9,0	1.498	363
Mandeln	22,0	54,0	5,0	13,5	2.411	583
Paranüsse	16,0	67,0	4,0	6,7	2.765	670
Walnüsse	17,0	63,0	11,0	6,1	2.738	663
Obst und Obsterzeugnisse						
Apfel	+	1,0	11,0	2,0	228	54
Aprikose	1,0	+	9,0	1,5	183	43
Birne	+	+	12,0	3,3	233	55
Brombeeren	1,0	1,0	6,0	3,2	186	44
Erdbeeren	1,0	+	6,0	1,6	136	32
Heidelbeeren	1,0	1,0	6,0	4,9	153	36
Himbeeren	1,0	+	5,0	4,7	143	34
Johannisbeeren, rot	1,0	+	5,0	3,5	139	33
Johannisbeeren, schwarz	1,0	+	6,0	6,8	168	39
Kirschen, süß	1,0	+	13,0	1,3	265	62
Nektarine	1,0	+	12,0	2,0	223	53
Pfirsich	1,0	+	9,0	1,9	176	41
Pflaume	1,0	+	10,0	1,6	205	48
Preiselbeeren	+	1,0	6,0	2,9	148	35
Sauerkirschen	1,0	1,0	10,0	1,0	225	53
Stachelbeeren	1,0	+	7,0	3,0	158	37
Weintrauben	1,0	+	15,0	1,5	286	67
Ananas	+	+	12,0	1,4	234	55
Avocado	2,0	24,0	+	6,3	909	221
Banane	1,0	+	20,0	1,8	374	88
Feige	1,0	1,0	13,0	2,0	260	61
Clementine	1,0	+	8,0	0,5	140	34
Grapefruit	1,0	+	7,0	1,6	161	38

Nahrungsmittel	Eiweiß	Fett	Kohlen-hydrate	Gesamtbal-laststoffe	Energie	
100 g essbarer Anteil	g	g	g	g	kj	kcal
Kaki	1,0	+	16,0	2,5	297	70
Kiwi	1,0	1,0	9,0	2,1	215	51
Litschi	1,0	+	17,0	1,6	315	74
Mandarine	1,0	+	10,0	1,7	195	46
Mango	1,0	+	13,0	1,7	243	57
Orange	1,0	+	8,0	1,6	179	42
Papaya	1,0	+	7,0	1,9	134	32
Passionsfrucht	2,0	+	10,0	1,5	268	63
Wassermelone	1,0	+	8,0	0,2	159	37
Zitrone	1,0	1,0	3,0	–	151	35
Zuckermelone	1,0	+	12,0	0,7	231	54
Apfel, getrocknet	1,0	2,0	55,0	11,2	1.054	248
Aprikosen, getrocknet	5,0	1,0	48,0	17,7	1.019	240
Datteln, getrocknet	2,0	1,0	65,0	8,7	1.174	276
Feigen, getrocknet	4,0	1,0	55,0	12,9	1.059	250
Pflaume, getrocknet	2,0	1,0	47,0	17,8	943	222
Rosinen	2,0	1,0	68,0	5,2	1.238	291
Ananas in Dosen	+	+	15,0	0,9	288	68
Apfelmus in Dosen	+	+	19,0	–	334	79
Birnen in Dosen	+	+	16,0	–	284	67
Kirschen in Dosen	1,0	+	13,0	–	236	56
Pfirsiche in Dosen	+	+	15,0	1,1	268	63
Preiselbeeren in Dosen	1,0	+	44,0	–	779	183
Apfelsaft	+	–	11,0	–	203	48
Gemüse und Gemüseerzeugnisse, Pilze						
Aubergine	1,0	+	3,0	2,8	22	17
Blumenkohl	2,0	+	2,0	2,9	95	22
Bohnen, grün	2,0	+	5,0	1,9	139	33
Brokkoli	4,0	+	3,0	3,0	117	28
Chicorée	1,0	+	1,0	1,3	70	16

Anhang: Nährwerttabelle

Nahrungsmittel	Eiweiß	Fett	Kohlen-hydrate	Gesamtbal-laststoffe	Energie	
100 g essbarer Anteil	g	g	g	g	kj	kcal
Chinakohl	1,0	+	1,0	1,9	51	12
Endiviensalat	2,0	+	1,0	1,2	58	14
Erbsen, grün	7,0	+	12,0	4,3	342	81
Gurke	1,0	+	2,0	0,5	52	12
Karotten (Möhren)	1,0	+	5,0	3,6	109	26
Kohl	3,0	+	3,0	2,6	109	26
Kohlrabi	2,0	+	4,0	1,4	104	24
Kürbis	1,0	+	5,0	2,2	104	25
Mangold	2,0	+	1,0	–	58	14
Paprikaschoten, grün	1,0	+	3,0	3,6	81	19
Pastinake	1,3	+	12,0	2,1	249	59
Porree (Lauch)	2,0	+	3,0	2,3	104	24
Radieschen	1,0	+	2,0	2,0	61	14
Rhabarber	1,0	+	1,0	3,2	56	13
Rotkraut	2,0	+	4,0	2,5	92	22
Rote Rübe (Bete)	2,0	+	8,0	2,5	175	41
Schwarzwurzeln	1,0	+	2,0	18,3	76	18
Sellerie	2,0	+	2,0	4,2	77	18
Spargel	2,0	+	2,0	1,3	75	18
Speisemais	3,0	1,0	16,0	2,8	369	87
Spinat	3,0	+	1,0	2,6	67	16
Tomate	1,0	+	3,0	1,0	73	17
Weiße Rübe	1,0	+	5,0	–	100	24
Weißkohl	1,0	+	4,0	3,0	105	25
Zucchini	2,0	+	2,0	1,1	81	19
Zwiebel	1,0	+	5,0	1,8	116	27
Karottensaft	1,0	+	5,0	–	93	22
Tomatensaft	1,0	+	3,0	–	71	17
Bohnen, grün in Dosen	1,0	+	2,0	1,5	53	12
Erbsen, grün in Dosen	4,0	+	5,0	4,3	157	37

Anhang: Nährwerttabelle

Nahrungsmittel	Eiweiß	Fett	Kohlen-hydrate	Gesamtbal-laststoffe	Energie	
100 g essbarer Anteil	g	g	g	g	kj	kcal
Essiggurken	1,0	+	–	–	–	–
Karotten in Dosen	1,0	+	4,0	–	80	20
Mais in Dosen	2,0	+	16,0	0,5	275	66
Sauerkraut abgetropft	2,0	+	1,0	2,1	71	17
Spargel in Dosen	2,0	+	1,0	1,1	66	16
Tomaten in Dosen	1,0	+	2,0	0,9	75	18
Tomatenmark	2,0	1,0	6,0	–	165	39
Champignons	4,0	+	1,0	2,0	67	16
Champignons in Dosen	3,0	1,0	+	1,5	59	14
Steinpilze	5,0	+	+	6,0	85	20
Getränke und Grundstoffe						
Kaffee, Getränk	+	+	+	–	9	2
Kaffee, Extrakt, getrocknet	11,0	0	8,0	–	340	82
Kakaopulver, schwach entölt	20,0	25,0	11,0	30,4	1.427	343
Kakaogetränk	4,0	1,0	10,0	–	245	59
Cola, Getränk	+	0	11,0	–	175	42
Limonade	0	0	12,0	–	190	45
Tee, schwarz	0	0	0	0	0	0
Alkoholische Getränke		Alkohol g	Extrakt g			
Bier, hell	+	4,0	5,0	0	190	45
Bier, dunkel	+	4,0	6,0	0	195	46
Malzbier	1,0	0	11,0	0	200	48
Apfelwein	+	0	3,0	0	190	45
Weißwein	+	8,0	3,0	0	295	70
Rotwein, leicht	+	8,0	2,0	0	270	65
Rotwein, schwer	+	10,0	3,0	0	325	78
Sekt	+	9,0	5,0	0	350	84
Weinbrand	–	33,0	2,0	0	1.015	243

Sachwortverzeichnis

3-S-Regel 121

A
Ablufttrockner 76
Allergien 140
Allzweckreiniger 32
Aluminium 39
Aminosäuren 114
Arbeitsbereich 92
Arbeitsgestaltung 9
Aufglasur 47
Ausrüstungsverfahren 65

B
Ballaststoffe 103
Baumwollfasern 61
Beschichtung 37
Betriebshygiene 10
bewusste Ernährung 159
Bio-Siegel 151
Borsten 53
Brandklassen 19
Brandschutzzeichen 24
Bronze 41
Bügeleisen 78
Bügelmaschine 78
Buntmetalle 40
Butter 113

C
cellulosehaltige Chemiefasern 62
Chemiefasern 60

D
Der Blaue Engel 151
Desinfektionsmittel 34
Diabetes mellitus 137
Doppelzucker 106
Dosiersysteme 34

E
Edelstahl 38
Eier 117
Eindecken 170
Einfachzucker 105
Eiweiße 114
Energiebedarf 133
Ernährungsmodelle 125
Essgruppe 92
Esskultur 173

F
Farbgestaltung 93
Farbschemata 93
Farbwirkung 94
Fasermischungen 63
Fensterglas 44
Fette 111
fettlöslich 123
Feuerlöscher 19
Fisch 119
Fixkosten 83
Fleckenbehandlung 68
Fleckentfernung 68
Fleisch 115
Fotosynthese 105
Frontlader 72
Funktionsbereiche 86
Fußbodenbeläge 54

G
Garverfahren 154
Gebotszeichen 23
Gefahrensymbole 21
Geflügel 116
Gemüse 125
Gestecke 98
Getreide 108
Gewürze 155
Gicht 138
Glas 43
Glaskeramik 44
Glattleder 52
Grundreinigung 31
Gusseisen 36
Gütesiegel 63
Gütezeichen 63

H
HACCP-System 9
Handwäsche 73
Hausgeflügel 116
Haushaltsbuch 84
Holz 49
Holzfußböden 58
homogenisieren 119
Hygiene 8
Hygienegrundsätze 9

I
Insektenstiche 26
internationale Gäste 175
internationaler Thementag 168
Irdenware 45

J
Jute 62

K
Kartoffeln 110
Keramik 45
Kindergeburtstag 167
Kinderzimmer 94
Knochenbrüche 28
Kochtyp 110
Kohlenhydrate 105
Kondensationstrockner 76
Krallengriff 18
Kräuter 155
Kristallglas 44
Küchenformen 91
Kühlschrank 13
Kunststoff 48
Kunststoffbelag 56
Kunststoffüberzüge 38
Kupfer 40

L
Lebensmittel 102
Lebensmitteletikett 145
Lebensmittelhygiene 11
Leder 51
Leder-Gütesiegel 51
Legierung 41
Leinen 61
Linoleum 56

M
Margarine 114
Maschinenwäsche 72
Mengenelemente 124
Messing 41
Metalle 36
Mikrofaser 63
Milch 119
Milchprodukte 119
Mineralstoffe 124

N
Nachbehandlungsmittel 70
Nadelvlies 57
Nährstoffbedarf 129
Nährstoffe 103
Nährwerttabelle 134

Nasenbluten 26
Nassreinigung 31
Naturfasern 60
Notruf 25
Notrufangaben 25

O
Obst 125
ÖKO-TEST 151
Öle 112

P
Personalhygiene 11
Pflege 30
Pflegemittel 33
pH-Wert 32
Porzellan 47

Q
Qualitätssiegel 63

R
RABC-System 15
Rauleder 52
Raumklima 93
regionale Angebote 149
Reinigung 30
Reinigungsfaktoren 35
Reinigungsgeräte 34
Reinigungsmethoden 31
Reinigungsmittel 32
Rettungsdienste 25
Rettungskette 25

Rettungszeichen 23
Rezepte 160
Römertopf 46

S
Saisonkalender 148
Salmonellen 117
Schilddrüse 120
Schlingwaren 57
Schmutzwäsche 66
Schnittblumen 98
Schnittwunden 26
Schock 27
Schürfwunden 26
Schwarzblech 38
Seide 62
Servietten 172
Sicherheitsleiter 18
Sichtreinigung 30
Sitzgruppe 92
Spezialglas 44
Spezialreiniger 32
Spurenelemente 124
Stahl 37
Steinfußböden 54
Steingut 46
Steinzeug 47
Stoffwechselerkrankungen 137
synthetische Chemiefasern 63

T
Technischer Überwachungsverein (TÜV) 151

textile Fußbodenbeläge 56
Textilkennzeichnungsgesetz 64
tierische Naturfasern 62
Tischschmuck 170
Toplader 72
Trockengrad 76
Trockenreinigung 31
Trockenvorrichtungen 74
Tunnelgriff 18

U
Übergewicht 142
Unfälle 17
Unterglasur 47
Unterhaltsreinigung 30

V
variable Kosten 83
Verätzungen 28
Verbotszeichen 20
Verbraucherschutz 149
Verbrennungen 19
Verbrühungen 19
Vielfachzucker 106
Vitamine 123

W
Wärmebehandlung 119
Warnzeichen 21
Wäschetrockner 75
Waschfaktor 69
Waschflotte 70
Waschhilfsmittel 70
Waschmittel 70
Waschprogramme 72
Wasser 121
wasserlöslich 123
Webware 57
Weißblech 38
Wildgeflügel 116
Wohnraum 92
Wohnung 86
Wohnungsgrundrisse 89
Wohnwert 88
Wollfasern 62
Wurstwaren 116

Z
Zimmerpflanzen 97
Zinn 40
Zucker 107

Bildquellenverzeichnis

aid infodienst, Idee: S. Mannhardt, www.aid-ernaehrungspyramide.de: S. 126.1

Angelika Brauner, Hohenpeißenberg/ Bildungsverlag EINS GmbH, Köln: S. 16.1, 18.3, 18.4, 57.1, 57.2, 57.3, 71.1, 76.1, 76.2, 78.1, 86.1, 86.2, 86.3, 90.1, 91.1, 96.1, 97.1, 105.1, 109.5, 113.6, 118.1, 170.1, 170.2, 172.2, 172.3, 173.1

Bremer Baumwollbörse, Bremen: S. 64.1
Bundesanstalt für Landwirtschaft und Ernährung, Bonn: S. 151.2
DELU AKO MINKY GmbH, Bad Honnef: S. 33.1, 42.2
Deutsche Gesellschaft für Ernährung e.V. (DGE), Bonn: S. 126.2
Familienbilanz.de/ Michael Dietrich, Meßstetten: S. 85.1

Fotolia Deutschland GmbH, Berlin: Coverbild (rolffimages, farblich verändert), S. 7.1 (lightpoet), 8.1, (Erwin Wodicka), 9.2 (atlang), 9.3 (moonrun), 9.5 (daniel mühlebach), 10.2 (Barbara Pheby), 12.1 (gradt), 12.2 (Azazel), 12.3 (Birgit Reitz-Hofmann), 14.1 (Stu49), 16.2 (Maksim Shebeko), 16.3 (photophonie), 16.4 (Gina Sanders), 16.5 (Dan Race), 16.6 (Aliaksei Lasevich), 16.7 (Superingo), 16.8. (photophonie), 16.9 (DURIS Guillaume), 17.1 (MarFot), 18.1 (Sergey Shcherbakov), 19.1 (alephnull), 19.2 (Esther Hildebrandt), 19.4 (Guido Grochowski), 25.1 (shootingankauf), 27.1 (Jens Ottoson), 28.4 (psdesign1), 34.1 (ijacky), 34.2 (Picture-factory), 34.3 (Jultud), 35.1 (Vitas), 35.3 (Markus Bormann), 36.1 (zigzagmtart), 37.1 (Wanja jakob), 37.2 (womue), 38.1 (Froto), 38.2 (Birgit Reitz-Hofmann), 39.1 (Anton Balazh), 39.2 (Andrea Schiffner), 39.3 (stockone), 40.2 (Arve Bettum), 40.3 (Klaus Eppele), 41.1 (Nik), 41.2 (Denis Gladkiy), 42.1 (nothingbutpixel), 43.1 (cdrcom), 43.3 (ilumin8), 43.4 (Oliver Anlauf), 43.5 (yamix), 43.6 (dyvan), 43.7 (photo-dave), 44.1 (marcel nerlich), 44.2 (Edyta Anna Grabowska), 44.3 (Ralph Maats), 45.1 (Photo SG), 45.2 (Monster), 45.3 (senkaya), 45.4 (Teamarbeit), 46.1 (photka), 46.3 (maxwellren), 46.4 (Visionär), 47.1 (zdshooter), 47.2 (frenta), 47.3 (chungking), 47.4 (RRF), 48.1 (lubashi), 48.2 (Maxim Godkin), 48.3 (fefufoto), 50.1 (Bernhard Lux), 50.2 (fotoart wallraf), 51.1 (fotoart wallraf), 51.2 (fotoknips), 51.3 (fotoart dagmar Schneider), 51.4 (Martina Chmielewski), 51.5 (poligonchik), 51.6 (coprid), 53.1 (spectator), 53.2 (dyvan), 53.3 (brzus), 54.1 (Sergey Yaroxhkin), 54.2 (MG1408), 55.1 (brat82), 55.2 (pixarno), 56.1 (hayo), 56.2 (m-buehner), 58.1 (Friedberg), 58.2 (arsdigital), 58.3 (seen), 58.4 (abcmedia), 61.1 (Wild Geese), 61.2 (Elenathewise), 62.1 (JWM), 62.2 (lily), 62.3 (Harvey Hudson), 62.4 (creative studio), 63.2 (BEAUTYofLIFE), 66.1 (okinawakasawa), 67.1 (Africa Studio), 67.2 (Alterfalter), 69.1 (maryna Voronova), 70.1 (Željko Radojko), 70.2 (SyB), 72.1 (LianeM), 72.2 (Alexandr Senisenko), 72.3 (Lucky Dragon), 72.4 (Lucky Dragon), 74.1 (gradt), 74.2 (77SG), 80.1 (Le Do), 80.2 (Foto-Ruhrgebiet), 80.3 (Marco Schoeneberg), 80.4 (Mindwalker), 80.5 (PRILL Mediende), 80.6 (Birgit Reitz-Hofmann), 80.7 (Fotofermer), 80.8 (Reflekcija), 81.1 (Richard Griffin), 81.2 (rdnzl), 81.3 (Fotofermer), 82.1 (Womue), 87.1 (MAXFX), 87.2 (Cynthia van der Pol), 87.3 (angelo.gi), 87.4 (rosam), 92.1 (MAXFX), 92.2 (MAXFX), 92.3 (auris), 93.1 (Peter hermes Furian), 98.1 (Aamon), 98.2 (Anette Linnea Rasmussen), 99.1 (Harald Sack), 99.2 (Schleglfotos), 99.3 (sonne07), 99.4 (Melisback), 101.1 (Fatman73), 103.1 (mdi), 104.1 (Christian Jung), 107.1 (Sebastian Kaulitzki), 107.2 (pixelchaos), 107.3 (fotoliaxrender), 107.4 (Hector Fernandez), 107.5 (Heino Pattschull), 108.1 (Creatix), 108.2 (Oliver Hoffmann), 108.3 (Harald Biebel), 108.4 (graefin 75), 109.1 (proffelice), 109.2 (zriconicusso), 109.3 (Dmitriy Syechin), 109.4 (womue), 112.1 (volff),

112.2 (seite3), 112.3 (ExQuisine), 112.5 (Ralf Beier), 112.6 (marb), 113.1 (Giuseppe Porzani), 113.2 (Schlierner), 113.3 (mates), 113.4 (areif), 113.5 (Norman Chan), 114.1 (Joerg Beuge), 114.2 (Alexander Shalamov), 114.3 (HL Photo), 116.1 (Uros Petrovic), 116.2 (Wolfgnag Kruck), 116.3 (Eric Isselée), 121.1 (Dalmatin.o), 130.1 (Corinna Gissemann), 130.2 (Heike Rau), 130.3 (Heike Rau), 130.4 (frogstyle), 131.1 (gkrphoto), 131.2 (Andrea Wilhelm), 138.1 (Sergey Lavrentev), 141.1 (Pass), 141.2 (Johanna Mühlbauer), 141.3 (Comugnero Silvana), 147.1 (seite 3), 147.2 (Trudi), 147.3 (volff), 147.4 (Ray), 147.5 (vadim kozlovsky), 147.6 (Valua Vitaly), 147.7 (Fiolika), 147.8 (Bernd Kröger), 147.9 (Tootles), 147.10 (beeboy), 147.11 (marb), 147.12 (Annette Heines), 147.13 (Felinda), 151.3 (Felinda), 152.2 (Bernd Jürgens), 152.3 (Andreas Gradin), 152.4 (werg), 152.5 (Eva Gruendemann), 152.6 (ExQuisine), 153.1 (Printemps), 153.2 (Quade), 153.3 (take), 156.1 (M. Schuppich), 156.2 (Ewe Degiampietro), 156.3 (Tomboy2290), 156.4 (Elvira gerecht), 157.1 (Felinda), 157.2 (Lucky Dragon), 157.3 (inapf), 158.1 (Elena Moiseeva), 158.2 (Dionisvera), 158.3 (Maria Brzostowska), 158.4 (sylvaine thomas, Ausschnitt), 164.1 (Vladimir Voronin), 165.2 (hati), 165.3 (macroart), 165.4 (M. Studio), 165.5 (womue), 166.1 (Schwoab), 166.3 (Schwoab), 168.1 (paul_brighton), 171.1 (contrastwerkstatt), 171.2 (Africa Studio), 171.3 (Bünki), 172.1 (Schwoab)

H+H Keramikmarkt GmbH, Landsberg OT Petersdorf: S. 165.1
JOHN RADCLIFFE HOSPITAL/ SPL/ Agentur Focus: S. 28.3
Alfred Kärcher GmbH & Co.KG, Winnenden: S. 35.2
Kornas Sportbeläge, Ludwigsburg: S. 57.3
Manufactum GmbH & Co. KG, Waltrop, www.manufactum.de: S. 67.3
Dr. P. MARAZZI/ SPL/ Agentur Focus: S. 28.1, 28.5, 120.1
Cordelia Molloy/ SPL/ Agentur Focus: S. 28.2
MESSER exklusiv, Thomas Thaller, Waldshut.Tiengen: 166.2
Mev Verlags GmbH, Augsburg: S. 9.1, 9.4, 40.1, 43.2
Moll Funktionsmöbel GmbH, Gruibingen: S. 95.2
Dr. Oetker Nahrungsmittel KG, Bielefeld: S. 145.1
Peter Rees Fotografie/ Bildungsverlag EINS GmbH, Köln: S. 10.1, 112.4, 115.1 1, 115.2, 115.3
Pinolino Kinderträume GmbH, Münster: S. 95.1
RAL Deutsches Institut für Gütesicherung und Kennzeichnung e.V., Sankt Augustin: S. 151.1
RÖMERTOPF® Keramik GmbH & Co. KG, Ransbach-Baumbach: S. 46.2
Christian Schlüter, Essen/ Bildungsverlag EINS GmbH, Köln: 173.2.
Schwurhand-Zeichenverband e.V., Bielefeld: 64.2, 64.3
Stiftung Warentest, Berlin: S. 150.1
Trevira GmbH, Bobingen: S. 63.1
TÜV Rheinland, Köln–Poll: S. 150.2
Verbraucherzentrale Nordrhein-Westfalen e.V., Düsseldorf: S. 148.1
Werner & Mertz GmbH, Mainz: S. 33.2
WMF AG, Geislingen/ Steige: 18.2, 19.3 (Abgießhilfe), 151.4, 151.5, 152.1, 166.4
Woolmark Deutschland, The New Fashion Plaza, Düsseldorf/Logo Courtesy of the Woolmark Company: S. 64.5, 64.6